C·H·Beck
PAPERBACK

35 Millionen Menschen leben im Großraum Tokio – eine der größten Agglomerationen, die jemals existierten. Die große Stadt verkörpert die Stärken und die Macht des Menschen. Sie ist der Ort, an dem die Naturgewalten am weitesten zurückgedrängt wurden, wo sich der Mensch nicht nur beugt, sondern gestaltet. Sie bietet der Bevölkerung viel, verlangt ihr aber auch viel ab. Florian Coulmas hat zwanzig Jahre in Tokio gelebt und seine Vorzüge schätzen gelernt. So wie man einem Besucher die eigene Stadt nahebringt, nimmt er den Leser mit auf eine Tour durch die japanische Hauptstadt, zeigt ihre äußeren Schönheiten, beschreibt die Lebensweise ihrer Bewohner und erläutert die Funktionsweise ihres Maschinenraums. Nirgendwo, so zeigt dieses Buch, wird den Problemen moderner Großstädte so zukunftsweisend begegnet wie hier.

Florian Coulmas ist Direktor des Deutschen Instituts für Japanstudien in Tokio. Er war zuvor Professor für Kultur, Geschichte und Sprache des modernen Japan an der Universität Duisburg-Essen. Bei C.H.Beck sind von ihm lieferbar: *Die Gesellschaft Japans* (2007), *Die Kultur Japans* (3. Aufl. 2014), *Hiroshima* (2010), *Fukushima* (zus. mit Judith Stalpers 2011), *Die 101 wichtigsten Fragen Japan* (zus. mit Judith Stalpers 2. Aufl. 2014).

Florian Coulmas

Tokio

Vom Glück urbanen Lebens

C.H.Beck

Für Danae, weil sie nie da war:
Υπάρχει ένας πύργος των ανέμων στο Τόκιο
Χρόνια πολλά

Mit 16 Abbildungen, 11 Tabellen, 10 Grafiken und 2 Karten

Originalausgabe

Satz, Druck u. Bindung: Druckerei C.H.Beck, Nördlingen
Umschlagabbildung: malsyteufel, Willich
Umschlagentwurf: malsyteufel, Willich
Printed in Germany
ISBN 978 3 406 66689 6

www.beck.de

Inhalt

Vorwort 7

1 Die vertikale Stadt 11
2 Die sichere Stadt 27
3 Die Stadt in Bewegung 41
4 Teurer Boden 54
5 Die Hauptstadt 66
6 Die Stadt im globalen Netz 78
7 Die Stadt am Meer 92
8 Das geistige Leben der Stadt 108
9 Schrumpfende Haushalte 123
10 Shoppen 134
11 Laufsteg für jedermann 150
12 Mit Sternen gekrönt 164
13 Karaoke und Kabuki – die nächtliche Welt des schönen Scheins 179
14 Den Fuji im Blick 194
15 Coda: Die große Stadt 204

Nachweise 222
Internetquellen 229
Verzeichnis der Abbildungen, Grafiken und Tabellen 234
Register 236
Karten 239

Vorwort

«Hallooo, für Erdkunde müssen wir die Definition und Beispiele dafür geben, warum Tokio ein Moloch ist.» So appelliert ein ratloser Mittelschüler an seine «Freunde» im Internet: «PS: Ich brauch die Hausi bis Montag!!!» Ob der Lehrer, der die Aufgabe gestellt hat, je in Tokio war? Der arme Schüler, der nicht weiß, was ein Moloch ist, sicher nicht.

Die große Stadt wird nicht erst mit einem Moloch verglichen, seit Le Corbusier sie als «Bestie» bezeichnete und die Stadtplanung als Müllhalde für alle schwierigen und ungelösten Probleme. Niedrige Geburtenrate, soziales Gleichgewicht, Alkoholismus, Verbrechen und Moral erwähnte er ausdrücklich (Le Corbusier 1924). Der Moloch ist eine Gottheit, der Kinder geopfert werden, und «Bestie» steht für die ungezähmte Gefahr, der die Menschenkinder schutzlos gegenüberstehen. Andere Metaphern wie «Großstadtdschungel» und «Betonwüste» spielen mit verwandten Vorstellungen von den rohen Kräften der Natur, denen ausgesetzt ist, wer sich in einem solchen Habitat niederlässt oder auch nur zeitweise aufhält. Besonders überzeugend sind sie, wenn sie sich auf unbekannte Lebensräume beziehen – Tokio am anderen Ende der Welt zum Beispiel.

Neun Millionen Menschen auf 621 Quadratkilometern, Gedränge, Chaos, Ruhelosigkeit, Luftverschmutzung, Kriminalität, Zügellosigkeit – ein Ungeheuer fürwahr. Fehlentwicklungen großer Städte sind weidlich bekannt, sie ins metaphorische Feld der Natur bzw. unberechenbarer Gottheiten zu rücken, ist dennoch überraschend, ist doch die Großstadt der Kontrapunkt zur Natur, der Ort, an dem die Menschen die Naturgewalten am weitesten zurückgedrängt haben, wo sie dafür sorgen, dass das Gesetz von Fressen oder Gefressenwerden nicht uneingeschränkt gilt, wo sie sich nicht nur beugen, sondern gestalten. Die Stadt als Lebensraum ist Zivilisation, jedenfalls wenn sie funktioniert. Die zivilisierende Wirkung des Großstadtlebens bedeutet, die natürliche Umwelt zu formen und die eigene (menschliche) Natur den selbst geschaffenen Gegebenheiten anzupassen.

Es gelten in der Stadt andere Regeln als im Dorf oder im Urwald. Es herrscht nicht unbedingt Chaos, Gefahr oder Anarchie, aber das Leben verläuft in anderen Bahnen als auf dem Land, insbesondere anders als in denen des romantisierten Landlebens, das nicht die Zwänge und Härten der Natur, nicht den Mangel an Komfort und Hygiene und nicht die Langeweile beinhaltet, sondern nur die saubere Luft, den Wechsel der Jahreszeiten etc. Das Großstadtleben hat nicht nur viele Vorzüge, es ist inzwischen auch soziale Realität für eine Mehrheit der Weltbevölkerung. Aber natürlich gibt es tiefgreifende Unterschiede zwischen großen Städten. Dieses Buch handelt von der größten Stadt der Welt und davon, dass durch Größe allein kein Moloch entsteht. Im Fernen Osten ist Tokio in einer Randlage – jedenfalls aus eurozentrischer Sicht –, die es erschwert, sich durch eigene Anschauung ein Bild von dieser Stadt zu machen. Dem versuchen die folgenden 15 Kapitel etwas abzuhelfen.

Die große Stadt verkörpert die Stärken und die Macht des Menschen. Auch das betonte Le Corbusier. Tokio ist in unserer Zeit dafür ein überzeugender Beleg. Die Vorzüge und Risiken der Urbanisierung manifestieren sich hier in geballter Form. Große Zivilisationsleistungen – Leitungswasser für alle, das man so bedenkenlos trinken kann wie Gerolsteiner und Paulaner; ein funktionierendes Nahverkehrssystem – und kulturelle Errungenschaften – Hunderte von Schulen, Hochschulen, Theatern, Museen – bieten der Bevölkerung viel, verlangen ihr aber auch viel ab. Tokio ist keine Stadt ohne Probleme. Um Alterung, sinkendes Steueraufkommen, Klimaeffekte z. B. muss die Stadtverwaltung sich kümmern, und der Katastrophenschutz für eine so riesige Agglomeration ist eine ständige Aufgabe, die das prekäre Verhältnis von Natur und Zivilisation nie in Vergessenheit geraten lässt. In Tokio hat sich der Konsumkapitalismus bis zum Exzess entwickelt. Aspekte der Globalisierung – Handel von Waren, Aktien, Währungen, Ideen, aber auch von Menschen und Drogen – machen sich bemerkbar, und die Grenzen des Wachstums werden fühlbar, etwa in der Energieversorgung. Alles in allem ist Tokio jedoch eine Stadt, in der die scheinbar unvermeidlich mit Urbanisierung verbundenen Probleme besser gelöst sind als in anderen Metropolen dieser Größenordnung. Von ihren Bewohnern, den hier geborenen ebenso wie den zugewanderten, wird sie deshalb nicht als Moloch empfunden, sondern als Lebensraum, in dem die sozialen, technischen und wirtschaftlichen Herausforderungen des Großstadtlebens gemeistert werden können.

F. C.
Tokio, 5. Juni 2014

1 Die vertikale Stadt

Für die Architektur und die Städte der Informationsgesellschaft sind technologische Erwägungen von größter Bedeutung.

Kenzo Tange

Hoch hinaus und erdbebensicher

6–3–4: auf Japanisch *mu-sa-shi.* Zusammengesprochen *Musashi*, der Name der einstigen Provinz, die große Teile der Kanto-Ebene bzw. der heutigen Präfekturen Tokio, Saitama und Kanagawa umfasste. Ein geschichtsträchtiger Name, der jedem Japaner geläufig ist. Wortspiele mit Assoziationen aller Art sind beliebt. In diesem Fall dient die historische Reminiszenz dazu, Vergangenheit und Zukunft miteinander zu verbinden. In dem alten Tokioter Stadtteil Sumida feierten Ingenieure Triumphe des technischen Fortschritts. Sie errichteten dort Tokios neuen Fernsehturm, 634 m vom Boden bis zur Spitze. Fertiggestellt wurde der Sky Tree rund ein Jahr nach dem verheerenden Großen Ostjapanischen Erdbeben vom 11. März 2011, das auch Tokio, obwohl mehr als 250 km vom Epizentrum entfernt, in den Grundfesten erschütterte. Bauherren und Konstrukteure hatten Grund, stolz zu sein, denn den ersten Härtetest hatte der Turm mit fliegenden Fahnen bestanden. Am 22. Mai 2012 öffnete er mit seinen beiden Aussichtsplattformen auf 350 m und 450 m Höhe seine Pforten für das allgemeine Publikum.

Das Beben vom 11. März 2011 war außerordentlich wegen der fast nie gemessenen Stärke 9, aber im Übrigen sind Erdbeben im Tokio wie in ganz Japan keine Seltenheit. So gab es nach Angaben des japanischen Wetteramts vom 11. März bis 31. Dezember 2011 allein in Tokio durchschnittlich 1,48 Erdbeben der Stärke 3 bis 6 *pro Tag.* Und die Annalen sind voller Erdbeben, die Tokio in der

Vergangenheit heimgesucht haben. Würde der gesunde Menschenverstand es nicht nahelegen, unter solchen geologischen Bedingungen auf Hochbauten zu verzichten? Sind die Wolkenkratzer von heute nicht die Katastrophen von morgen; ganz zu schweigen von einem Turm, der mehr als einen halben Kilometer in den Himmel ragt?

Nun ist, obwohl man sich leicht und ohne lange darüber nachzudenken auf ihn beruft, keineswegs klar, wer den gesunden Menschenverstand tatsächlich für sich in Anspruch nehmen kann. Es gibt, wie man weiß, verschiedene Maßstäbe, und das, was jeder denkt und für selbstverständlich hält, ist nicht unbedingt richtig und wandelt sich überdies mit der Zeit. Das Verhältnis von technischem Fortschritt und gesundem Menschenverstand ist kompliziert und hier nicht Gegenstand der Diskussion, aber so viel lässt sich sagen: Der gesunde Menschenverstand hätte viele Projekte verhindert, die seit ihrer – oft riskanten und unwahrscheinlichen – Vollendung als Verkörperung menschlicher Schaffenskraft gelten. Herausforderungen anzunehmen statt ihnen auszuweichen, ist die Triebfeder des Fortschritts; das muss auch anerkennen, wer demselben skeptisch gegenübersteht. Die große Häufigkeit von Erdbeben hat Tokio in diesem Sinne nicht daran gehindert, in die Höhe zu wachsen. Dass dies erst in den letzten Jahrzehnten geschah, lag weniger an Vorsicht und Respekt vor den unbeherrschbaren Kräften der Natur als daran, dass erst Tokios Wiederaufbau nach seiner Zerstörung gegen Ende des Zweiten Weltkriegs und die Wiedererstarkung der japanischen Wirtschaft zu der für große Entwicklungsprojekte erforderlichen Kapitalakkumulation führten.

Der Sky Tree ist die neueste Etappe dieser Entwicklung und Reaktion darauf, denn die zunehmende Zahl von Hochbauten in verschiedenen Stadtteilen – der 1978 eröffnete Sunshine City-Komplex in Ikebukuro, das in den 1980er Jahren entstandene Wolkenkratzerviertel in Shinjuku, Roppongi Hills Anfang dieses Jahrhunderts wie auch Shiodome im Süden des Stadtzentrums mit einem Dutzend Hochhäusern bis 190 m – hat den Empfang der Signale von Tokios altem Fernsehturm eingeschränkt. Ein neuer Sendemast musste her, das war ein Grund für den Bau, aber nicht der einzige.

Großstädter wollen etwas zu sehen haben und nicht nur im Fernsehen; das sind sie gewohnt oder sind deshalb in die Stadt gezogen. Eine Großstadt wandelt sich beständig, und es gibt immer etwas Neues. Nicht immer sensationell, aber manchmal muss etwas Großartiges dabei sein. Dieses Attribut kommt dem Sky Tree zweifellos zu. Unter Rückgriff auf hergebrachte Bauprinzipien fünfstöckiger Pagoden wurden die neuesten Konstruktions- und Materialtechnologien eingesetzt. Mehrstöckige Pagoden sind um einen zentralen Pfeiler aufgebaut, der locker mit den Geschossen verfugt ist, wodurch Erschütterungen aufgefangen werden. Viele Pagoden und Tempel sind im Laufe der Zeit abgebrannt, aber dank dieser flexiblen Bauweise haben sie Erdbeben in der Regel standgehalten. In Anlehnung an diese alte Technologie verbindet die Architektur des Sky Tree den inneren Stahlbetonturm elastisch mittels schockdämpfender Gelenke mit der äußeren gitterförmigen Schale. Dadurch und indem der obere Teil des Kerns als Gegengewicht eingesetzt wird, vermindert sich die Stärke durch Stürme und Erdbeben verursachter Schwankungen um 40 Prozent. Zu dem Zeitpunkt des Erdbebens am 11. März 2011 hatte der Turm bereits seine volle Höhe (minus Antenne) erreicht. Arbeiter waren auf der 450-m-Plattform mit der Installation des 100 m hohen Antennenaufbaus beschäftigt, der, während der Turm noch aufwuchs, im Inneren desselben zusammengesetzt wurde, eine bautechnische Meisterleistung für sich. Der Turm schwankte in dieser Höhe um 4 bis 6 m, ohne dass dadurch Schäden entstanden. Was Ingenieure in Bezug auf erdbebensicheres Bauen heutzutage leisten – in Tokio kann man es in Augenschein nehmen mit dem Sky Tree als eindrucksvollstem Beispiel.

Und einen Ausblick über die Stadt, wie ihn die beiden Plattformen bieten, konnte man bisher nur vom Hubschrauber aus genießen: Im Osten der Stadt, zwischen Sumidagawa und Arakawa gelegen, bietet der Turm ein Panorama mit dem Hafen und der Bucht im Süden, im Westen mit den Bergen und dem Fuji als Kulisse, vor der sich ein Häusermeer so weit das Auge reicht in alle Richtungen erstreckt. Im Hintergrund erheben sich die Wolkenkratzer von Shinjuku und die beiden Tocho-Türme. Letztere sind Sitz der Präfekturregierung und waren von ihrer Fertigstellung 1991 bis 2007 mit 243 m die höchsten Gebäude der Stadt. Dieses Panorama zieht Schaulustige an. Und natürlich garantieren Neugier und Technikbegeisterung der Japaner regen Zulauf. Zwei Monate nach der offiziellen Eröffnung hatten bereits zehn Millionen das um den Turm errichtete Einkaufs- und Freizeitzentrum Sky Tree Town besucht, und im dritten Monat danach war die erste Million derer voll, die mit einem der 13 Aufzüge die Aussichtsplattformen und Restaurants auf den beiden Decks besucht hatten. Zwei Tage vor dem ersten Jahrestag der Eröffnung, am 19. Mai 2012, wurde, um dem Zahlenspiel weiter Genüge zu tun, der 6,34-millionste Besucher begrüßt. Erwachsene zahlen 2000 Yen, Kinder 900 Yen (rund 20 bzw. neun Euro), ein gutes Geschäft. Der Eigentümer, die Tobu Railway Co., erwartet jährlich um die 30 Millionen Besucher und damit eine problemlose Deckung der Kosten, die sich auf geschätzte 65 Milliarden Yen beliefen. Sky Tree Town konnte bis Jahresende 2013 über 50 Millionen Besucher verzeichnen.

Rekorde

2000 Yen Eintritt für den Sky Tree ist ein teures Vergnügen, aber im Vergleich relativiert sich der Preis. Wenn man Yen pro Meter Höhe rechnet, ist der Ausflug auf den Sky Tree wohlfeil. Die 250 m hohe obere Aussichtsplattform des alten Tokioter Fernsehturms erreicht man für 1420 Yen, zu einem Meterpreis von 5,68 Yen. Für 2000 Yen 450 m hoch zu fahren, bedeutet 4,44 Yen pro Meter, billiger also und billiger auch als die 13 Euro, die einen Erwachsenen der Besuch der obersten Plattform des Eiffelturms kostet. Auch wenn die Besucher ihre Opportunitätskosten vermutlich nicht auf diese Weise berechnen, ist die Preisfestsetzung doch offenkundig nicht abwegig.

Der Sky Tree ist eine Sensation, und für Sensationen muss man zahlen. Im November 2012 wurde er als höchster frei stehender Turm der Welt ins Guinnessbuch der Rekorde aufgenommen, verdienter Lohn für die Planer des Projekts. Rekorde erregen Aufmerksamkeit. Tokio hat eine neue Attraktion, die Touristen aus dem In- und Ausland anzieht: erfolgreiche Reminiszenz der Stadtgeschichte. Denn gar nicht weit vom Sky Tree, im Asakusa-Park, stand Japans erster Wolkenkratzer. 1890 wurde der Ryounkaku, der «Wolkenüberragende Turm», ein achteckiger Backsteinbau mit zwölf Stockwerken und der schwindelerregenden Höhe von 68,5 m, fertiggestellt. 33 Jahre lang war er das höchste Gebäude Tokios, das man von überall in der Stadt sehen konnte. In 46 Geschäften vom zweiten bis zum siebten Stock konnten die Tokioter die modernsten Produkte aus aller Welt kaufen oder sich doch wenigstens über den letzten Trend informieren. Die achte und neunte Etage waren für Ausstellungen, Konzerte und allerlei andere Veranstaltungen reserviert, während die obersten drei Stockwerke als Aussichtsplattformen dienten. Als Freizeitzentrum war der Turm eine von Tokios großen Attraktionen für Besucher aus allen Stadtteilen und darüber hinaus. Bis zum achten Stock konnte man mit dem ersten elektrischen Aufzug fahren. Entworfen hatte ihn Ichisuke Fujioka, der Gründer der Firma Toshiba, der in Japan als «Vater der Elektrizität» bekannt ist. Für die Fahrt nach oben zahlten die Tokioter Eintritt: Erwachsene acht Sen, Kinder vier, nach heutiger Kaufkraft ca. 4800 Yen bzw. 2400 Yen. – Die Aufzüge des Sky Tree befördern gleichzeitig 40 Passagiere in 50 Sekunden zur ersten Aussichtsplattform und gelten damit als die technisch fortschrittlichsten und effizientesten der Welt. Gebaut wurden sie von Toshiba. – Das Ende des hypermodernen Ryounkaku kam jählings und ohne Warnung am 1. September 1923. Das große Kanto-Erdbeben beschädigte den Turm so stark, dass er abgerissen werden musste, was freilich nicht das Ende, sondern eher der Anfang des Hochbaus in Tokio war. In den 90 Jahren seit dem Einsturz des Ryounkaku hat sich die Höhe des höchsten Gebäudes verzehnfacht. Einstweilen hält der Sky Tree den Rekord und wird von keinem anderen Projekt bedroht, aber wie lange wird das so bleiben?

Seit dem Altertum dienen Türme nicht nur dem unbehinderten Rundblick in die Ferne, sie symbolisieren den (oft religiös motivierten) Drang zu Höherem, repräsentieren Baukunst, politische Ansprüche und wirtschaftlichen Aufschwung (Heinle, Leonhard 1997). Der Campanile von San Marco in Venedig, Big Ben am Parlamentsgebäude in London, der Kölner Dom, der Eiffelturm, die Türme des Templo della Sagrada Familia in Barcelona und, immer höher hinaus, das Empire State Building in New York, der CN Tower in Toronto, Taipei 101 und die von japanischen bzw. koreanischen Firmen gebauten Petronas Twin Towers in Kuala Lumpur bestimmen die Silhouette ihrer Städte. Türme wie diese und viele andere wurden bald nach ihrer Fertigstellung zu Wahrzeichen und beliebten Ausflugszielen. Sie stehen für Mut, Macht, Geld und Fortschritt. Der Blick von oben lockt viele an, je höher, desto besser. Der Stuttgarter Fernsehturm (217 m), der erste seiner Art, dem viele andere und immer höhere mit ähnlichen Funktionen – Sendeantennen, Aussichtsplattformen, Restaurants – folgten, erfreut sich seit seiner Eröffnung 1957 anhaltender Beliebtheit. 700 000 Besucher im Jahr sorgten dafür, dass der Bau sich nach fünf Jahren amortisiert hatte. Die Einweihung des Fernsehturms in Ostberlin (365 m) zum 20. Jahrestag der Gründung der DDR 1969 war eine politische Demonstration des technischen Fortschritts im realen Sozialismus. Rechtzeitig zu den Olympischen Spielen im Sommer 2012 leistete sich London mit der «Scherbe» (*Shard*, 310 m) ein neues Monument, um seinen Ruf als Weltstadt zu verteidigen. Und gleichzeitig näherte sich in New York das One World Trade Center (417 m), ursprünglich Freedom Tower genannt, der Vollendung. Es wurde errichtet, um die beiden Türme des dem Hass auf die Vormacht der westlichen Welt 2001 zum Opfer gefallenen World Trade Center zu ersetzen, und symbolisiert ebendiesen Vormachtanspruch aufs Neue.

Gegenwärtig befinden sich 15 der 20 höchsten Gebäude der Welt, frei stehende Türme eingeschlossen, in Ostasien (von den übrigen fünf sind drei in Dubai, zwei in Chicago und eines in Mekka). Wer könnte die symbolische Bedeutung dieser hochfliegenden Ingenieursprojekte übersehen! Hochbauten waren schon immer weithin sichtbare Indikatoren von Entwicklung, Wohlstand und Bedeutung. Der Ryounkaku-Wolkenkratzer maß nur ein Fünftel der Höhe des ein Jahr zuvor, 1889, für die Weltausstellung in Paris errichteten Eiffelturms. Und es dauerte weitere 70 Jahre, bis Tokio seinen eigenen Fernsehturm bekam, den technisch zwar weiterentwickelten, aber in der Form der Stahlgitterkonstruktion dem Eiffelturm nachempfundenen Tokio Tower. Nach der Absicht des Bauherrn, Hisakichi Maeda, sollte er eigentlich höher werden als das Empire State Building in New York, das damals mit 381 m das höchste Gebäude der Welt war. Prohibitive Kosten verhinderten das, weswegen man sich damit zufriedengab, wenigstens den Eiffelturm in den Schatten zu stellen, den der Tokyo Tower um 13 m überragt. Heute geht es nicht mehr darum, den Westen, der seine Vormacht aus dem Zeitalter des Kolonialismus in die Gegenwart hinübergerettet hat, einzuholen. Auf den Gebieten, auf denen sich diese Stellung im 19. und weit bis in die zweite Hälfte des 20. Jahrhunderts hinein architektonisch manifestierte, haben japanische Bauingenieure und solche anderer asiatischer Länder gleichgezogen, und viele asiatische Großstädte sind heute dynamischer als europäische und amerikanische. Aber um nicht zu erstarren, braucht eine große Stadt immer wieder Impulse, Erneuerungen, Projekte und Ideen, die das Potenzial der enormen Konzentration von Talent und Arbeitskraft ausschöpfen. Doch Bauvorhaben sind dem Leben einer Stadt nicht an und für sich förderlich; sie müssen gut durchdacht sein, und das bedeutet vor allem: auf die Bedürfnisse derer ausgerichtet sein, die den urbanen Raum zu einem guten Lebensraum machen, nämlich der Städter. Die Zementproduktion gilt vielen

Wirtschaftswissenschaftlern als zuverlässiger Wachstumsindikator (vgl. Weltkarte der Zementherstellung), aber Beton allein, auch wenn damit vorübergehend Arbeitsplätze verbunden sind, garantiert keine florierende Stadt. Außer der erforderlichen Verbindung von Finanzkraft, Arbeitskraft und technischem Wissen bedarf es für die erfolgreiche Durchführung von Großprojekten einer zugleich gut informierten und phantasievollen Vision für eine geeignete Verwendung. Sie müssen den Bedürfnissen der Stadt gerecht und von der Bevölkerung angenommen werden. Aufwendige Hochbauten auf dem Land, wo niemand sie sieht und besuchen will, sind sinnlos. Es sind typische Projekte der urbanen Kultur. Nirgends wachsen Städte schneller und unternehmen mehr gigantische Bauprojekte als in Ostasien. Tokio ist schon seit mindestens zweieinhalb Jahrhunderten eine der größten Städte Asiens, vielleicht der Welt. Als der kaiserliche Hof 1868 von Kyoto nach Edo verlegt wurde und die Stadt aus diesem Anlass ihren modernen Namen «Tokio», nämlich «östliche Hauptstadt», erhielt, hatte sie bereits über eine Million Einwohner. Die Umbenennung symbolisierte einen Neuanfang, den Beginn von Japans Moderne. Sie nahm von Tokio aus Gestalt an, und Tokio ist seither an der Spitze der Entwicklung geblieben. Die technologischen Superlative des Sky Tree markieren die jüngste Etappe und machen deutlich, dass die östliche Hauptstadt diesen Platz auch weiterhin beansprucht.

Stadterneuerungsplanung

Der Besucherstrom nach Sky Tree Town hat die Erwartungen der Planer bisher erfüllt und lässt erkennen, dass er nicht nur störungsfreie Funk- und Fernsehsignale für die Informationsweltstadt Tokio liefern sollte. Eine weitere Motivation für den Bau des Sky Tree lieferte die Stadtentwicklungsplanung. Neue Arbeitsplätze sind entstanden, und die Besucher des Zentrums und des Fernsehturms sind neu gewonnene Konsumenten, die der lokalen Wirtschaft zugutekommen. Der Andrang wird nicht immer auf dem Niveau der ersten Monate bleiben, denn die allgemeine Neugier ist gleich nach der Eröffnung neuer Zentren immer am größten. Es kann aber damit gerechnet werden, dass Sky Tree Town den beabsichtigten Beitrag zur Wiederbelebung des Stadtteils leisten wird.

Die Wahl für den Standort fiel nicht von ungefähr auf den Stadtteil Sumida in Shitamachi, der wegen seiner niedrigen Lage am Unterlauf von Sumidagawa und Arakawa sogenannten «Unterstadt», in der sich ehemals das industrielle und kommerzielle Zentrum Tokios befand. Mit der Entwicklung in der zweiten Hälfte des 20. Jahrhunderts haben die Shitamachi-Bezirke nicht Schritt gehalten, denn die Gewichte haben sich nach Westen verlagert, wo viele neue Wohnviertel entstanden, aber auch Arbeitsplätze. Zusammen mit den anderen östlichen Stadtteilen Adachi und Katsushika weist Sumida den höchsten Altersindex (Bevölkerungsanteil über 65), das geringste Pro-Kopf-Einkommen und das niedrigste Bildungsniveau auf. Vor allem der erstgenannte Index ist problematisch, da er den Stadtteil für junge Leute unattraktiv macht und in eine Abwärtsspirale zu führen droht. Sumida ist kein heruntergekommenes Viertel. Wenn man sich dem Sky Tree vom Bahnhof Asakusa nähert, den Sumidagawa auf der Brücke überquert und durch die kleinen Straßen nach Osten geht, kommt man durch eine kleinbürgerliche Gegend, in der zwei- bis dreistöckige Wohnhäuser neben kleinen Geschäften stehen, kleine Handwerksbetriebe, Schuhmacher, Schneider, Möbelschreiner, Bürsten- und Pinselmacher, und allerlei Läden, die so aussehen, als läge ihr letzter Außenanstrich Jahre zurück. Die ganze Gegend hat etwas Patina angesetzt. Sie wird von der Stadtverwaltung als noch traditionell und authentisch hervorgehoben und den Touristen angepriesen. Den einen oder anderen Besucher mag das charmieren, aber für die Zukunft des Bezirks ist Verharren in der Vergangenheit nicht gut, auf die Dauer kann er nicht von der Erinnerung leben. Permanente Erneuerung ist für die große Stadt lebenswichtig, und wenn diese Erneuerung nicht einigermaßen gleichmäßig erfolgt, sind benachteiligte Stadtteile zum Abstieg verurteilt, mit negativen Folgen für die ganze Stadt. Das war ein wichtiger Gesichtspunkt, der die Entscheidung, den Sky Tree in Sumida zu bauen, beeinflusste.

Yoshizumi Nezu, Chef von Tobu Railway Co., nahm sich des Projekts an und stellte das Gelände des ehemaligen Güterbahnhofs von Tobu, 36 600 m^2 im Bezirk Oshiage, dafür bereit. Außer dem neuen Fernsehturm sollten dort das Solamachi- Einkaufszentrum mit 312 Geschäften und Restaurants, Bürogebäude, Veranstaltungssäle, Bildungseinrichtungen sowie ein Theater, ein Planetarium und ein Aquarium gebaut werden. Mit einer Nutzfläche von rund 230 000 m^2 auf 30 Stockwerken ist dadurch ein neues Stadtteilzentrum entstanden, das von Besuchern und Anwohnern genutzt wird. «Zu den neu gegründeten Einrichtungen gehört auch eine Außenstelle der Technischen Hochschule Chiba (CTI), die in einer Ausstellungshalle Spitzentechnologie von Rettungsrobotern bis zu elektronischem Papier präsentiert. Wir von CTI glauben, dass Technologien uns helfen, eine glückliche Gesellschaft zu schaffen und wollen, dass dieser Campus dazu dient, die Menschen direkt mit der neuesten Technologie in Berührung zu bringen» (Chiba Institute of Technology 2012). Hightech im alten Handwerkerviertel Sumida, das ist die beabsichtigte Verbindung, die auch der Sky Tree selber verkörpert. Hinzu kommt die dadurch geschaffene Möglichkeit der Begegnung an Technik interessierter Bürger, die auch im Zeitalter der universellen Verfügbarkeit von mehr Informationen als je zuvor in der Geschichte der Menschheit nicht an Bedeutung verloren hat. Die Wege des Informationsaustauschs, die durch das Internet möglich geworden sind, haben, anders als von manchen prophezeit, die räumliche Konzentration derer, die mit Informationen arbeiten, nicht überflüssig gemacht. Im Gegenteil, die Wissensgesellschaft ist eine urbane Gesellschaft. Die räumliche Nähe vieler Menschen mit ähnlichen Interessen, geplante und zufällige Begegnungen, die den Austausch und die Weiterentwicklung von Ideen fördern, bietet nur das Ambiente der Stadt. Und heute ist der Handel mit Ideen mehr gefragt als der mit Tatamimatten, Fächern und Pinseln.

Charakteristische Stadtteile, aber keine Elendsviertel

Für Wissenschaftler, die sich mit der Entwicklung von Weltstädten (*global cities*) befassen, zu denen sie Tokio zählen, ist selbstverständlich, dass die Rolle, die diese Städte für die Weltwirtschaft spielen, zwangsläufig eine soziale Differenzierung mit sich bringt, die sich auch in residenzieller Segregation niederschlägt (Friedmann, Wolf 1982; Sassen 2001). Nach dieser Vorstellung bringt es allein die Größe mit sich, dass es reiche Villenvororte, kleinbürgerliche Gegenden, Industriegebiete, Elendsviertel usw. gibt. In anderen Weltstädten der ersten Ordnung, New York, London und Paris, ist residenzielle Segregation in der Tat sehr ausgeprägt, wobei soziale Schicht und Rasse bzw. ethnische Herkunft auf komplexe Weise zusammenwirken (Smith 2001). So wurde etwa seit Ende des 19. Jahrhunderts Ostlondon, abwertend oft als «East End» bezeichnet, zum Auffangbecken für sozial Schwache und Immigranten und dadurch zum Inbegriff von Armut, Enge, Krankheit und Kriminalität. In vielen Pariser Außenbezirken, die heute als «Zus» oder *Zones urbaines sensibles* bekannt sind, beherrschen Immigranten diverser afrikanischer Herkunftsländer das Bild, die Frankreichs neue Unterklasse stellen (Castel 2007). Und der vermeintliche «Schmelztiegel» New York zeichnet sich nach wie vor durch die starke Konzentration ethnischer Gruppen in verschiedenen Vierteln aus, am prägnantesten manifestiert im Schwarzenviertel Harlem. El Barrio im Nordosten Manhattans ist auf ähnliche Weise durch die Dominanz der Latino-Bevölkerung geprägt. Dabei deckt sich der Stadtplan der Armut weitgehend mit der Karte, auf der die höchste Konzentration von Schwarzen und Latinos eingezeichnet ist (Citizens' Committee for Children 2012). Auch in London weisen soziale Indikatoren eine deutliche geographische Polarisierung auf: Armut, schlechte Gesundheit und niedrige Bildung ballen sich in östlichen Stadtteilen wie Hackney, Haringey und Islington, wohingegen westliche Bezirke der Innenstadt wie Kensington, Chelsea und Hammersmith am anderen Ende dieser Skalen stehen.

Die Funktionen, die Weltstädte als Sitz wichtiger Finanzinstitute, Aktienbörsen, Multinationals und internationaler Institutionen erfüllen, bringen viel Geld und hoch bezahlte Fachkräfte in diese Städte, die sich elegante Wohnungen leisten können und wollen. Gleichzeitig lassen sie neue Arbeitsplätze entstehen und ziehen dadurch Migranten aus dem In- und Ausland an, wobei vor allem Letztere oft ein Überangebot an Arbeitskraft schaffen und sich zunächst mit Plätzen auf den untersten Sprossen der sozialen Stufenleiter und der Hoffnung, sie zu erklimmen, zufriedengeben müssen. Sie lassen sich in billigen Gegenden nieder und tragen dadurch dazu bei, dass die Mietpreise dort nicht steigen können, das Steueraufkommen der betreffenden Kommunen gering bleibt und damit auch das Niveau der öffentlichen Dienstleistungen. Rassismus seitens der weißen Bevölkerung, die finanzielle Beschränkung der Zuzügler auf billigen Wohnraum und ihr Bedürfnis nach engem räumlichen Kontakt zu ethnischen Netzwerken wirken zusammen, um die räumliche Trennung anhand sozialer oder ethnischer Kriterien erst zu schaffen und dann aufrechtzuerhalten. Das zeigt sich insbesondere in den paradigmatischen *global cities*, New York, London und Paris, wenn auch nicht uneingeschränkt in allen Großstädten (Hamnet 1994). In Deutschland lässt sich die beschriebene Tendenz in der Konzentration von als «Gastarbeiter» angeworbenen Türken in den Berliner Stadtteilen Kreuzberg, Wedding und Neukölln beobachten. Ethnische Segregation charakterisiert viele Großstädte und geht gewöhnlich mit sozialen Problemen einher; denn sie folgt einer selbstverstärkenden Dynamik, der schwer entgegenzuwirken ist.

Die als unausweichliche Begleiterscheinung des kapitalistischen Wirtschaftssystems beschriebene sozialräumliche Polarisierung von Weltstädten ist in Tokio deutlich geringer ausgeprägt als in London und New York und anderen Metropolen. Bis Ende des 20. Jahrhunderts lebten die Japaner ihrer eigenen Vorstellung zufolge in einer Gesellschaft der Mitte mit sehr flacher sozialer Schichtung. Das galt auch für die japanische Hauptstadt, die sich durch die Abwesenheit verfallener Elendsviertel auszeichnete, wie sie in Großstädten vieler Entwicklungsländer, aber auch in amerikanischen Städten anzutreffen sind. Das Nebeneinanderwohnen von Arm und Reich ist ein auffälliges Charakteristikum Tokios, was freilich nicht bedeutet, dass es keine Unterschiede zwischen den Stadtteilen gäbe. Schlafstädte, teure und weniger teure Wohngegenden, Viertel, in denen kleine und mittlere Industriebetriebe vorherrschen, andere, wo Handel und Transport dominieren, und wieder andere, in denen hauptsächlich mit Büroarbeit Geld verdient wird, sind historisch gewachsen. Wirtschaftlicher Strukturwandel und demographische Entwicklung wirken sich unterschiedlich aus, was zu sozialräumlicher Differenzierung führen kann. Tatsächlich ist das auch in gewissem Umfang geschehen. Ein Vergleich der 23 Stadtteile Tokios zeigt, dass das Pro-Kopf-Einkommen in zentralen und westlichen Vierteln, insbesondere Minato, Chiyoda, Chuo und Shibuya, höher ist als in den östlichen Stadtteilen von Shitamachi, zu denen Sumida gehört. Und diese Unterschiede korrelieren mit solchen des Bildungsniveaus, der Konzentration von Sozialhilfeempfängern und der Höhe der Arbeitslosigkeit. Das Gefälle zwischen den Stadtteilen ist aber nach wie vor weniger steil als in den anderen Weltstädten. «Ganze Stadtbezirke, die ausschließlich von preiswertem Mietwohnbestand geprägt werden, der zudem auch Gruppen mit geringem Sozialprestige offensteht, existieren in Tokio anders als in vielen westlichen Großstädten nicht» (Lützeler 2008:268). Das hat mit der vergleichsweise späten und schnellen Industrialisierung Japans zu tun, und darüber hinaus spielt die restriktive Immigrationspolitik eine Rolle.

Die ethnische Homogenität der japanischen Bevölkerung ist ein ideologischer Topos und als solcher vielfach als überzeichnet kritisiert worden. Sie ist aber auch eine Tatsache. In Japan leben nicht viele Ausländer. Die Zuwanderung ist sehr gering, und selbst in Tokio, wo, gemessen am Landesdurchschnitt, erwartungsgemäß relativ viele Ausländer leben, liegt ihr Anteil sehr viel niedriger als in anderen Weltstädten. In London hat jeder dritte Bürger einen Migrationshintergrund, in Paris ist jeder siebte Ausländer. «Superdiversität», definiert als Bevölkerung mit einem Ausländeranteil diverser Herkunftsländer von mindestens 9,5 Prozent, wird heute als ein charakteristisches Merkmal vieler großer Städte in der westlichen Welt beschrieben (Vertovec 2007). Zu den Städten, auf die diese Beschreibung zutrifft, gehören u. a. Amsterdam, Brüssel, Hamburg, Kopenhagen, München, Sydney, San Francisco, Seattle und Washington, D. C. Trotz seiner Größe und obwohl es die Hauptstadt eines der reichsten Länder der Welt ist, gehört Tokio nicht dazu, denn mit weniger als drei Prozent Ausländern ist die Bevölkerung zumindest ethnisch sehr homogen. Von Superdiversität kann keine Rede sein und auch nicht von sozialräumlicher Segregation in großem Umfang. Tokio hat trotz aller Veränderungen der letzten 150 Jahre seinen Charakter als sozial sehr durchmischte Stadt beibehalten. Daran haben weder die Effekte der Industrialisierung im ausgehenden 19. Jahrhundert noch die ihr folgende enorme Bevölkerungszunahme etwas geändert. Und auch die zweimalige Zerstörung der Stadt durch das Erdbeben 1923 und das Flächenbombardement 1945, die Entwicklung des öffentlichen Verkehrssystems und die dadurch bedingte Entstehung neuer suburbaner Zentren sowie schließlich der Explosion der Bodenpreise in den 1980er Jahren, als ein Quadratmeter im zentralen Geschäftsviertel Ginza 30 Millionen Yen kostete, haben keine eklatante soziale Trennung der Bevölkerung bewirkt. Das ist ein großer Vorzug, da soziale oder ethnische Segregation kaum rückgängig zu machen und unweigerlich mit schwer lösbaren Problemen verbunden ist. Der Entstehung von Stadtteilen vorzubeugen, in denen nur marginalisierte Gruppen wohnen, deren Verdienstmöglichkeiten durch schlechte Ausbildung, Alter oder Diskriminierung begrenzt sind und die daher in größerem Maße als andere auf Unterstützung angewiesen sind, wenn Verelendung vermieden werden soll, das ist eine, vielleicht die wichtigste Funktion von Stadterneuerungsprojekten wie dem Sky Tree.

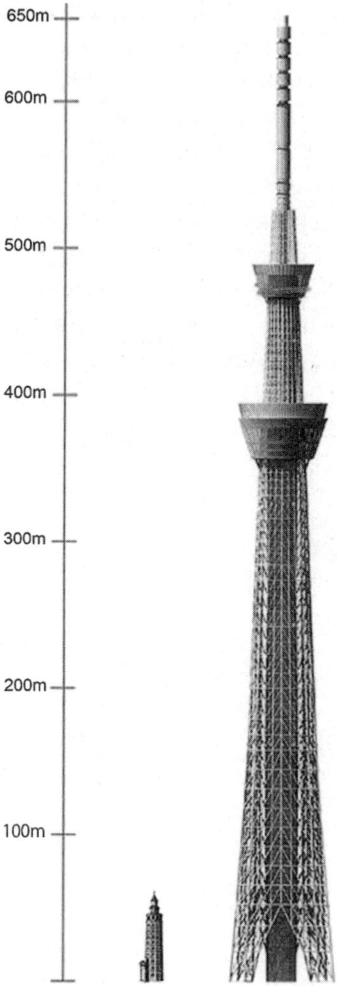

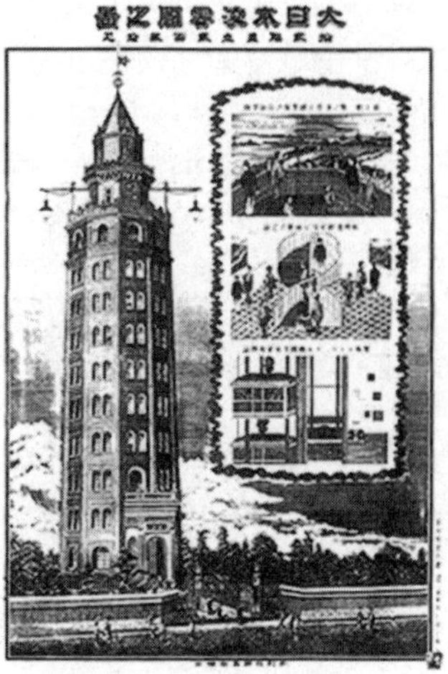

Dainippon Ryounkaku, der «großjapanische Turm über den Wolken», Abbildung um 1890.

Abbildung 1 Fortschritt in Metern gemessen: Das höchste Gebäude Tokios 1890 und 2012; links der «Wolkenüberragende Turm» Ryounkaku, 68,5 m hoch, rechts, etwas mehr als ein Jahrhundert weiter, der Sky Tree, dessen Spitze in 634 m Höhe tatsächlich oft in den Wolken ist.

In den neun Jahrzehnten zwischen dem Einsturz des Ryounkaku und der Eröffnung des Sky Tree hat sich Tokio auf vielfältige Weise geändert, zweimal durch äußere nicht zu kontrollierende Ereignisse und ständig durch nur partiell steuerbaren Wandel der Bevölkerung, der Wirtschaft und der Technik. Stellt man Modelle gleichen Maßstabs beider Türme nebeneinander, wird die in dieser kurzen Zeit zurückgelegte Strecke von einem Nachzügler der Industrialisierung zum Vorreiter der Postmoderne auf einen Blick augenfällig. Schmerzvoll erlittene zweimalige Zerstörung, durch Zuzug erzwungene Expansion und permanente von öffentlichen und privaten Akteuren initiierte Entwicklungsprojekte haben Tokio zu einer Stadt der Postmoderne gemacht, die mehr voraus- als zurückschaut.

2 Die sichere Stadt

> Es lässt sich nicht bestreiten, dass diese scheinbare Unordnung eine andere räumliche und soziale Logik widerspiegelt als die europäischer Städte.
>
> John Clammer
> *Contemporary Urban Japan*

Der Schutzmann stellt sein Fahrrad in der Einfahrt ab und sagt: «Entschuldigen Sie bitte, mein Name ist Numata, ich bin neu bei der Wache hier und möchte mich vorstellen.» Er überreicht mir ein Informationsblatt, auf dem steht: «Bürger und Polizei gemeinsam gegen Terrorismus. *Unsere* Stadt schützen *wir*. Schaffen wir gemeinsam eine Stadt, die keinen Terror duldet!» Auf der Rückseite wird erklärt, dass anlässlich eines Treffens des Internationalen Währungsfonds und der Weltbank mehr als 20000 ausländische Gäste in Tokio erwartet werden und jeder mit dafür sorgen müsse, dass diese Großveranstaltung ohne Störung ablaufe. Außerdem gibt er mir noch einen kleinen Zettel («nur auf Japanisch», sagt er entschuldigend), auf dem ich ankreuzen kann, ob

ich seinen wiederholten Besuch wünsche,
es keine besonderen Vorkommnisse gebe oder
ich irgendetwas zu vermelden habe.

Die Tagung des IWF findet weit von meinem Haus, im Tokyo International Forum, einem großen Tagungszentrum mitten im Zentrum, statt. Terrorattacken von hier aus sind wenig wahrscheinlich, und überhaupt ist Tokio seit Langem von Terroranschlägen verschont geblieben, aber sicher ist sicher, und jeder Anlass ist recht, direkte Bekanntschaft zu machen. Zu fragen, wie viele Millionen Flugblätter aus Anlass des IWF-Treffens verteilt würden, fiel mir erst ein, als Herr Numata wieder auf dem Rad davonfuhr.

Stadt	2009
Moskau	6,0
New York	5,6
Amsterdam	4,4
Berlin	1,8
London	1,6
Tokio	0,4

Tabelle 1 Morde per 100 000 Einwohner (UNODC 2011)

Unbegründet sind Sicherheitsvorkehrungen nie. Der Giftgasanschlag der Aum-Shinrikyo-Sekte auf die Tokioter U-Bahn 1995, durch den 13 Menschen getötet und über tausend schwer verletzt wurden, ist unvergessen. In der Vergangenheit hat es auch durchaus Pannen bei der Sicherheitsüberwachung gegeben. Vor dem APEC-Treffen 2010 in Yokohama etwa gelangten Pläne durch die inkompetente Verwendung von Shareware an die Öffentlichkeit. Konkrete Präventionsmaßnahmen während des Treffens, Namen und Bilder von Beamten sowie Namen in der Region ansässiger Muslime wurden dadurch bekannt. Das war für die Tokioter Polizei, die für die Sicherheit des Treffens verantwortlich war, sehr peinlich. Durch diesen und ähnliche Vorfälle ist der Eindruck entstanden, dass sie sich nicht auf der Höhe der Zeit befindet und den Herausforderungen der globalisierten Welt nicht gewachsen ist. Ein Polizist, der seine Zeit damit verbringt, Flugblätter gegen Terror zu verteilen, vermittelt nicht unbedingt das Bild einer gut gerüsteten Staatsmacht, die sich das Gewaltmonopol von niemandem streitig machen lässt. Nun spielt die globalisierte Welt mit ihren Gefahren im Tagesgeschäft der Tokioter Polizei allerdings nur eine untergeordnete Rolle. Sie hat es vor allem mit den zwölf Millionen Bürgern der Stadt zu tun, die dort tagaus, tagein ihren Verrichtungen nachgehen, und ihnen war und ist sie recht dienlich.

Der Beitrag der Polizei

Tokio ist eine sehr sichere Stadt, weltweit von den Städten mit mehr als fünf Millionen Einwohnern mit weitem Abstand die sicherste (Buenida 1989). Die Gefahr, einem Gewaltverbrechen zum Opfer zu fallen, ist für Tokioter viel geringer als für Bewohner europäischer oder gar amerikanischer Großstädte. In New York werden 14-mal so viele Morde begangen wie in Tokio, in Berlin 4,5-mal so viele. Die 43 000 Polizisten, die in Tokio Dienst tun, tragen einiges dazu bei, dass man hier seines Lebens ziemlich sicher ist. Die zahlenmäßige Stärke der Polizei ist, gemessen an der Bevölkerung, nicht besonders groß. Der Polizeipräsident von Berlin etwa beschäftigt halb so viele Beamten für eine Bevölkerung, die nicht einmal ein Drittel so groß ist, also fast doppelt so viele pro Kopf. Was die Tokioter Polizei jedoch auszeichnet, ist, dass sie sehr bürgernah ist. Außer den zentralen Dienststellen in jedem der 23 Stadtteile gibt es 1200 kleine, mit zwei bis drei Beamten besetzte Polizeiposten (*Koban*), die den Kontakt zu den Menschen in der Nachbarschaft pflegen. Gewöhnlich mit dem Fahrrad oder zu Fuß unterwegs, sind die liebevoll als «Rundendreher» (*O-mawari-san*) bezeichneten Polizisten einerseits unbedrohlich präsent und wissen andererseits recht gut über ihr Revier Bescheid. Wenn sie gerufen werden, sind sie dank der weiten Streuung der Koban schnell zur Stelle, finden sich aber auch ungerufen rasch ein, wenn etwas vorgefallen ist. Die Koban sind an größeren Kreuzungen oder an Bahnhöfen leicht zugänglich und 365 Tage im Jahr rund um die Uhr besetzt. Für die Bürger ist der Koban eher Auskunftei und Anlaufstelle für Hilfe in der Not als Vorposten der Verbrechensbekämpfung. Das Signet der Tokioter Polizei ist Pipo-kun, eine Manga-Figur, deren Name von der lautmalerischen Darstellung einer Sirene abgeleitet ist, Herr *Tatütata* gewissermaßen. Nicht den strengen Ordnungshüter verkörpert die Figur; sie passt eher zu dem Image der gutmütigen Kumpanen, die alten Damen über die Straße helfen, das die Beamten pflegen. «Die Bekämpfung des Ladendiebstahls ist der Eckpfeiler der öffentlichen Sicherheit in unserer Gesellschaft» (Keishicho o.J.). Das verkündet die Tokioter Polizei auf ihrer Homepage. Glückliches Tokio, ist man da versucht zu sagen, wenn die Polizei es sich leisten kann, Bagatelldelikten so viel Aufmerksamkeit zu schenken. Dahinter steht jedoch die nachvollziehbare Strategie, Kleinkriminelle zu isolieren, da ein

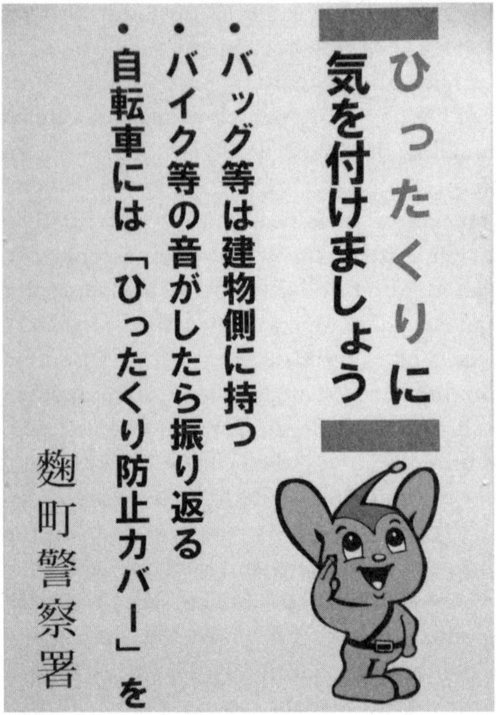

Abbildung 2
Pipo-kun, Signet
der Tokioter Polizei

soziales Umfeld, in dem kleine Delikte nicht geduldet werden, auch keinen Nährboden für gravierendere Gesetzesübertretungen bietet.

Wichtiger als für die moderne Verbrechensbekämpfung ist der Koban für die Gewährleistung eines sorgenfreien Alltagslebens im jeweiligen Revier: um Kinder, die sich verlaufen haben, nach Hause zu bringen oder um fünf Uhr nach Hause zu schicken, wenn auf dem Spielplatz und im Park eine Glocke bzw. ein Lied ertönt, das den Einbruch der Dunkelheit ankündigt; um Hausbesuche bei Senioren zu machen oder einfach nur Patrouille zu gehen. Aktivitäten dieser Art sind dem sozialen Zusammenhalt und der Verhinderung von anti- und asozialem Verhalten förderlich und damit dem übergeordneten Ziel, aus Tokio eine «gegen Verbrechen resistente Stadt» zu machen.

Tokios Polizisten patrouillieren oft unbewaffnet oder tragen nur einen ausfahrbaren Schlagstock bei sich. Sie besitzen eine Dienstpistole, die allerdings selten zum Einsatz kommt. Das entspricht der geringen Verbreitung von Schusswaffen im ganzen Land. In den USA haben 88,8 von 100 Personen eine Feuerwaffe, und selbst in westeuropäischen Ländern wie Schweden, Österreich, Frankreich und Deutschland ist statistisch fast jeder Dritte im Besitz einer solchen. In Japan kommen 0,6 Schusswaffen auf 100 Einwohner. Sie sind, Jäger und Polizisten ausgenommen, fast ausschließlich im Besitz von Yakuza, Mitgliedern von Verbrechersyndikaten. Auch bei ihnen sind sie freilich nicht sehr beliebt, denn die Hürden, legal ein Gewehr oder eine Pistole zu erwerben, sind äußerst hoch. Die Waffengesetze sind streng, und für den illegalen Besitz einer Schusswaffe, selbst wenn man sie nicht selber trägt, kann man jahrelang hinter Gittern landen. Sogar Heftklammerpistolen, wie sie von Dachdeckern verwendet werden, müssen registriert werden. 2004 verurteilte ein Gericht einen Yakuza-Boss zu einer Gefängnisstrafe, weil bei einem seiner Leibwächter eine Pistole gefunden worden war. Dank der strengen Gesetze und Kontrollen sind der Schusswaffenbesitz und mit solchen verübte Straftaten seit Jahren rückläufig. Um ihre normalen Geschäfte - Schutzgelderpressung, Zuhälterei und Wucher - nicht mit einem unnötigen Risiko zu belasten, verzichten viele Yakuza auf Feuerwaffen, die sowieso meist nur bei Bandenkriegen Verwendung finden.

Die Wahrscheinlichkeit, seinem Ende in Gestalt einer Kugel zu begegnen, ist in Tokio dank der strengen Schusswaffenkontrolle nicht sehr groß. Sie ist auch in Deutschland gering, aber doch 15-mal größer als in Japan. 2009 wurden in Tokio 100 Tötungsdelikte registriert, in Berlin 245. Schusswaffen werden bei Gewaltverbrechen so selten verwendet, dass die Tokioter Polizei keine Statistik dazu führt. 2011 gab es in ganz Japan nur 45 Schießereien, an 32 davon waren Yakuza beteiligt. Tokios Mörder bevorzugen andere Waffen, insbesondere Messer und Gift. Die Polizei ist dennoch besorgt, weil mehr Schusswaffen ins Land geschmuggelt werden, hauptsächlich aus den Philippinen, bzw. ihren Weg von amerikanischen Stützpunkten in unbefugte Hände finden, und hat deshalb eine Hotline eingerichtet, wo man Schusswaffenbesitz anonym anzeigen kann.

Um den tödlichen Gebrauch von Messern zu minimieren, gelten auch hierfür strenge Gesetze. Nach einem besonders erschreckenden Amoklauf 2008 im Elektronikstadtteil Akihabara, wo ein frustrierter Zeitarbeiter auf offener Straße wahllos acht Menschen erstach, wurde das Stichwaffenschutzgesetz dahingehend verschärft, dass außer japanischen Schwertern auch Messer mit einer mehr als 5 cm langen Klinge darunterfallen. Mit solchen Maßnahmen unterstützt der Gesetzgeber die Bemühungen der Polizei, den Bürgern eine sichere Umwelt zu garantieren, insgesamt mit viel Erfolg.

Natürlich ist eine so große Stadt wie Tokio nicht frei von Verbrechen, und es gibt immer wieder neue Bedrohungen. Dabei bereiten die Verbrechersyndikate der Yakuza der Polizei nicht unbedingt die größten Sorgen. In Tokio sind acht Organisationen dieser Art tätig. Nach Größe geordnet, sind es Sumiyoshi-ikka, Kohei-ikka, Matsuba-kai, Kyokuto-kai, Kokusui-kai, Kato Rengokai, Kobayashi-kai und Kōgomutsu-kai. Ihre insgesamt rund 9000 Mitglieder sind der Polizei großenteils namentlich bekannt. Sie verstehen sich als Erben der glorreichen Samurai, gehorchen ihrem eigenen «Ehrenkodex» und sind auf lange Dauer firmenähnlich organisiert. Im Gegensatz zu anderen internationalen kriminellen Organisationen expandieren sie nicht und sind somit ziemlich berechenbar. Größere Sorgen bereiten den Gesetzeshütern andere Gruppen. Die sogenannten *Hangure*, «Halbdelinquenten», sind Gruppen meist männlicher Jugendlicher am Rande der Gesellschaft, die sich relativ spontan bilden und schnell wieder auflösen, wenn die Polizei zugreifen will. Ihre Aktivitäten reichen von relativ harmlosen Bedrohungen der öffentlichen Ordnung durch asoziales Verhalten wie wilden Motorradlärm einerseits bis zur Durchführung von Straftaten inklusive Raub und Mord im Auftrag andererseits. Für die Bekämpfung dieser Banden, die auch in traditionell von den Yakuza eher gemiedenen Bereichen wie Drogenhandel, Einbruch und Diebstahl tätig sind, hat die Tokioter Polizei noch keine wirksame Strategie entwickelt. Aber wie beunruhigend das auch für die Polizei sein mag, die Sicherheit des Alltagslebens der großen Mehrheit der Bevölkerung wird dadurch kaum beeinträchtigt. Mit Verbrechen kommen die wenigsten Tokioter jemals direkt in Berührung. Denn obwohl die exzessive Berichterstattung über Mord und Totschlag in den Medien den gegenteiligen Eindruck erwecken könnte, liegt Tokio nicht nur bei Tötungsdelikten, sondern auch in anderen Kriminalitätssparten deutlich hinter anderen Metropolen zurück, wie die folgende Tabelle 2 zeigt.

	Mord	Vergewaltigung	Raub	Einbruch	Autodiebstahl
London	2,2	30,7	610,0	1290,0	501,0
New York	6,0	10,6	265,0	254,0	161,0
Seoul	2,1	20,0	10,3	287,5	-
Sydney	1,5	51,4	159,0	1008,0	461,0
Tokio	**0,5**	**1,8**	**4,7**	**137,0**	**12,0**

Tabelle 2 Verbrechen je 100 000 Einwohner in fünf Großstädten 2007 (nach Johnson 2010, UNODC 2012)

Andere Zahlen sprechen die gleiche Sprache wie die Kriminalitätsstatistiken. So gibt es in Deutschland rund achtmal so viele Rechtsanwälte pro Kopf der Bevölkerung wie in Japan, in den USA mehr als 25-mal so viele. Und entsprechend ist die Gefängnisbevölkerung Tokios wesentlich niedriger als in Städten mit höherer Kriminalität. Die Gefängnisbevölkerung Berlins stellt 0,14 Prozent der Gesamtbevölkerung dar; in Tokio waren es 2011 0,034 Prozent ohne Untersuchungshäftlinge bzw. 0,045 Prozent unter Einschluss derselben. In puncto Kriminalität ist Tokio also eine Umgebung, in der man recht sorglos existieren kann.

Soziale Strukturen

Nun wird die Sicherheit des Lebens in der großen Stadt keineswegs nur von Mördern und anderen Übeltätern gefährdet. Viele andere Probleme sind nicht weniger bedrohlich. Mit durchschnittlich 4300 Einwohnern pro Quadratkilometer ist Tokio sehr dicht besiedelt. Man lebt zwar nicht so gedrängt wie in Seoul (10 400/km^2) oder Hongkong (6695/km^2), aber deutlich dichter als in anderen Weltstädten wie Paris und Berlin (beide ca. 3800/km^2) oder New York (1800/km^2). Allein die große Bevölkerungsdichte birgt viele Risiken. Zahlreiche Menschen auf engem Raum können einander auf mancherlei Weise gefährlich werden. Die Urbanisierung ist Begleiterscheinung und Ausdruck der Moderne, und die Moderne, schreibt etwa der Historiker Jürgen Osterhammel,

> «war zunächst ungesund. Die Industrialisierung brachte der arbeitenden Bevölkerung in den Städten [...] Not, Verelendung, kulturelle Verwahrlosung und eine Verminderung der körperlichen Wohlfahrt. England zahlte den Preis dafür, dass es sich zu industrialisieren begann, *bevor* die sanitären Zusammenhänge moderner Großstädte durchschaut und Lösungsversuche unternommen wurden.» (Osterhammel 2009 : 264).

Und England war kein Einzelfall. Auch in anderen europäischen Ländern und in den Vereinigten Staaten verschlechterten sich durch Industrialisierung und Verstädterung zunächst die gesundheitlichen Verhältnisse und die Sterberate stieg an. Erst als man die von Epidemien ausgehenden Gefahren besser verstand, die Hygiene von Wasserversorgung, Kanalisation und Müllabfuhr verbessert und ein allen Teilen der Bevölkerung zugängliches Gesundheitssystem eingerichtet hatte, überholte die Lebenserwartung in großen Städten die auf dem Land. Noch heute machen sich die hygienischen Risiken des Großstadtlebens in vielen Entwicklungsländern deutlich bemerkbar. «Urbane Agglomerationen in Entwicklungsländern sind der Mittelpunkt der

HIV/AIDS-Epidemie» (Caceres 2004), und Epidemien wie Schweinegrippe und die Atemweginfektion SARS verbreiten sich ausgehend von großen Städten. Andere durch große Bevölkerungsdichte bedingte Risiken beinhalten Versorgungsengpässe, von denen Städter härter betroffen werden als die Menschen auf dem Land. Wo ein Haus dicht neben dem anderen steht, können Brände viel verheerender sein als in dünn besiedelten Gebieten. Zu schnell wachsende Metropolen kämpfen mit Verkehrschaos, Wohnraummangel und Verschmutzung, und die Möglichkeiten der Kriminalität sind vielfältiger als auf dem Land.

In der Stadt, und das hat sich überall als Problem des urbanen Lebens erwiesen, sind die Menschen ungebundener, hemmungsloser als auf dem Land, denn Stadtluft macht frei, wie es sprichwörtlich heißt. Die Gründe sind bekannt. Vielen traditionellen Bindungen, deren normative Gültigkeit auf dem Land kaum angefochten ist, sind die Städter enthoben. Nicht von ungefähr gilt das Leben auf dem Land als stärker traditionsgebunden, während Moden, technische Innovationen und soziale Trends von der Stadt ausgehen, auch solche, durch die überkommene Regeln des Zusammenlebens und Gebote der öffentlichen Moral ihres Geltungsanspruchs beraubt werden. Ebendiese Aspekte des Stadtlebens sind es, derentwegen viele Menschen vom Land in die Stadt ziehen, die aber gleichzeitig Verhältnisse entstehen lassen, die von den Städtern selbst missbilligt, wenn nicht gefürchtet werden. Denn Bindungen bedeuten zwar Zwänge, von denen sich mancher befreien will, sie gewähren jedoch auch Sicherheit, deren Verlust schmerzlich empfunden wird. Diese Zusammenhänge gelten für das urbane Leben im Allgemeinen, aber zwischen den Metropolen der Welt gibt es große Unterschiede. Den Bürgern trotz der Anonymität der Großstadt ein hohes Maß an Sicherheit zu gewähren, ist Tokio vergleichsweise gut gelungen.

Das ist nicht allein, vielleicht nicht einmal primär der Polizei zugutezuhalten. Bedeutsamer sind die sozialen Strukturen, die das Leben in Tokio kennzeichnen. Physische Nähe erzwingt intensiven sozialen Kontakt, aber in vielen urbanen Milieus sind

Strukturen entstanden, die es den Städtern erlauben, sich abzuschirmen, seine Nachbarn nicht zu kennen, weil man sie nicht kennen will und anderen Beziehungen den Vorzug gibt. In Tokio ist das weniger üblich. Obwohl die japanische Kultur sehr familienorientiert ist, gilt der Nachbar mehr als der weit weg lebende Verwandte. Viele Strukturen und Formen der sozialen Einbindung erinnern an das dörfliche Leben auf dem Land. Beziehungen zur unmittelbaren Umgebung werden gepflegt, man kennt sich und weiß, wer in der Nachbarschaft wohnt. Dazu ist es nicht zufällig, sondern als Resultat überlegter Gesellschaftsplanung gekommen. Zwar war Tokio bereits im 18. Jahrhundert eine der größten Städte der Welt mit einer Bevölkerung von geschätzten 1,2 Millionen – London und Paris hatten 650 000 bzw. 500 000 Einwohner. Aber nach der Öffnung Japans Mitte des Jahrhunderts, im Zuge der spät, aber rasch erfolgenden Industrialisierung, nahm die Zuwanderung aus allen Teilen des Landes rapide zu, und die Gefahren der Auflösung sozialer Bindungen wurden erkennbar. Viele neue Strukturen, z. B. Seniorenclubs, wurden geschaffen, um dem entgegenzuwirken, andere blieben bestehen oder wurden zeitgemäß angepasst, wie etwa die in einem nationalen Verband zusammengeschlossenen Einzelhandelsgenossenschaften. Die meisten der über 800 Bahnhöfe Tokios sind mit einer Ladenstraße verbunden, deren Geschäfte dafür sorgen, dass die Menschen in ihrem Wohnviertel einkaufen können und so ein Gemeinschaftsleben erhalten bleibt.

Eine andere wichtige soziale Institution ist die Nachbarschaftsvereinigung, in denen Bürger ehrenamtlich aktiv werden können, indem sie allerlei Aufgaben übernehmen, die von morgendlichen Patrouillen auf den Schulwegen und der Beaufsichtigung der ordnungsgemäßen Mülltrennung bis zur Unterstützung pflegebedürftiger Senioren und der Organisation des Schrein-Festes reichen. 2012 gab es in Tokio 8874 solche Vereinigungen, auf die Bevölkerung der Stadt umgerechnet, hatte eine also durchschnittlich etwa 1300 Mitglieder – ein kleines Dorf. Dem Klischee von der kollektivistischen japanischen Gesellschaft liegt eine ihm entsprechende Realität zugrunde, die auch in der Metropole noch spürbar ist. Die Nachbarschaftsvereinigungen entstanden als direkte Reaktion auf die Herausforderungen des Großstadtlebens (Schmidtpott 2005). Die Verbesserung des Wohnumfelds durch Hygiene, Schutz vor Feuer und Verbrechen und Hilfe im Katastrophenfall, insbesondere Erdbeben und Taifune, waren die Hauptmotive dafür, den Verlust der quasi naturwüchsigen Familienbande durch neue Institutionen zu kompensieren. Die Notwendigkeit dafür wird durch die demographische Entwicklung der letzten Jahrzehnte verstärkt. Dank einer Geburtenrate, die seit den 1970er Jahren deutlich unter der für eine konstante Bevölkerung nötigen Rate von 2,1 Kindern je Frau liegt, sind Familien, in denen ein oder zwei Kindern vier Großeltern gegenüberstehen, keine Seltenheit. Steigende Lebenserwartung und zunehmende Arbeitsmobilität führen außerdem dazu, dass immer mehr alte Menschen allein leben. Schon sind 40 Prozent aller Tokioter Haushalte Einpersonenhaushalte, und Jahr für Jahr sterben mehr Menschen allein und ohne dass es jemand merkt. Die Individualisierung, wenn nicht Vereinsamung der Gesellschaft zeigt sich auch daran, dass die Bereitschaft zur Eheschließung abnimmt. Von 1985 bis 2005 hat sich der Anteil der nie verheirateten Frauen im Alter von 30 bis 34 Jahren von 10,4 Prozent auf 32 Prozent verdreifacht (Tokyotono tokei jinkko deta kensa gaido o. J.), ein deutliches Indiz der tiefgreifenden Veränderungen der japanischen Gesellschaft, die in der Metropole am ausgeprägtesten und weitesten fortgeschritten sind.

Es gibt also gute Gründe, dem Bedeutungsschwund der Familie mit gezielten Maßnahmen entgegenzuwirken. Bildungseinrichtungen vom Kindergarten bis zur Universität arbeiten deshalb daran, ein kollektivistisches Ethos aufrechtzuerhalten bzw. zu vermitteln. Und die Nachbarschaftsvereinigungen sind auch unter diesen veränderten Bedingungen für viele Haushalte ein wichtiger Knoten im sozialen Netz. Für die Polizisten und Polizistinnen des lokalen Koban sind sie Ansprechpartner und umgekehrt. Nicht jeder beteiligt sich aktiv daran, aber diese Art des

Bürgerengagements ist auch im großstädtischen Milieu Tokios noch sehr verbreitet und nimmt ihm etwas von der Anonymität, die zu den Gefahren des Stadtlebens beiträgt. Das Bewusstsein, dass das zu dem subjektiv geschützten Lebensgefühl und der objektiv gegebenen Sicherheit beiträgt, ist hoch entwickelt.

Freiheit oder soziale Kontrolle

Die öffentliche Sicherheit ist ein weithin hoch geschätztes Gemeingut, für dessen Schutz sich Polizei, andere Behörden der städtischen Verwaltung und Bürgerorganisationen gemeinsam einsetzen. Vorträge in Schulen und Kampagnen zur Aufrechterhaltung der öffentlichen Moral sind wichtige Bestandteile dieser Bemühungen. Verbrechen sind aus dieser Sicht ähnliche Bedrohungen der Sicherheit wie Katastrophen. Ebenso wie in allen Schulen Tokios in Erinnerung an das Erdbeben von 1923 alljährlich am 1. September mit einer Übung das Verhalten für den Ernstfall geprobt wird, wird den Kindern durch Demonstrationen einer fleischgewordenen Manga-Figur frühzeitig die Tugend der «drei Nullen» beigebracht: «Null Verbrechen! Null Umweltzerstörung! Null Verletzung der Benimmregeln!» Auf Letztere wird viel Wert gelegt, weil sie die Basis der öffentlichen Moral sind. Von der Wirksamkeit guter Sitten als Schutz vor Versicherungsbetrug und sonstiger Weiße-Kragen-Kriminalität ist nicht jeder überzeugt, aber der Aufrechterhaltung der öffentlichen Ordnung ist sie zweifellos dienlich. Die Sicherheit der sozialen Umwelt ist nicht weniger wichtig als die der natürlichen, und beide sind Gegenstand bewusster Gestaltung. Die Frage ist freilich, wie weit diese Gestaltung reichen soll und wie Sicherheit und Freiheit gegeneinander abzuwägen sind.

In Tokio entspricht das hohe Maß öffentlicher Sicherheit, dessen sich die Bürger erfreuen, einer relativ starken sozialen Kontrolle durch institutionelle Strukturen und Beaufsichtigung, die in freiheitlich gesinnten Ländern als unwillkommene Bevormundung betrachtet würde. In öffentlichen Räumen werden die

Bürger häufig auf Gefährdungen der Ordnung hingewiesen und mit direkten Appellen zu sozialem Verhalten aufgerufen. In deutschen Städten kennt man Transparente, mit denen Autofahrer daran erinnert werden, auf Erstklässler zu achten. In Tokio geht die Verhaltensregulierung sehr viel weiter. «Keine Zigarettenkippen auf die Straße werfen!» «Beim Telefonieren vom Fahrrad absteigen!» «In der Bahn nicht telefonieren und nicht die Beine übereinanderschlagen, weil dadurch andere Fahrgäste belästigt werden!» An solche und ähnliche Ermahnungen ist der Tokioter gewöhnt. Die soziale Kontrolle ist intensiv, die Toleranz für Ordnungsstörungen und auch nur geringfügige Übertretungen gering, die Strafen dafür sind jedoch eher milde. Sozialer Druck durch Beschämung von abweichendem Verhalten war lange ein wirksames Rezept für die Aufrechterhaltung der öffentlichen Sicherheit. In internationalen Kriminalitätsstatistiken großer Städte nimmt Tokio noch immer einen sehr günstigen Platz ein, aber seit den 1990er Jahren konstatieren manche Beobachter besorgt die Zunahme von Straftaten und Verurteilungen – bei kleinen allerdings mehr als bei großen Delikten.

Drei Tendenzen stehen mit dieser Entwicklung in ursächlichem Zusammenhang: erstens die Verschärfung der sozialen Ungleichheit im Zuge der Liberalisierung und Deregulierung der Märkte (Shirahase 2013); zweitens die Internationalisierung von Werten, verbunden mit einer kritischeren Einstellung zur Obrigkeit und abnehmender Bereitschaft, Vorschriften zu beachten (Kadowaki 2003); drittens die Diversifizierung von Lebensläufen, verkürzt zusammengefasst: weniger Konformismus (Toivonen, Norasakkunkit, Uchida 2011). Bedingt durch diese Entwicklungen, bietet Tokio heute ein sehr viel bunteres Bild als vor 30 Jahren. Muss die damit einhergehende Erweiterung der Spielräume mit einer Verringerung der öffentlichen Sicherheit bezahlt werden? Viele, die Pluralismus an sich oder die freie Wahl der Lebensform für etwas Gutes halten, bestreiten das, und Tokios Sozialpolitiker hoffen, dass es nicht so ist. Dass zwischen Freiheit und Sicherheit ein Zusammenhang besteht, ist jedoch bekannt und augenfällig, wenn man sich vergegenwärtigt, dass in dem Land, wo Freiheit am größten geschrieben wird, verhältnismäßig die meisten Menschen ihrer Freiheit im Interesse der öffentlichen Sicherheit beraubt werden. Die Vereinigten Staaten haben mit weitem Abstand die höchste Einkerkerungsrate der Welt. Die Frage ist nicht, *ob* Freiheit im Interesse von Sicherheit eingeschränkt werden muss, sondern wessen Freiheit in welchem Maße. Freiheit von den Bedrohungen, die Großstädte oft kennzeichnen, war und ist einer der großen Vorzüge des Lebens in Tokio. Diese Freiheit zu erhalten, während andere Freiheiten vermehrt von den Bürgern gefordert und Nonkonformismus, Ungezwungenheit der Umgangsformen, Pluralisierung von Karrieren und Lebensformen sowie die Lockerung der sozialen Kontrolle im Allgemeinen Platz greifen, ist heute eine der großen Herausforderungen der Stadt.

3 Die Stadt in Bewegung

Durch die Anhäufung so vieler Menschen mit so differenzierten Interessen greifen ihre Beziehungen und Betätigungen zu einem so vielgliedrigen Organismus ineinander, dass ohne die genaueste Pünktlichkeit in Versprechungen und Leistungen das Ganze zu einem unentwirrbaren Chaos zusammenbrechen würde.

Georg Simmel

Tag und Nacht

Minato-ku hat 214 000 Einwohner und rangiert damit nach Bevölkerungsstärke an 17. Stelle der 23 Stadtteile (ku) Tokios. Die Tagbevölkerung dieses zentralen Stadtteils beträgt aber mehr als 900 000. In Chiyoda-ku wohnen nur 45 000 Menschen, arbeiten aber tagsüber mehr als 800 000. In Chuo-ku steht der Wohnbevölkerung von 115 000 eine mehr als fünfmal so große Tagbevölkerung gegenüber. Diese Zahlen bedeuten Bewegung, Kreisläufe, Austausch, Transport, Kontakt, kurz: die Quintessenz dessen, was eine Großstadt ausmacht. Urbanisierung beruht auf Arbeitsteilung und darauf, dass Menschen nicht dort arbeiten, wo sie wohnen. Produktion, Reproduktion, Konsum und Freizeit sind lokalisiert, und die Teilnahme daran zwingt den Stadtbewohner zur Mobilität. Um die Stadt zu verstehen, gilt es nicht nur zu wissen, wo sich Fabriken, Büros, Stadtverwaltung, Warenhäuser, Parks, Vergnügungsviertel etc. befinden, sondern auch wie man vom einen zum anderen Ort kommt. Die Stadt ist ständig in Bewegung. Die Infrastruktursysteme, die das ermöglichen, sind ihr Blutkreislauf; sie prägen das Gesicht der Stadt ebenso wie die Orte, die sie miteinander verbinden. Die Großstadt ist ein Raum der Kommunikation, in dem Kultur Gestalt annimmt, sich Identitäten manifestieren und Innovationen geschaffen werden. Möglich wird dies, weil hier viele Menschen miteinander in Kontakt kommen. Es bilden sich Zentren - Gewerbestandorte, Wohngebiete, Märkte, Erholungsgebiete - und damit sozialräumliche Strukturen. Eine Gefahr für rasch wachsende Städte besteht darin, dass diese Strukturen im Extremfall zur Gettobildung und Verelendung einzelner Stadtteile führen, dass also die soziale Schichtung räumlich abgebildet und dadurch verstärkt wird. In Tokio gibt es zwar deutliche sozialräumliche Differenzierungen, aber es gibt heute keine Slums und keine Gettos. Die soziale Durchmischung ist vielmehr ein Charakteristikum dieser Metropole, was angesichts ihrer Größe und der Geschwindigkeit, mit der sie gewachsen ist, sehr bemerkenswert ist.

Stadtteil	**Einwohner**	**(pro km²)**
Setagaya	855 416	14 728
Nerima	702 202	14 581
Ota	674 590	11 345
Edogawa	661 386	13 265
Adachi	629 392	11 831
Suginami	534 981	15 725
Itabashi	529 059	16 446
Koto	436 337	10 963
Katsushika	428 066	12 287
Shinagawa	353 887	15 576
Kita	330 646	15 886
Nakano	312 939	20 098
Shinjuku	309 463	16 975
Meguro	267 798	18 218
Toshima	256 009	19 428
Sumida	237 433	16 079
Shibuya	205 512	13 337
Minato	205 196	10 088
Bunkyo	194 933	16 009
Arakawa	194 777	18 262
Taito	168 277	16 139
Chuo	104 997	10 345
Chiyoda	43 802	3 763

Tabelle 3 Bevölkerung von Tokios 23 Stadtteilen, 2012
(World Population Review http://worldpopulationreview.com/population-of-tokyo/)

Verkehr und Wohlstandverteilung

An der Schwelle zum 20. Jahrhundert überschritt die Bevölkerung der Stadt Tokio die Zwei-Millionen-Marke, um sich im Laufe des Jahrhunderts trotz zweimaliger verheerender Zerstörung – 1923 durch das katastrophale Kanto-Erdbeben und 1945 durch das amerikanische Flächenbombardement – zu vervierfachen. Außer Chiyoda-ku wäre jeder einzelne Stadtteil nach der amtlichen deutschen Definition heute eine Großstadt (mehr als 100 000 Einwohner). Diese 23 Stadtteile machen die Stadt Tokio mit einer Gesamtbevölkerung von 8,9 Millionen aus. Die Präfektur Tokio, die im Westen an die Stadt angrenzende Gemeinden und einige Inseln mit umfasst, bringt es auf 13 Millionen, und im ganzen Ballungsgebiet unter Einschluss der benachbarten Präfekturen Chiba, Saitama und Kanagawa leben 35 Millionen, zweimal Holland.

Diese kolossale Agglomeration impliziert sowohl große Bevölkerungsdichte als auch Ausdehnung in der Fläche. Auf 0,6 Prozent der Landmasse Japans leben zehn Prozent der Bevölkerung. In absoluten Zahlen umfassen diese 0,6 Prozent ein Gebiet von 2188 Quadratkilometern (Präfektur Tokio), mehr als das Doppelte von Berlin (891 km^2), das im europäischen Maßstab eine sehr ausgedehnte Stadt ist. Die Anforderungen an die Verkehrssysteme sind daher enorm, und ihr Funktionieren ist für das gesellschaftliche Zusammenleben von kaum zu überschätzender Wichtigkeit. Es geht dabei nicht nur um große, kostenträchtige Baumaßnahmen, sondern darum, die soziale Segregation der Stadtbevölkerung zu verhindern.

Soziale Unterschiede werden leicht dadurch verschärft, dass Stadtteile keine gute Verkehrsanbindung haben, deshalb Wohnraum dort billig ist und von sozial schwachen Gruppen genutzt wird, die dadurch wiederum im Wettbewerb um den Zugang zum Arbeitsmarkt und zu kommerziell interessanten Stadtregionen benachteiligt und zu verminderten Erwerbschancen verdammt sind. Sozialer Ausschluss ist die Folge. Nach der Theorie der globalen Städte erzwingen deren Funktionen eine Öffnung der sozialen Schere, da sie sowohl viele extrem gut verdienende Fachleute anziehen als auch den Billiglohnsektor mit einem grauen Arbeitsmarkt anwachsen lassen. Für Tokio gilt das in weit geringerem Maße als etwa für London oder New York. Nach einer Studie von PriceWaterhouseCooper ist Tokio mit einem Bruttoregionalprodukt von rund 1,5 Billionen US-Dollar (2008) die reichste Stadt der Welt. Ein Teil dieses Reichtums steckt in dem Verkehrssystem, das wesentlich dazu beigetragen hat, dass er nicht zu ungleich verteilt ist. Eine Studie der Weltbank betont den Zusammenhang zwischen Armutsverhinderung und öffentlichen Nahverkehrssystemen und stellt fest: «Durch Stimulierung des Wirtschaftswachstums ebenso wie durch die gezielte Ausrichtung von Infrastrukturinvestitionen auf Armutsreduktion, Konzentration und Fahrpreissubventionierung kann städtische Verkehrspolitik Armut verringern helfen» (The World Bank 2002). Reiche leiden unter schlechten öffentlichen Verkehrssystemen viel weniger als Arme, weil sie auf private Verkehrsmittel ausweichen können. Umgekehrt muss ein Verkehrssystem attraktiv sein, um viel benutzt und damit rentabel zu sein; es muss billig, schnell, pünktlich, sauber und sicher sein. Die Nutzung wiederum hat Konsequenzen für die Umwelt. In Tokio sind mehr als drei Millionen Pkws zugelassen, nicht mehr als 500 000 davon werden jedoch für den Weg zur Arbeit benutzt. Im Durchschnitt fährt jeder Tokioter mit dem Auto 2100 km im Jahr, was weit unter den entsprechenden Werten anderer Großstädte liegt. In New York pendeln 32 Prozent der Werktätigen mit dem Auto, in Paris 28 Prozent, in London 25 Prozent und in Tokio elf Prozent. Die Verteilung zwischen öffentlichem Nahverkehr und motorisiertem Individualverkehr übersetzt sich unmittelbar in Umweltbelastung. Wenn wir, nur als Gedankenspiel, mit 17,5 Millionen Pendlern im Großraum Tokio rechnen, einen durchschnittlichen Pendelweg von 20 km annehmen und eine Emission von 150 g CO_2-Ausstoß pro Kilometer, was für einen modernen Mittelklassewagen typisch ist, kommen wir auf 105 000 t CO_2 pro

Tag, die nicht ausgestoßen werden, da die Pendler nicht mit dem Auto, sondern mit dem Zug fahren. In ländlichen Regionen wäre ein solcher Effekt bei vergleichbaren Pendelwegen unmöglich, was der allgemeinen, auch in Deutschland zu beobachtenden Tendenz entspricht, dass Großstädter seltener ein eigenes Auto besitzen und benutzen als die Landbevölkerung. Die Großstadt ist in dieser Hinsicht, anders als oft vermutet, keineswegs ein Umweltmonster, sondern vielmehr milieufreundlich. Durch die räumliche Konzentration von Funktionen und Menschen wird die Umweltbelastung nicht nur ihrerseits konzentriert, sondern auch verringert. Was CO_2 betrifft, ist Tokio heute eine saubere Stadt, kein Luftkurort, gewiss, aber die Luftverschmutzung ist deutlich geringer als in anderen Weltstädten, namentlich London, New York und Paris, von Großstädten in Schwellenländern wie Beijing, Moskau, Mexiko oder Bangkok ganz zu schweigen. Dass sie nicht im Smog ersticken, verdanken die Tokioter ganz wesentlich ihrem Nahverkehrssystem (sowie strengen Emissionsgesetzen und der Tatsache, dass die 52 000 Taxis der Stadt mit Gas fahren). Für manche überraschend, steht Tokio im internationalen Ranking von 40 Großstädten in der Kategorie «Umwelt» vor Zürich, Genf und Stockholm auf Platz 1 (GPCI 2012).

Öffentlicher Nahverkehr

Das Herzstück des Nahverkehrssystems ist der Schienenverkehr. In deutschen Medien hat sich das Bild von weiß behandschuhtem Bahnhofspersonal, das Fahrgäste in überfüllte Wagons pfercht, festgesetzt. Sehr viel seltener wird berichtet, dass das Bahnnetz im Großraum Tokio mit dem integrierten Netz von Omnibuslinien nach Meinung aller Experten das beste Nahverkehrssystem der Welt ist. Es besteht aus rund einem Dutzend städtischer und privater Zug- und U-Bahn-Linien einer Gesamtlänge von rund 1200 km, die 800 Bahnhöfe miteinander verbinden. 285 davon sind U-Bahnhöfe, die von zwei Gesellschaften bedient werden, der Tokyo Metro mit neun Linien und der städtischen Gesellschaft Toei, die vier Linien betreibt. Die U-Bahnen bestreiten den innerstädtischen Verkehr, während die meist überirdischen Bahnlinien den Transport in die peripheren Regionen und Vorstädte bedienen. In den Hauptverkehrszeiten sind manche Züge stadteinwärts immer noch extrem voll; morgens, wenn auch die Schulkinder fahren, mehr als abends stadtauswärts, wo eine größere Entzerrung stattgefunden hat. Der beständige Ausbau des Netzes über Jahrzehnte und die Verbesserung des Service hat den integrierten U-Bahn- und Zugverkehr zu einem vorbildlichen System werden lassen. Seit Mitte der 1970er Jahre wurden an allen Stationen automatische Sperren eingerichtet, was Zu- und Abgang wesentlich beschleunigte. Zu weiteren Verbesserungen des Komforts kam es in den 1980er und 1990er Jahren, insbesondere ein Rauchverbot in den Zügen und später auch auf den Bahnsteigen und die Vollklimatisierung aller Züge. Bahnsteige und Züge wurden länger, Takte kürzer und Fahrgeschwindigkeiten höher, ohne dass die Sicherheit darunter gelitten hätte. Man kriegt mehr für sein Geld und bessere Qualität als in London, Berlin, Paris oder New York. Die Züge fahren in den Stoßzeiten alle ein bis zwei Minuten und sind pünktlich.

«Wegen einer Sensorenüberprüfung fährt der Zug vor uns auf der Strecke mit verminderter Geschwindigkeit. Wir werden deshalb an der Endstation mit zwei Minuten Verspätung eintreffen. Wir entschuldigen uns für die Unannehmlichkeiten und bitten um Ihr Verständnis.»

So oder so ähnlich wendet sich der Zugführer an die Fahrgäste, was freilich nur selten vorkommt. Jeder weiß, dass die Züge immer pünktlich sind. Kommt es doch einmal zu einer Verzögerung, stehen morgens Bahnangestellte an der Sperre und verteilen Zettel, auf denen angekreuzt ist, aus welchem Grund und wie lange die Verspätung war. Pendler können sie in der Firma vorlegen, wenn sie zu spät zur Arbeit kommen, denn Entschuldigungen, die auf einen verspäteten Zug verweisen, haben keine Glaubwürdigkeit. Die jährliche durchschnittliche Verspätung pro Zug beträgt 0,7 Minuten.

Man braucht nie mehr als ein paar Minuten auf die nächste Bahn zu warten, die einen schnell ans Ziel bringt. Die Züge halten nur kurz und fahren mit großer Geschwindigkeit, auf manchen Strecken bis 100 km/h. Wer keine Monatskarte hat, kann eine im ganzen Netz aller privaten und städtischen Linien gültige vorausbezahlte Chipkarte verwenden. Man kann auch mit dem billigsten Fahrschein durch die automatische Sperre gehen und den Differenzbetrag am Zielort an einem Automaten bezahlen. Durch ständige Wartung und die Ausrüstung mit vielen redundanten Signalsystemen werden Verspätungen und Ausfälle durch Betriebsstörungen minimiert.

Die Waggons sind sauber, kein Graffiti außen, keine beschmierten Wände und zerkratzten Scheiben innen. Kein Müll liegt auf den Bahnsteigen oder in den Wagen; vielleicht mal eine Zeitung in der Gepäckablage, aber auch das ist selten. Bildschirme über den Türen der Waggons zeigen den Streckenverlauf und den nächsten Bahnhof an, an welcher Seite sich die Türen öffnen und an welcher Stelle des Bahnsteigs im nächsten Bahnhof der Waggon halten wird. Ob man nach rechts oder links, nach oben oder unten gehen muss, kann man so schon wissen, bevor man das Ziel erreicht hat. Dank übersichtlicher und durchdachter Aufschriften findet man auch auf großen Bahnhöfen leicht den Weg. Manche Linien sind in vier Sprachen, Japanisch, Englisch, Chinesisch und Koreanisch, ausgeschildert, praktisch alle auf Japanisch und Englisch. Fahrkartenautomaten sprechen gewöhnlich außer Japanisch auch Englisch und sind zudem mit Braille-Aufschriften ausgestattet. Um Blinden und stark Sehbehinderten die Orientierung zu erleichtern, gibt es auf den Fußwegen und Bahnsteigen gelbe taktile Leitstreifen im Pflaster.

Ein gewisser Aufwand wird betrieben, um die Fahrgäste zu erziehen. Mit Durchsagen und Plakaten werden sie dazu aufgerufen, Sicherheitsmaßnahmen zu beachten, Alten, Gebrechlichen und Schwangeren Sitzplätze zu überlassen, nicht am Telefon zu sprechen, die Beine nicht übereinanderzuschlagen oder den Mitpassagieren auf andere Weise lästig zu fallen, den Regenschirm nicht liegen zu lassen und verdächtige Gepäckstücke oder andere Gegenstände sofort dem Personal zu melden. Sie werden gebeten, sich festzuhalten, da es bei einer Weiche etwas ruckeln könnte, und über jede auch noch so geringfügige Betriebsstörung sofort unterrichtet. Mancher Europäer würde solche Fürsorge belächeln oder als aufdringlich empfinden. Sie trägt jedoch zum Komfort aller bei und dazu, dass Reibungsverluste minimiert werden. Unfälle sind extrem selten, und auch in den Zügen und Bahnhöfen brauchen sich Passagiere nicht unsicher zu fühlen.

Diesen hohen Standard zu gewährleisten, kostet Geld. Seit den 1970er Jahren, als Verkehrschaos auf den Straßen und Luftverschmutzung ernsthafte Probleme waren, sind in den Ausbau des Schienenverkehrs gigantische Summen investiert worden, die durch den Betrieb amortisiert werden mussten. Die Eisenbahngesellschaften erzielen große Umsätze. Die beiden Tokioter U-Bahngesellschaften allein hatten 2009 Einnahmen aus dem Fahrkartenverkauf von rund 3,9 Milliarden Euro. Das reflektiert vor allem das Verkehrsaufkommen, denn die Fahrpreise sind im Vergleich zu anderen großstädtischen Verkehrssystemen niedrig. 40 Millionen Passagiere täglich lassen die Skaleneffekte sehr spürbar werden. Mit 450 000 Reisenden pro Tag ist der Hamburger Hauptbahnhof der meistfrequentierte Bahnhof Deutschlands. In Tokio haben ein halbes Dutzend Stationen ein Verkehrsaufkommen, das mehr als doppelt so hoch ist.

In Shinjuku, dem größten und geschäftigsten Bahnhof der Stadt, kommen und gehen täglich mehr als dreieinhalb Millionen Fahrgäste. Der Bahnhof der ursprünglich staatlichen, 2006 privatisierten Gesellschaft JR East bildet den Kern des Komplexes, dem insgesamt zwölf unter- und überirdische Linien eingegliedert sind, von denen die 35 Bahnsteige des innerstädtischen und Vorortverkehrs benutzt werden. Shinjuku ist eine der 29 Stationen auf der Yamanote-Ringbahn um den innerstädtischen Bereich, an dem etliche Linien aus den bevölkerungsreichen westlichen Stadtteilen und Vororten zusammenkommen. Es ist der größte Umsteigebahnhof für Pendler, die in anderen Stadtteilen arbeiten; gleichzeitig ist der Stadtteil Shinjuku derjenige mit dem größten Anteil von Arbeitnehmern aus anderen Stadtteilen. Nach Bevölkerung nimmt Shinjuku den 13. Rang unter den 23 Stadtteilen ein, aber bei vielen anderen Indikatoren wie z. B. dem Umsatz des Einzelhandels, der Anzahl gastronomischer Betriebe, der Dichte von Bahnstationen und Verkehrsaufkommen steht es auf einem der beiden obersten Plätze. Shinjuku ist somit eines der wichtigsten kommerziellen Zentren der Stadt.

Bahn und Stadtentwicklung

Die rund 200 Ausgänge des Bahnhofs Shinjuku münden in unterirdische Einkaufsstraßen und Durchgänge, die zu dem westlich angrenzenden Wolkenkratzerviertel führen, in dem sich neben zahlreichen Bürohochhäusern auch der Hauptsitz der Tokioter Präfekturverwaltung mit ca. 8000 Arbeitsplätzen auf 45 Stockwerken befindet. Mehrere große Hotels sowie sieben Kaufhäuser: Isetan und Marui im Osten, Lumine, Mylord und Takashimaya im Süden und Keio und Odakyu im Westen, sind zu Fuß zu erreichen. Südöstlich des Bahnhofs befindet sich der 58 Hektar große Park Shinjuku Gyoen, im Nordosten das weitläufige Vergnügungsviertel Kabuki-cho, das im Norden in Shinokubo, auch «Korea Town» genannt, übergeht.

Zwei der Kaufhäuser, Odakyu und Keio, gehören den gleichnamigen Eisenbahngesellschaften, und verkörpern eine für praktisch alle Privatbahnen charakteristische Unternehmensstrategie. Ihre Fahrgäste sind gleichzeitig ihre Kunden in anderen Geschäftssparten. So gehören zu der Odakyu-Gruppe außer der Bahn und mehreren Buslinien eine Supermarktkette, deren Geschäfte an den Stationen liegen, mehrere Warenhäuser, Hotels und ein reichhaltiges Freizeitangebot mit Reisebüros, heißen Quellen, Golfplätzen und Segelschulen sowie eine Immobilienfirma mit Lagerhäusern und vielen Maklerbüros, eine Finanzierungsgesellschaft mit Kreditkartenzweig und ein Glasfasernetz. Ähnlich ist Keio Co. außer im Personentransport im Einzelhandel und im Immobiliengeschäft tätig und betreibt einen Zoo, alles im Westen der Stadt. Diese Firmenprofile lassen auf die überragende Bedeutung der Eisenbahnlinien für die Stadtentwicklung schließen. Im 20. Jahrhundert wuchs Tokio entlang der sich in alle Richtungen ausdehnenden Bahnlinien (Okata, Murayama 2010). Die Eisenbahngesellschaften erwarben nicht nur Land für die Schienenführung, sondern wurden durch große Immobilieninvestitionen zu Entwicklern von Wohn- und Freizeitraum.

Im ersten Kapitel wurde die Tobu Railway Co. als treibende Kraft des Sky-Tree-Projekts im Osten der Stadt erwähnt. Die Firma stellte das erforderliche Land bereit und engagierte sich als Hauptinvestor. Ein anderes Großprojekt, das für die private Koordination von Verkehrsentwicklung und Bodennutzung ohne staatliche Subventionen beispielhaft ist, realisierte über drei Jahrzehnte von 1959 bis 1989 die Tokyu Railway Corporation: das Entwicklungsprojekt Tokyu-Tama-Gartenstadt. Aus 5000 Hektar eines dünn besiedelten hügeligen Gebiets im Südwesten Tokios wurde die größte privat entwickelte und gebaute Stadt Japans, Tama Den-en Toshi, mit 600 000 Einwohnern. Die 22 km lange Den-en-Toshi-Linie verbindet das erschlossene Gebiet mit der Innenstadt. Die für den Bau erforderlichen 22 Milliarden Yen wurden je zur Hälfte durch private Kredite und Kredite der Development Bank of Japan Inc. aufgebracht. Die weiter abgelegenen Stadtteile sind durch ebenfalls von Tokyu betriebene Buslinien mit den Bahnstationen verbunden. Ein besonderer Aspekt des Projekts war, dass die für die Entwicklung von Wohngebieten, Einkaufszentren etc. erforderlichen Ländereien nicht von Tokyu erworben, sondern in Händen der Besitzer belassen wurden, die sich in Kooperativen zusammenschlossen. Die Firma leistete die Entwicklungsplanung für die Bodennutzung ohne Kosten für die Landbesitzer, sicherte sich im Gegenzug jedoch Vorkaufsrechte der fertiggestellten Wohneinheiten. Die Den-en-Toshi-Linie wurde zur ertragreichsten der acht Bahnlinien der Gesellschaft und trug wesentlich dazu bei, dass Tokyu

Railway Co. 2006 als erste private Eisenbahn mehr als eine Milliarde Fahrgäste im Jahr verzeichnen konnte. Erfolg und Umfang des Projekts Tokyu-Tama-Gartenstadt veranschaulichen die Bedeutung der Eisenbahngesellschaften für Stadtplanung und -entwicklung.

Solche Raumplanungsprojekte verlangen einen langen Atem. In deutschen wie in den meisten westeuropäischen Städten sind damit deshalb hauptsächlich städtische und staatliche Behörden befasst. In Tokio hingegen hat der private Sektor viel Bewegungsfreiheit. Natürlich gibt es Gesetze und Bestimmungen, an die sich die Entwickler halten müssen, aber private Initiativen zur Entwicklung der Lebensgrundlage ganzer Gemeinden sind in großem Umfang möglich. Freilich sind nicht alle Projekte so erfolgreich wie Tokyu-Tama-Gartenstadt, was angesichts des zeitlichen Planungshorizonts kaum überraschend ist. So blieb etwa die jüngste der Tokioter U-Bahnlinien, die 2000 fertiggestellte Oedo-Linie, zunächst hinter den Erwartungen zurück. Die der Planung zugrunde gelegte Bedarfserhebung rechnete mit einer Million Fahrgästen täglich. Die Konstruktion der 40 km langen Strecke tief unter bebautem Grund war eine Meisterleistung der Ingenieure. Ihre Station in Roppongi ist mit 42 m unter der Oberfläche die tiefstgelegene der Stadt. Es wurde zudem viel Geld dafür ausgegeben, diese U-Bahnlinie barrierefrei zu gestalten. Außer Rolltreppen wurden Aufzüge und Treppen mit beidseitigem Geländer installiert sowie Fahrkartenautomaten, Trinkwasserfontänen und Toiletten, die mit dem Rollstuhl zugänglich sind. Dank der mit Firmenspenden finanzierten «Kunst am Bau» wurden zehn Stationen der Linie bald nach der Eröffnung von der Japanischen Organisation für Industriedesign (JIDPO) ausgezeichnet. Trotz dieser Anstrengungen, die Oedo-Linie attraktiv zu machen, stellten sich die Fahrgäste langsamer ein als erhofft (Omega Centre o.J.). Im ersten Jahr nach der Eröffnung wurde sie täglich nur von 219 000 Passagieren benutzt. Bis 2007 stieg die Zahl zwar auf 781 000 pro Tag an, aber für die Finanzierung des Projekts bedeutete es, dass die Amortisierung der enormen Investitionen wesentlich länger dauerte als geplant. Durch Fahrpreiserhöhung wird das Defizit nicht ausgeglichen, weil die Kunden auf andere Verbindungen ausweichen können, die zwar länger dauern, aber weniger kosten. Hinzu kommt, dass beim Bau der Strecke auch dem Katastrophenschutz Rechnung getragen werden musste. Bei den Stationen Kiyosumi-shirakawa und Azabujuban wurden große unterirdische Lagerräume für Notvorräte angelegt, was die Kosten weiter nach oben trieb.

Logistik und Lebensraum

Das Verkehrssystem einer Großstadt dient vor allem der Überwindung von Entfernungen, und seine Qualität bemisst sich weitgehend an der Geschwindigkeit, mit der es sie leistet. Tokio gehört zu den Metropolen, deren Entwicklung am stärksten durch den Ausbau des öffentlichen Nahverkehrssystems geprägt und die am meisten auf dieses System ausgerichtet ist. Trotz der 325 km Stadtautobahn kann man in Tokio nur wenige Orte mit dem Auto schneller und bequemer erreichen als mit Bahn oder Bus. Der Schienenverkehr ist sehr effizient, aber wegen der großen Ausdehnung der Stadt und wegen der ebenso vielfältigen wie weit verstreuten Beschäftigungsmöglichkeiten in der Metropole verbringen die Tokioter viel Zeit im Zug. Darauf haben sich die Eisenbahngesellschaften in dem Maße, wie sie und die Stadt im Allgemeinen reicher wurden, zunehmend eingestellt. Die Überauslastung ist abgebaut und der Komfort gesteigert worden. Durch Werbung und andere kommerzielle Informationsangebote auf Bildschirmen hat der Fahrgast die Möglichkeit, sich über Neuigkeiten, kulturelle Darbietungen usw. zu unterrichten. U-Bahnhaltestellen sind nicht mehr die düsteren, stickigen Gänge von einst, sondern helle, gut klimatisierte Räume, viele in direkter Verbindung mit Einkaufszentren und Restaurants. Der Bahnhof Tokio etwa, ein 2012 von Grund auf renoviertes Monument der Stadt, ist mit einem unterirdischen Netz von Ladenstraßen von mehr als vier Kilometer Länge umgeben, ein geschäftiges

Ambiente, aber nicht unbedingt eines, das man meidet, wenn es irgend geht. Die oben erwähnten Kunst-am-Bau-Maßnahmen zur ästhetischen Gestaltung der Stationen der Oedo-Linie lassen erkennen, wohin die Entwicklung geht: Was bisher nur als notwendiges Übel für den Transport zwischen Wohnung und Arbeitsplatz wahrgenommen wurde, wird zu einem Teil des Lebensraums der Großstadt, dessen Wert über die logistische Funktionalität hinausgeht.

Viel wird in Verschönerung, Umweltfreundlichkeit und Barrierefreiheit investiert. Vor allem Letzteres wird für die rasch alternde Bevölkerung der Stadt immer wichtiger und ist deshalb integraler Bestandteil der Stadtentwicklungsplanung, die darauf ausgerichtet ist, Gemeindezentren und andere Einrichtungen für den Bürgerservice in Bahnhofsnähe einzurichten oder zu erhalten, um die Anwohner in ihren geschäftlichen und privaten Aktivitäten zu unterstützen.

4 Teurer Boden

Der alte Spruch «Kauf Grundstücke; sie werden nicht mehr hergestellt!» ist nicht mehr richtig. Die Weltbevölkerung betrug 2005 6 Milliarden. Für 2050 sagen die Vereinten Nationen 9 Milliarden voraus.

René Kolman

Als Japans Wirtschaft nach der Niederlage im Zweiten Weltkrieg wieder in Schwung kam, erlebte Tokio eine Bevölkerungsexplosion. In dem Jahrzehnt von 1955 bis 1965 absorbierte die Stadt jährlich 600 000 Zuwanderer, was die Zahl der Einwohner im Großraum Tokio auf 21 Millionen anwachsen ließ (Douglas 1993 : 84). Die schon lange andauernde Ausbreitung der Stadt in westlicher Richtung wurde dadurch verstärkt fortgesetzt. Die an die 23 Bezirke (*ku*) Tokios angrenzenden Kleinstädte und Dörfer der Präfektur Tokio wuchsen durch die Erschließung von neuem Bauland rapide. Ganze neue Gemeinden wurden geschaffen, *bed town*, wie sie in anglisierendem Japanisch heißen, Schlafstädte. Mehr als nur symbolischen Ausdruck fand die dadurch bedingte Verschiebung der Gewichte nach Westen 1991 durch den Umzug der Präfekturverwaltung nach Shinjuku, was einst an der westlichen Peripherie der Stadt lag, aber heute eines der größten und lebendigsten Zentren ist. Nach Entwürfen von Kenzo Tange wurden während sieben fetter Jahre die beiden Türme des kurz *Tocho* genannten neuen Regierungsgebäudes errichtet: 157 Milliarden Yen ließ Tokio sich das kosten. Bis dahin war die Präfekturverwaltung in Yurakucho im Zentrum der Stadt, nahe dem Bahnhof Tokio, wo sich heute das Tokyo International Forum befindet, das oben (S. 27) erwähnte große Ausstellungs- und Konferenzzentrum.

Yamanote und Shitamachi

Die 23 Bezirke Tokios werden traditionell zweigeteilt: Shitamachi im Flachland um den Unterlauf des Sumida und an der Bucht auf der einen Seite und die hügelige Oberstadt im Westen Yamanote auf der anderen. Die Bezirke innerhalb der Yamanote-Ringbahn und westlich davon zählen zu Yamanote; östlich davon ist Shitamachi. Diese Bezeichnung, die wörtlich «Unterstadt» bedeutet, ist weiter verbreitet und nicht auf Tokio beschränkt. Sie bezieht sich auf die unter dem Schloss gelegenen Gebiete von Burgstädten, wo Handwerker und Kaufleute lebten und arbeiteten. In der Feudalzeit – in Japan bis 1867, als Tokio Edo hieß – wohnten Samurai vorwiegend in den Yamanote-Bezirken, die auch noch lange danach mit ihrem Lebensstil assoziiert wurden, während sich die unteren Stände, durch die recht rigide Schichtung der damaligen Gesellschaftsordnung in der Wahl ihrer Wohnorte und Tätigkeiten beschränkt, in den stärker von Überschwemmungen bedrohten Stadtteilen von Shitamachi konzentrierten. Im Zuge der Entstehung eines immer mächtiger werdenden Bürgertums, als Kaufleute und Handwerker zu Reichtum und größerem Ansehen kamen und ein urbanes Selbstbewusstsein entwickelten, ist diese gesellschaftliche Segregation aufgeweicht. Die kulturelle Blüte der späten Edo-Zeit, verkörpert etwa durch die neuen Formen des Theaters, Kabuki, Rakugo und Bunraku, entstand in der Unterstadt, wo sich auch die großen Vergnügungsviertel Asakusa und Yoshiwara befanden, die mit ihren vielen lizensierten Freudenhäusern ebenfalls eine Erscheinung der streng stratifizierten Feudalgesellschaft waren. Durch die Meiji-Reformen wurden die Grundlagen der überkommenen Ordnung abgeschafft; ihr Geist bestand jedoch noch lange fort. Noch in der Meiji-Zeit, als Tokio sich mit großer Geschwindigkeit in eine moderne Stadt verwandelte, wurde das große Theater Kabukiza dort in der Unterstadt errichtet, unweit vom Großmarkt Tsukiji.

Lange waren die Stadtteile in Shitamachi volkreicher und wiesen eine größere Bevölkerungsdichte auf als die Yamanote-Bezirke, wo früher die Lehnsherren ihre städtische Residenz hatten, die Grundstücke groß waren und sich betuchte Bürger ansiedelten. Inzwischen hat eine stärkere Durchmischung stattgefunden, aber immer noch besteht ein gewisser Kontrast zwischen Shitamachi und Yamanote, obwohl heute manche Stadtteile der ehemaligen Unterstadt wie z. B. Nihonbashi zu den teuersten Geschäftsvierteln der Stadt gehören, wo wenige Menschen wohnen. Wenn man jedoch die Stadtteile nach Wohlstand sortiert, zeigt sich, dass die drei mit dem höchsten Einkommen – pro Kopf wie auch nach Haushalt – im Westen (Minato, Chiyoda und Shibuya) und die mit dem niedrigsten im Osten (Adachi, Katsushika und Edogawa) liegen (Oguchi 2010 : 112). Dementsprechend sind Bodenpreise bzw. Mieten im Norden und Osten niedriger als im Westen und Süden. Dieses Preisgefälle setzt sich auch in einem Umkreis von 20 bis 30 km vom Stadtzentrum fort. So kostet eine Zweizimmerwohnung in Mitaka, im Westen, fast doppelt so viel wie in Nishi-Funabashi, im Osten. Die billigsten Wohngegenden innerhalb der 23 Bezirke sind in Katsushika und Adachi, die teuersten in Minato und Chiyoda.

Sie nehmen es von den Toten

Der Zuzug von mehr als einer halben Million Menschen pro Jahr in den 1950er und 1960er Jahren hatte trotz der Entwicklung neuer Wohngebiete eine starke Steigerung der Bodenpreise in ganz Tokio zur Folge, die durch das künstlich stimulierte Wirtschaftswachstum und die dadurch entstehende «Seifenblase» in den darauffolgenden Jahrzehnten noch angetrieben wurde. Durch die Verteuerung der Immobilien konnten höhere Hypotheken aufgenommen werden, die in Erwartung weiterer Preissteigerungen wiederum in Immobilien investiert wurden. Grund und Boden, da von Natur aus nicht vermehrbar, schienen die todsichere Anlage zu sein. Die Preise wurden schwindelerregend. Mitte der 1980er Jahre entsprach einer hypothetischen Berechnung zufolge der Wert des Kaiserpalasts mit den umliegenden

Gärten, insgesamt 3,4 km^2 – kleiner als der Englische Garten in München –, dem von ganz Kalifornien. Ein Quadratmeter (m^2) im eleganten Einkaufsviertel Ginza wurde für 90 Millionen Yen gehandelt (damals ca. 1,2 Millionen D-Mark). Die astronomischen Bodenpreise blieben nicht auf kommerzielle Nutzflächen beschränkt, der Normalbürger war davon ebenfalls betroffen. Lange galt für Tokio die Faustregel, dass man für ein durchschnittliches Eigenheim 5,5 durchschnittliche Jahreseinkommen aufwenden musste. Mitte der 1950er Jahre bekam man dafür in Ogikubo, zwei Stationen westlich von Shinjuku, ein Grundstück von 165 m^2 mit einem Häuschen von 65 m^2 Wohnfläche. 30 Jahre später reichten die 5,5 Jahreseinkommen in derselben Gegend nur noch für 55 m^2 Wohnfläche auf einem Grundstück von 17 m^2 (Wegener 1994: 96). Tokio war in der Zwischenzeit in die Höhe gewachsen und viel teurer geworden. Die hohen Bodenpreise erzwangen eine Verkleinerung der Grundstücke, wenn diese von einer Generation zur nächsten weitergegeben wurden, da die Erbschaftssteuer von vielen nicht aufgebracht werden konnte, ohne einen Teil des Grundstücks zu verkaufen.

Wie die Grafik der Bodenpreisentwicklung in Wohngebieten des Bezirks Minato (Grafik 1, S. 59) deutlich zeigt, kam aber schließlich, was kommen musste: Der Immobilienmarkt erlebte einen tiefen Absturz und war im ersten Jahrzehnt dieses Jahrhunderts wieder auf dem gleichen Niveau wie Anfang der 1980er Jahre. Die Bodenpreise sind nun für Tokioter Verhältnisse wieder normal, gehören aber noch immer zu den teuersten der Welt. Die Bevölkerung von Metro-Tokio wuchs dessen ungeachtet weiter, von 11, 7 Millionen 1996 auf knapp 13 Millionen 2012, eine Zunahme von fast 100 000 im Jahr. Die Anziehungskraft der Metropole war groß genug, um Woche für Woche etwa 1900 Personen aus anderen Präfekturen dazu zu bewegen, sich dort niederzulassen. Für jede von ihnen musste Platz gefunden werden, zumindest Arbeit und ein Dach über dem Kopf. Dieser Druck zog einen jahrzehntelangen Bauboom nach sich, der durchaus zur Lebendigkeit der Stadt beitrug. Freilich war die enorme Bevölkerungskonzentration in Tokio auch immer wieder Grund zur Sorge und Anlass, nach Gegenmaßnahmen zu suchen. So wurde z. B. 1992 ein Gesetz verabschiedet, das die Regierung autorisierte, Pläne für die Verlegung der Nationalversammlung und anderer Funktionen des Regierungssitzes an einen Ort außerhalb Tokios zu prüfen. Nichts wurde daraus. Der Reiz der Stadt speiste sich selber immer weiter, nicht zuletzt, weil Größe in Tokio zwar gewisse Unbequemlichkeiten - volle Züge, lange Pendelzeiten -, aber keine schlimme Dysfunktionalität nach sich zog. Zugleich war das Bevölkerungswachstum ein wichtiger Motor des Wirtschaftswachstums.

Immer neue Wohnblocks wuchsen aus dem Boden, während gleichzeitig an den Verkehrsverbindungen gearbeitet wurde. Deren Ausbau konnte mit dem Bevölkerungswachstum allerdings kaum Schritt halten, denn trotz der enormen Verbesserungen des öffentlichen Nahverkehrssystems, obwohl die Züge schneller und die Intervalle kürzer wurden, verlängerten sich die Pendelzeiten. Der für Großstädte typische Zusammenhang zwischen Bodenpreisen und Verkehrsverbindungen macht sich hier geltend: Wer größer wohnen will, muss sehr viel verdienen oder in einen Vorort ziehen. Außerdem trägt ein gutes Nahverkehrssystem zur Zersiedlung bei, denn in dem Maße, wie der zeitliche Abstand zu den Außenbezirken geringer wird, steigen auch dort die Bodenpreise. Die meisten Tokioter müssen zwischen kleinen Wohnungen und langen Pendelwegen abwägen. Im Stadtzentrum konzentrieren sich Beschäftigung, Ausbildung, kulturelle Aktivitäten, Konsum und alles andere, was das urbane Leben interessant und einträglich macht. In den Außenbezirken seinen Lebensmittelpunkt zu haben, dort zu wohnen, zu arbeiten und allen übrigen Aktivitäten nachzugehen, ist deshalb wenig attraktiv.

Der Zusammenhang von Bodenpreisen und Verkehrsverbindungen übersetzt sich so unmittelbar in Lebensstil. Mieten richten sich zum einen nach der Entfernung zwischen Wohnort und Zentrum, womit der große Bereich gemeint ist, den die 34,5 km

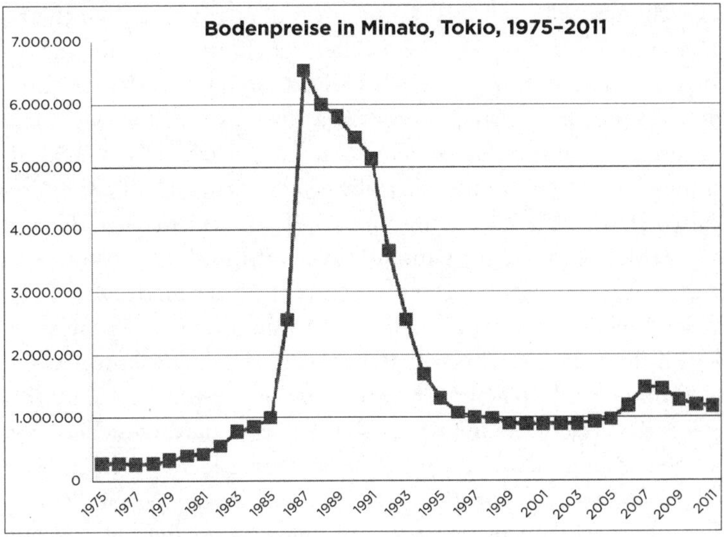

Grafik 1 Die Bodenpreisentwicklung in Wohngebieten des Stadtteils Minato, 1975–2011 (Quelle: http://housingjapan.com/2011/11/10/a-history-of-tokyo-real-estate-prices/)

der Yamanote-Ringbahn umschreiben. Je länger der Weg in die Innenstadt dauert, desto billiger sind die Grundstücke und somit auch die Mieten. Zum anderen besteht überall eine entsprechende Korrelation zwischen Quadratmeterpreis und Entfernung zwischen Wohnung und nächstgelegener Station. Zur Beschreibung von Immobilien, die auf dem Markt sind, gehört standardmäßig eine Rubrik «... Minuten zur Station», denn Arbeitstage sind lang und die Pendelzeiten lassen sich kaum auf erbauliche Weise nutzen (obwohl sie sehr viel damit zu tun haben, dass auf Mobiltelefonen so viel gelesen wird und andere Funktionen schweigsam genutzt werden).

Wer mit dem eigenen Auto zur Arbeit fahren will, nimmt dafür nicht nur verstopfte Straßen in Kauf, sondern muss sich das auch etwas kosten lassen, in den innerstädtischen Bezirken zwischen 35 000 und 50 000 Yen im Monat für einen Parkplatz. Der Preis dafür, das Auto abzustellen, ist ein Indiz für die Knappheit des Bodens. Ein weiterer sind die Kosten für die letzte Ruhestätte. Eine Grabstätte in guter Lage, die lange nicht so viel Platz einnimmt wie ein Parkplatz, kostet durchschnittlich 3,5 Millionen Yen Erbpacht, und das, obwohl die Tempel, auf deren Terrain sich die Friedhöfe größtenteils befinden, keine Grundsteuer zu zahlen brauchen. Laufende Verwaltungskosten kommen hinzu. Auch hier ist der Preis wieder eine Funktion des Anfahrtswegs. Mitten in der Stadt, auf dem Aoyama Bochi zum Beispiel, «5 Minuten Fußweg vom U-Bahnhof Nogizaka, 8 Minuten von Gaienmae und 10 Minuten von Hibiya», wie es auf der Homepage des Friedhofs heißt, kostet ein Standardplätzchen von 1,6 m^2 ohne Grabstein 4 360 000 Yen. Von Lebensstil kann man hier nicht wirklich sprechen, aber wer nichts gegen Vorstädte hat, kann seine letzte Ruhestätte dort billiger, wenn auch nicht billig haben. Weil du arm bist, musst du früher sterben, heißt ein deutsches Sprichwort, aber in Tokio ist Sterben eher etwas für Reiche. Mit den hohen Kosten hat es auch zu tun, dass alternative Formen der Bestattung, etwa durch das Verstreuen der Asche des Verstorbenen auf dem Meer oder im Wald, vermehrte Aufmerksamkeit auf sich ziehen (Kawano 2010); einstweilen sicher keine massenhafte Abwendung von der tief verwurzelten Tradition des Familiengrabs, aber doch unverkennbares Anzeichen gesellschaftlichen Wandels, der mit kleiner werdenden Familien – dazu mehr in Kapitel 9 –, Alterung und der wachsenden Belastung der Haushalte durch Pflegekosten in Zusammenhang steht.

Sie nehmen es von den Toten, in der Tat, solange es geht jedenfalls. Vorläufig hält der Bedarf an Bauland und Wohnungen an. Tokios Bevölkerung wächst noch, während die Japans bereits um mehrere 100 000 im Jahr schrumpft; aber die Geburtenrate ist die niedrigste im ganzen Land, und über kurz oder lang – gegen Mitte des Jahrhunderts, sagen die Prognosen (Coulmas, Lützeler 2011) – ist mit einem Mortalitätsschub zu rechnen, der unmittelbar auf die Immobilienpreise durchschlagen wird. In den Außen-

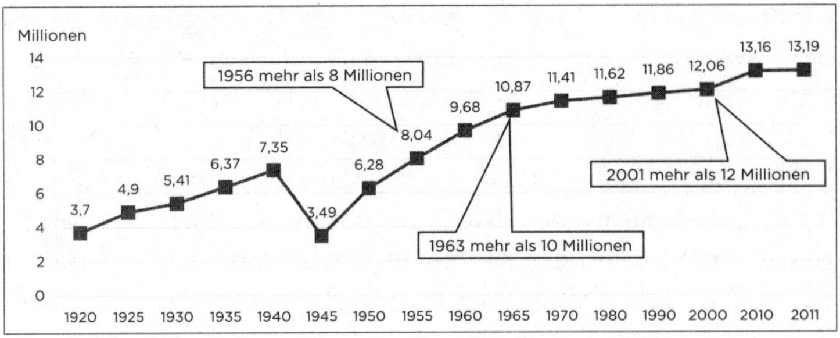

Grafik 2 Bevölkerungsentwicklung Tokios 1920-2011
(Quelle: http://www.toukei.metro.tokyo.jp/jsuikei/js-index.htm)

bezirken beginnen die Mieten bereits zu sinken: Tokio wird von außen nach innen schrumpfen (Miura 2012). Aus den in der Hochwachstumsperiode für Familien mit Kindern gebauten Schlafstädten ziehen diejenigen, die es sich leisten können, wenn die Kinder aus dem Haus sind, in innenstadtnähere Bezirke, wo deshalb die Mietpreise weiterhin sehr hoch sind. Einkommensschwache Gruppen bleiben zurück und treiben die Alterung voran. In Randbezirken wie Kita und den westlichen Vorstädten Hino und Tama gibt es Gegenden wo der Anteil der Bevölkerung über 65 Jahre bereits um die 50 Prozent liegt und wo deshalb «Geisterstädte» entstehen (Miura 2012: 128). Sozialpolitik und Stadtentwicklungsplanung werden sich darauf einstellen müssen, wenn künftig eine starke sozialräumliche Segregation in Tokio vermieden werden soll (Oizumi 2007: 68 f.).

Die teuerste Stadt der Welt

Einstweilen jedoch konkurriert Tokio noch mit Oslo, Zürich und Genf um den zweifelhaften Ruhm, die teuerste Stadt der Welt zu sein. Mal liegt die eine Stadt vorn, mal die andere, je nachdem, welchen Index – Mercer, UBS, ECA, EIU – man zugrunde legt (*Worldwide Cost of Living survey*). Mietpreise inklusive der Kosten für Strom, Gas und Wasser machen überall den größten Posten der Haushaltsausgaben aus. Ob Tokio auf einer Rangliste nach Lebenshaltungskosten auf Platz 1 oder auf 5 steht, besagt jedoch nicht sehr viel, denn das hängt hauptsächlich von den Devisenkursen ab, da Mietpreise bei solchen Rankings immer in US-Dollar umgerechnet werden. Kursschwankungen lassen dann die so gemessenen Kosten der Miete von Jahr zu Jahr nach oben oder nach unten gehen, ohne dass sich an dem verfügbaren Einkommen der Menschen oder dem Anteil, den die Miete daran hat, etwas ändert.

Die Mieten in Tokio sind teuer, gewiss, aber die Einkommen liegen auch deutlich über dem OECD-Durchschnitt (OECD 2012), so dass die Mietbelastung im internationalen Vergleich nicht unverhältnismäßig hoch ist. Die Tokioter sind mit ihrer Wohnsituation etwas weniger zufrieden als der OECD-Durchschnitt, aber das gilt für ihre subjektive Lebenszufriedenheit insgesamt, obwohl die objektiv messbaren Lebensbedingungen – Lebenserwartung, Gesundheit, Bildung, Wohlstand u. a. – viel Grund böten, zufrieden zu sein. Internationale Vergleichsstudien sind für die Beurteilung der Lebenszufriedenheit in einem Land oder einer Stadt nur von begrenztem Wert, denn die Menschen vergleichen sich gewöhnlich mit ihren Nachbarn und nicht mit Menschen, die in fernen Ländern leben. Verglichen mit den angrenzenden Präfekturen, sind die Mieten in Tokio hoch, und in der eigenen Wohnung leben nur 45 Prozent der Tokioter, während es in Kanagawa, Saitama und Chiba zwischen 55 und 65 Prozent sind. Im Durchschnitt werden für Wohnen in Japan rund 23 Prozent des verfügbaren Einkommens aufgewandt, nach Berechnungen des Statistischen Bundesamts ungefähr so viel wie in Deutschland (Statistisches Bundesamt 2012). Das Statistikamt des japanischen Innenministeriums (Somusho 2012) berechnet den Anteil des verfügbaren Einkommens der Japaner für Wohnen allerdings mit nur 19 Prozent, also deutlich weniger. In Tokio liegt der Anteil über dem Landesdurchschnitt, aber nicht eklatant höher. Differenzen der Ausgaben für Wohnen zwischen verschiedenen Städten sind auf viele Faktoren zurückzuführen. Bodenpreise und Mieten sind nur einer davon. Hinzu kommen unterschiedliche Arten der Besteuerung, andere Belastungen wie z. B. Schulgeld und andere Lebenhaltungskosten, aber auch Präferenzen und Lebensstil. In Tokio macht sich der hohe Prozentsatz von Einpersonenhaushalten bemerkbar - 42,5 Prozent aller Haushalte gegenüber 29,5 Prozent im Landesdurchschnitt (Japan Statistics 2010) -, denn allein lebt man teurer als in größeren Einheiten. Andererseits hat, wie der Soziologe Masahiro Yamada (1999) als Erster beobachtete, eben aus diesem Grund die Zahl der erwachsenen Kinder, die im Haus ihrer Eltern wohnen bleiben, in Laufe der letzten Jahrzehnte ständig zugenommen. In vielen Zweigenerationenhaushalten leben nach einer relativ neuen Einteilung allerdings zwei Paare oder Eltern und erwachsene Tochter bzw. Sohn im selben Haus, das jedoch in zwei abgeschlossene Wohnungen unterteilt ist.

Urbaner Lebensstil

Die heutige Verteilung von Wohneigentum in Tokio reflektiert soziale Ungleichheit. In den Jahrzehnten nach dem Zweiten Weltkrieg war das eigene Haus der Beweis dafür, dass man es geschafft hatte: Der Mann hatte eine gute Stelle mit jährlicher Lohnsteigerung in der Innenstadt, die Frau bewirtschaftete das Haus mit zwei oder drei Kindern im Vorort. Das war das Ideal der universellen Mittelschichtsfamilie, des gesellschaftlichen Mainstreams, der die Wirtschaftsentwicklung des Landes vorantrieb (Ronald 2007: 176). Jeder bzw. jede Familie sollte ihr eigenes Haus haben, das war das Ziel der Wohnungs- bzw. Wirtschaftspolitik. Dieses Ziel war ideologisch noch in vormoderner Zeit verwurzelt, in der praktisch jeder heiratete: das Haus als Mittelpunkt des sozialen Lebens, das die Kontinuität der Familie, die Weitergabe des Besitzes - oft des Geschäfts - von einer Generation zur nächsten verkörperte. Es konnte nur für einen Teil der Bevölkerung erreicht werden, in Tokio für einen kleineren als in anderen Regionen des Landes, und das ist nicht verwunderlich, da sich sozialer Wandel in der Stadt schneller vollzieht als auf dem Land. Familien mit Kindern hegen nach wie vor den Traum vom Eigenheim; und dass die meisten Kinder ein eigenes Zimmer und 264 von 1000 Tokioter Haushalten Platz für ein Klavier haben (Somusho 2012), zeigt, dass sich viele ihn auch erfüllen. Neben diesem lange unangefochtenen Muster entstehen jedoch neue Formen des Wohnens. Im Zuge stärkerer Erwerbsbeteiligung der Frauen, schrumpfender Kinderzahl, Zunahme der nie Verheirateten und spät Heiratenden beider Geschlechter und der Alterung ändert sich auch der Lebensstil. Mehr Wohnungen statt eigener Häuser, mehr Flexibilität, mehr Personen, die allein leben.

Die urbane Lebensweise der Wissensgesellschaft ist vielfältiger als die der streng reglementierten und getakteten Industriegesellschaft. Weniger konforme Lebensläufe und diverse Lebenspläne kennzeichnen das Leben in der hypermodernen Großstadt, was sich auch in den Wohnformen niederschlägt. Die Tokioter wohnen relativ klein. Wohnungen sind hellhörig, und Häuser stehen vielfach so dicht, dass ihre Bewohner von den Nachbarn unfreiwillig wissen, was sie zu Abend essen. Wegen der hohen Bodenpreise sind die Grundstücke sehr klein parzelliert, und die Bauvorschriften verlangen nicht mehr als einen halben Meter zwischen Hauswand und Grundstücksgrenze. Außer durch die hohen Mieten wird das Wohnen der Tokioter auch dadurch bestimmt, was sie sonst ausgeben wollen und müssen. Sie haben ihre eigenen Prioritäten. Ein größerer Teil des Lebens spielt sich in öffentlichen als in privaten Räumen ab. Nicht nur diejenigen, die in den Schlafstädten wohnen, verbringen verhältnismäßig wenig Zeit in den eigenen vier Wänden, eben hauptsächlich zum Schlafen. Für viele Bewohner zentrumsnaher Bezirke gilt das ebenso. Man trifft sich eher in der Stadt, in Restaurants und Cafés oder unternimmt gemeinsam etwas, als dass man einander aufsucht oder sich gegenseitig nach Hause einlädt. Das geschieht innerhalb der Familie, aber nur selten mit Freunden und Bekannten. Um Außenstehende zu empfangen, ist die Wohnung zu klein oder zu bescheiden. Wer allein lebt und wenig verdient, nutzt die Infrastruktur der Stadt. Auf einen Kühlschrank verzichtet so mancher, der sich stattdessen in einem der vielen Convenience Stores versorgt. Sie sind rund um die Uhr geöffnet und bieten ein Sortiment für den täglichen Bedarf. Statt viel Geld in Miete und Einrichtung zu stecken, geben viele ihr Geld lieber anders aus oder sind dazu gezwungen.

Wenn nun die eigene Behausung eng und wenig wohnlich ist, muss wenigstens der öffentliche Raum attraktiv sein. Ob viele Tokioter einer großen Wohnung wegen anderer Lebensstilpräferenzen keinen hohen Stellenwert einräumen oder ob umgekehrt die beengten Wohnverhältnisse sie dazu bewegen, ihre Zeit außer Haus zu verbringen, ist freilich schwer zu sagen. Es sind einander bedingende Tendenzen.

Wie dem auch sei, öffentliche Räume spielen im Leben der Tokioter eine zentrale Rolle. Dazu zählen nicht nur Parks, Uferpromenaden, botanische und zoologische Gärten und Grünanlagen im städtischen Besitz und Hunderte von Tempeln und Schreinen, sondern auch viele Einrichtungen in Privatbesitz. Warenhäuser, Firmen- und Bankgebäude, Sportanlagen, Museen, Gebäude der Bezirksverwaltungen und andere Örtlichkeiten repräsentieren einen modernen Lebensstil, indem sie nicht nur funktional, sondern auch einladend gestaltet sind. Bahnhöfe etwa sind keine Plätze, von denen man sich lieber fernhält. Sie haben ihre eigenen Attraktionen, Restaurants und Geschäfte insbesondere, oft in überdachten Ladenstraßen, wo man auch in der Regenzeit trockenen Fußes flanieren kann, oder unterirdisch wie das 73 253 m^2 große Einkaufszentrum am Bahnhof Tokio. Schon lange gerieren sich Kaufhäuser als der moderne Marktplatz, auf dem nicht nur Waren gehandelt werden, sondern sich paradigmatisch der urbane Lebensstil manifestiert, der Lebensstil der Konsumgesellschaft, auf den noch mehrfach zurückzukommen sein wird.

5 Die Hauptstadt

Eine der beiden mächtigsten Städte der Welt ist um einen undurchsichtigen Ring aus Mauern, Wassergräben, Dächern und Bäumen angelegt, dessen eigentliches Zentrum nicht mehr als eine flüchtige Idee ist; und diese Idee hat nicht die Aufgabe, Macht auszustrahlen, sondern lediglich den Zweck, einer ganzen städtischen Bewegung den Halt ihrer zentralen Leere zu geben.

Roland Barthes (1970)

Erbe der Macht

Tokio ist Japans Hauptstadt – in jedem Sinne. Eine regionale Verteilung von Funktionen gibt es nicht, wie etwa in den Niederlanden, wo die Hauptstadt, Amsterdam, und der Regierungssitz, Den Haag, getrennt sind; oder in der Schweiz, deren Bundesstadt Bern immer im Schatten der kosmopolitischen und größeren Städte Zürich und Genf steht. Anders auch als etwa in Brasilien, der Türkei und den USA, deren Hauptstädte Brasilia, Ankara und Washington, D.C., in ihrer Bedeutung hinter São Paulo, Istanbul und New York zurückbleiben, steht Tokio in Japan konkurrenzlos da, wie Paris in Frankreich. Zwar kultiviert Osaka gern das Image der kommerziellen Rivalin, wo überdies das wahre Herz Japans schlage, aber das ist heute wenig mehr als lokalpatriotische Folklore, die zum Tragen kommt, wenn sich Baseballmannschaften beider Städte begegnen.

Japan ist wie Frankreich ein stark zentralisiertes Land. Alles konzentriert sich in der Hauptstadt: Handel, Finanzwirtschaft, Kultur, Medien und Politik. Alle 47 Präfekturen haben eine Vertretung in der Hauptstadt, denn hier laufen alle Fäden zusammen, und hier werden die Weichen der Umverteilung und der «Landschaftspflege» gestellt. Das ist schon lange so. Die Regierungsgewalt ging schon von hier aus, als die Stadt noch Edo hieß. Mehr als zweieinhalb Jahrhunderte lang bestimmte die Militärdynastie des Fürstenhauses Tokugawa von hier aus die Geschicke des Landes, während der Kaiser machtlos in seinem Palast in Kyoto vor sich hinträumte oder sich den schönen Künsten widmete.

Als «Hauptstadt» wurde Edo, solange das Tokugawa-Shogunat regierte (1603–1868), gleichwohl nicht bezeichnet. Das war nominell Heian-kyo oder Kyoto, wo die Tokugawa einen Sitz, das Nijo-Schloss, unterhielten, das sie aber nur selten benutzten, wenn sie beim Kaiser vorbeischauten, um nach dem Rechten zu sehen. Das Zentrum der Macht war in ihrer Stadt, Edo. Hier mussten die über 250 Feudalherren aus dem ganzen Land eine Residenz unterhalten, wodurch sie nicht nur zu erheblichen finanziellen Aufwendungen gezwungen waren, sondern auch zum stetigen Bevölkerungswachstum der Stadt beitrugen. Die relative Bedeutung der nominellen Hauptstadt Kyoto und des tatsächlichen Machtzentrums Edo lässt sich daran gut ablesen. Während die Bevölkerung Kyotos vom Beginn des 17. bis Mitte des 19. Jahrhunderts abnahm, wuchs die von Edo kontinuierlich. Bereits um 1750 hatte Edo 1,2 Millionen Einwohner, Kyoto nur 370 000 (Saito 1984). Der periodische Umzug der Feudalherren von ihren Residenzstädten nach Edo und wieder zurück, meist im Jahresrhythmus, diente der Machterhaltung der Tokugawa ebenso wie der Entwicklung Edos. Es war de facto eine Art Wehrdienst, denn die Feudalherren mussten mit Gefolge und einer Anzahl Samurai, die sich nach der Größe ihres Lehens richtete, nach Edo kommen. In den Jahren, die die Feudalherren auf ihren Lehnsgütern verbrachten, blieben ihre Frauen und Kinder in der Regel in Edo, was eine gewisse Garantie für loyales Verhalten war. Darüber hinaus verhinderten die erheblichen Kosten, die mit Umzügen und doppelter Residenz verbunden waren, dass die Feudalherren große Reichtümer akkumulieren und zu einer Bedrohung des Shoguns werden konnten. Im französischen Feudalstaat gab es eine ähnliche Praxis. Unter Ludwig XIV. war der Adel, insbesondere der Schwertadel (*Noblesse d'épée*), gehalten, jedes Jahr sechs Monate am Hof in Versailles zu verbringen, um dem

König dort in vielen Funktionen zu dienen. Die Kombination von Dienst und Kontrolle waren auch am Hof des Shoguns in Edo die zugrunde liegende Rationalität des Systems der alternierenden Residenz, das mit Modifikationen im Detail für zweieinhalb Jahrhunderte eine tragende Säule der politischen Ordnung war. Das diese Praxis legitimierende Gesetz war bis 1862 gültig, als sich das Ende des Tokugawa-Staates schon abzeichnete.

Orte der Macht

Den Tokugawa entglitt die Macht, aber sie blieb in der Stadt, die sie groß gemacht hatten. Viel zu bedeutend war Edo unter ihrer Ägide geworden, als dass der Neubeginn, der Japan auf die Weltbühne des imperialen Mächtespiels katapultieren sollte, von einem anderen Zentrum hätte ausgehen können. Etwas provinziell war diese Stadt, als der letzte Shogun, Yoshinobu, 1868 das Feld räumte, seine Lehen wie alle Feudalherren an den Kaiser zurückgab und so den Weg für die Errichtung einer neuen Ordnung freigab. Denn die Epoche der langen Herrschaft der 15 Tokugawa-Shogune, die zu ihrer Zeit auch Ära des Großen Friedens (*taihei*) genannt wurde, zeichnete sich durch eine starre Feudalhierarchie im Innern und streng kontrollierte und auf ein Minimum begrenzte Beziehungen nach außen aus. Nagasaki im äußersten Westen des Landes war Japans Tor zur Welt. Es stand nicht sehr weit offen, aber im Vergleich zu Edo wehte dort ein kosmopolitischer Wind, während Fremdlinge nur bei besonderen Gelegenheiten zum Sitz des Shoguns vorgelassen wurden, um ihm ihre Aufwartung zu machen. Vom internationalen Verkehr war die Stadt weitgehend abgeschnitten, aber dank des langen Friedens nach außen war sie auch groß, reich und von lebendigem kulturellen Leben erfüllt. Als der siebzehnjährige Meiji-Tenno sie mit großem Gefolge als Galionsfigur des neuen Regimes 1869 aufsuchte, um die Burg der Tokugawa in Besitz zu nehmen, wurde Edo in Tokio umbenannt: ‹östliche Hauptstadt› (*tō* ‹Osten›, *kyō* ‹Hauptstadt›). Zunächst war seine Reise nur symbolischer Ausdruck des Neuanfangs, der unter dem ebenfalls eher symbolischen Vorzeichen der Wiederherstellung kaiserlicher Souveränität erfolgte. Er kehrte nach seinem ersten Besuch zunächst nach Kyoto zurück, und die offizielle Entscheidung, Tokio zur kaiserlichen Hauptstadt zu machen, wurde erst 1889 getroffen, nach zwei Jahrzehnten rastloser Modernisierung.

Seither unterhält das Hofamt zwar noch den Palast in Kyoto, die kaiserliche Familie residiert jedoch in Tokio; der Tenno nach der Verfassung von 1947 als «Symbol des Staates und der Einheit des Volkes» im Kaiserpalast, der Kronprinz mit Familie im Akasaka-Palast, mitten in der Stadt auf einem Gelände, das einst einem Lehnsherrn des Tokugawa-Klans gehörte. Das Gelände der 1873 niedergebrannten Burg der Tokugawa, auf dem heute der Kaiserpalast steht, befindet sich im zentralen Bezirk Chiyoda. Das ausgedehnte Areal ist gelegentlich als Verkehrshindernis beschrieben worden, weil es zum großen Teil nicht öffentlich zugänglich ist, von keiner Straße zerschnitten, nicht überflogen und nicht einmal für U-Bahnen untertunnelt werden darf. Aber eine große Grünfläche mitten im geschäftigen Gewühl verleiht der Innenstadt etwas Weite, Luft zum Atmen und einen Anstrich von Hauptstadt. Anders als frühere japanische Hauptstädte, insbesondere Heijokyo (Nara) und Heiankyo, die nach dem Vorbild der chinesischen Kaiserstadt der Tang-Dynastie, Changan, als rechtwinkliges Straßengitter angelegt waren, lag der Stadtentwicklung Tokios keine Blaupause zugrunde. Viele Prachtstraßen, die sich für Paraden oder auch für Demonstrationen eignen, gibt es nicht, und auch an imposanten Bauten, die an imperiale Macht denken lassen, ist die Stadt nicht reich. Einen Baron Haussmann, der als Präfekt des französischen Département de la Seine Mitte des 19. Jahrhunderts Paris durch radikale Baumaßnahmen das monumentale Aussehen einer bedeutenden Kapitale gab, hat Tokio nie gekannt. Selbst die wiederholten großflächigen Zerstörungen der Stadt – 1910 durch eine Sturmflut, die 170 000 Häuser unter Wasser setzte, 1923 durch das große Kanto-Erdbeben und 1945 durch amerikanische Brandbomben – wurden nicht zum Anlass genommen, sie nach einem umfassenden Plan wiederaufzubauen. Beim Wiederaufbau handelte man vielmehr stets pragmatisch und gehorchte dem Gebot der Stunde mit den Nöten der unmittelbar betroffenen Bevölkerung im Blick. Entsprechend kleinräumig und chaotisch ist Tokio über weite Strecken strukturiert. Das Areal um den Kaiserpalast hebt sich davon durch seine Weitläufigkeit deutlich ab, zum Nutzen auch der Tokioter, denn in den 1960er Jahren wurde der östliche Teil des Geländes, Higashi Gyoen, zu einem öffentlichen Park gemacht.

Im Übrigen kann man an den Palastgärten außerhalb des inneren Burggrabens entlangspazieren oder sie laufend auf einer zirka fünf Kilometer langen Strecke umrunden, was zurzeit von Joggern sehr geschätzt wird. Wenn sie im Westen gegenüber der britischen Botschaft, die einen exzellenten Blick auf das Areal hat, beginnen und gegen den Uhrzeigersinn laufen, kommen sie am Nationaltheater und am obersten Gerichtshof vorbei, dann lassen sie in einigem Abstand die Parlamentsbibliothek rechts liegen und sehen südlich das Parlamentsgebäude, bevor sie an der Rückseite der zentralen Polizeibehörde vorbei zum Sakurada-mon, dem Tor an der Südseite des Geländes, kommen. Das 1620 erbaute Tor der Tokugawa-Burg ist das einzige, das noch in seiner ursprünglichen Form erhalten ist und deshalb unter Denkmalschutz steht. Es markiert außerdem zwei schmerzhafte Etappen auf Japans Weg in die Moderne. Im März 1860 fiel hier Naosuke Ii, ein hoher Beamter des Shogunats, einem Anschlag zum Opfer. Der Attentäter, Jisaemon Arimura, ein Samurai des Satsuma-Klans, entleibte sich nach vollbrachter Tat noch am Ort des Geschehens und begründete dieselbe in einem Schreiben damit, dass Ii Japan entehrt habe, indem er den Shogun bestärkte, mit den Amerikanern einen Vertrag abzuschließen, den diese ihm unter Androhung militärischer Gewalt aufgezwungen hatten. Im Januar 1932 kam es noch einmal zu einem Vorfall am Sakurada-Tor, nämlich einem Attentatsversuch auf Kaiser Hirohito. Lee-Bong-chang, ein koreanischer Aktivist, warf eine Handgranate auf die den Palast verlassende Kutsche des Tenno, um gegen Japans brutales Kolonialregime in Korea zu protestieren, verfehlte aber sein Ziel. Diese Vorfälle erinnern daran, dass das Zentrum der Macht in bewegten Zeiten wiederholt zur Bühne politischer Gewalt wurde, ein Szenario, das den friedlichen Joggern, die heute am Sakurada-Tor vorbeikommen, fernliegt. Am Justizministerium führt ihr Weg dann auf der Inneren Burggrabenstraße (Uchiboridori) am Imperial Theatre vorbei, von wo aus er in nördlicher Richtung auf das Palace Hotel zugeht. Zur Rechten liegt Marunouchi, ein Viertel, in dem die mächtigen Handelshäuser und Finanzinstitute ihre Hauptquartiere haben, und nördlich davon das Ote-mon, das «Tor der großen Hand», das dem Stadtteil Otemachi seinen Namen gab, wo früher viele Lehnsherren ihren Stadtsitz hatten und heute die Presse zu Hause ist. Etwas weiter nördlich führt der Weg am Nationalarchiv vorbei wieder in westlicher Richtung, am südlichen Rand des Kitanomaru-Parks entlang, in dem sich das Technikmuseum befindet wie auch das Nationalmuseum für Moderne Kunst und Nippon Budokan, eine große Halle, in der traditionelle Kampfsportarten, *budō*, gepflegt und Konzerte aufgeführt werden. Bei Chidorigafuchi, dem mit Kirschbäumen gesäumten nordwestlichen Abschnitt des inneren Burggrabens, ist man dann schon beinahe zurück bei der englischen Botschaft.

All die Einrichtungen in der Umgebung des Kaiserpalasts stehen einer Hauptstadt gut zu Gesicht, worauf schon die vielen als national gekennzeichneten Institutionen hindeuten. In Kasumigaseki, zwischen Parlamentsgebäude und Hibiya-Park, sind die Ministerien, das Patentamt und andere Behörden angesiedelt. In der frühen Meiji-Zeit, als die Strukturen eines modernen Nationalstaats geschaffen wurden, errichtete man hier, südlich vom Kaiserpalast, die Gebäude, die ihn verkörpern und verwalten sollten. Daraus wurde das Regierungsviertel, wo sich auch heute die Ministerien befinden, durchweg vielstöckige Bürogebäude, die um Unauffälligkeit zu wetteifern scheinen. Sie wurden nach dem Zweiten Weltkrieg erbaut, denn am Ende des Kriegs war in Tokio kaum ein Stein auf dem anderen geblieben. Seit November 1944 war die Stadt regelmäßig bombardiert worden, und in der Nacht vom 9. auf den 10. März 1945 vernichteten von amerikanischen B-29 abgeworfene Brandbomben über 260 000 Häuser und verwandelten 41 km² des Stadtgebiets in eine Wüste. Im Bezirk Koto, den die Flächenbombardements am härtesten trafen, befindet sich ein kleines Dokumentationszentrum, in dem Fotomaterial, Artefakte und Veröffentlichungen zugänglich sind. Im Yokoamicho-Park im Bezirk Sumida wird der Opfer des Großen Kanto-Erdbebens vom 1. 9. 1923 und des Flächenbombardements vom 10. 3. 1945 gedacht. In Tabelle 4 ist deutlich erkennbar, dass die ärmeren Bezirke im Osten der Stadt – Sumida, Koto, Taito, Arakawa – am schwersten betroffen waren.

Bezirk	**(A) Okt. 1940**	**(B) Nov. 1945**	**B/A %**
Gesamt	6 778 804	2 777 010	41.0
Chiyoda	186 699	44 412	23.8
Chuo	244 046	76 220	31.4
Minato	336 312	96 604	28.8
Shinjuku	394 480	83 106	21.0
Bunkyo	300 801	92 748	30.9
Taito	460 254	84 569	18.4
Sumida	479 809	77 595	16.2
Koto	419 154	25 208	6.0
Shinagawa	419 403	143 490	34.0
Meguro	198 795	121 333	40.5
Ota	531 784	213 000	40.0
Setagaya	281 804	276 450	98.0
Shibuya	256 706	84 067	33.8
Nakano	214 117	124 011	52.0
Suginami	245 435	211 229	86.0
Toshima	312 209	92 192	29.6
Kita	351 009	138 301	34.4
Arakawa	351 281	84 010	24.0
Itabashi Nerima*	233 115	217 974	93. 0
Adachi	231 246	172 437	74.5
Katsushika	153 041	171 557	111.1
Edogawa	177 304	146 497	83.0

* Nerima wurde erst 1947 von Itabashi als eigener Bezirk abgetrennt
(Quelle: Tokio statistisches Jahrbuch 1968, *Refarensu no mori* 2003 : 184)

Tabelle 4 Bevölkerung der 23 Bezirke vor und nach dem 2. Weltkrieg

Apparate der Macht

Im Zuge des Wiederaufbaus wurden mehrere neue Bürokomplexe im schnörkellosen Stil der Zeit errichtet. Das achtstöckige Zentrale Regierungsgebäude Nr. 1 wurde 1954 fertiggestellt, als erstes brandsicheres Gebäude, in dem heute das Landwirtschaftsministerium untergebracht ist. Sukzessive wuchsen die Verwaltungsgebäude aus Glas und Stahl in die Höhe. Das Zentrale Regierungsgebäude Nr. 5 hat 26 überirdische und drei unterirdische Stockwerke. Es wurde 1984 fertig und, wie es heißt, von den Ingenieuren erdbebensicher gebaut. Bisher hat sich das bewahrheitet, was angesichts der Tatsache, dass sich hier als Teil des Kabinettsbüros das Katastrophenschutzamt befindet, sehr bedeutsam ist. Im alten Stil erhalten bzw. 1950 restauriert ist allein das Gebäude Nr. 6, ein in der Meiji-Zeit nach Plänen der Berliner Architekten Wilhelm Böckmann und Hermann Ende errichteter Backsteinbau mit Schieferdach, der für das Justizministerium gebaut wurde, das auch heute noch darin untergebracht ist. Dieses Bauwerk steht als «wichtiges Kulturgut» unter Denkmalschutz. Im Übrigen sind die Regierungsgebäude nüchtern funktional und in der Ausstattung relativ bescheiden. Mit ihrer äußeren Erscheinung geben sie nicht vor, mehr zu sein, als sie sind, ganz so wie die Beamten, die das Land regieren, weil die gewählten Volksvertreter immer wieder zeigen, dass sie dazu nur bedingt in der Lage sind.

Als Hauptstadt ist Tokio Bühne des politischen Theaters, aber die Darsteller wechseln häufig, und nur wenige hinterlassen bleibende Spuren. Selbst die Hauptrolle wird oft neu besetzt, seit Japans Kapitulation 1945 schon 34-mal. Von ganz wenigen Ausnahmen abgesehen, durfte sich jeder nur einmal an dem Part des Premiers versuchen. Die Zahl der unterstützenden Darsteller ist noch bedeutend größer. Im gleichen Zeitraum gingen durch die Drehtüren der Chefetagen in den Ministerien ungefähr 2600 Minister, obwohl die japanische Regierung selten mehr als 16 Ministerien hat. Das bedeutet, dass die Haltbarkeit eines Premierministers durchschnittlich etwas mehr, die der Minister etwas weniger als 20 Monate beträgt. Wenn man die Vizeminister hinzunimmt, wird die Zahl gänzlich unüberschaubar. Kontinuität in der Staatsverwaltung, kann man daraus entnehmen, wird nicht dadurch gewährleistet, dass Spitzenpositionen längere Zeit mit denselben Personen besetzt sind. Die Besetzung solcher Positionen ist ein Kernstück im Mächtespiel der japanischen Politik. Ohne die Begehrlichkeiten der Parteiflügel zu befriedigen, ist es schwer, sich an der Spitze zu halten, und um dorthin zu gelangen, muss man Führungspositionen innegehabt haben. Minister gewesen zu sein, ist – so gesehen – wichtiger als es zu sein. Die Gestaltungsmöglichkeiten eines Ministers sind begrenzt, steht doch die nächste Kabinettsumbildung vor der Tür, sobald er sich eingearbeitet hat. Das durch die häufigen Amtswechsel entstehende Vakuum muss nolens volens die Ministerialbürokratie ausfüllen.

Rund 67 000 Beamten arbeiten in Tokio, etwas mehr als zehn Prozent aller Beamten des Zentralstaats. Im Vergleich zu anderen Industrieländern ist der japanische Staat, gemessen an der Größe des öffentlichen Dienstes, nicht groß. In Japan kommen auf 1000 Bürger 42 Beamte bzw. Angestellte im öffentlichen Dienst, in Deutschland 70, in Frankreich 96 und in England 98 (Nomura Soken 2005). Von der gesamten japanischen Beamtenschaft machen die Staatsbeamten im engeren Sinne nur rund 18 Prozent aus. Sie sind über das ganze Land verteilt, aber wegen der Ministerien und anderer staatlicher Behörden, die sich in Tokio befinden, konzentriert sich ein großer Teil der Verwaltung in der Hauptstadt. Nach dem Gesetz rekrutiert der öffentliche Dienst strikt nach Leistung und steht jedem offen. In der Praxis sind jedoch Absolventen von Tokioter Eliteuniversitäten, allen voran der Universität von Tokio, stark überrepräsentiert.

Im Regierungsviertel Kasumigaseki und Nagatacho ist stets viel Polizei zu sehen. An strategischen Kreuzungen stehen Mannschaftswagen und zuziehbare Straßensperren bereit, um möglichen Demonstranten begegnen zu können, denn die machen von ihrem Recht der Rede- und Versammlungsfreiheit am liebsten da Gebrauch, wo die Mächtigen sie nicht übersehen und überhören können. Vor den Ministerien protestieren oft kleine Gruppen und Individuen mit Partikularanliegen - Hausfrauen gegen zu hohe Lebensmittelpreise, Bauern gegen das transpazifische Handelsabkommen und die damit verbundene Öffnung des Agrarmarkts, Rechte gegen China, Linke für Solidarität mit Ausländern - aber auch große Kundgebungen sind ein Teil der Hauptstadtszenerie. Dafür, dass die so artikulierte Stimme des Volkes eine Ventilfunktion hat, ohne viel auszurichten, ist das Tokioter Demonstrationspflaster ein gutes Beispiel.

Politik wird nur in seltenen Fällen auf der Straße gemacht - worin sich Tokio wenig von den Hauptstädten anderer Verfassungsstaaten unterscheidet. 1960 brachten die militanten Demonstrationen gegen den Vertrag über gegenseitige Kooperation und Sicherheit zwischen Japan und den Vereinigten Staaten zwar eine Regierung zu Fall (Packard 2007); sie konnten das Vertragswerk, das viele realistisch als Fortschreibung der amerikanischen Besatzung betrachteten, aber nicht verhindern. Ebenso lautstark waren die Studentenproteste gegen den Vietnamkrieg in den späten 1960er und frühen 1970er Jahren (Weiss und Aspinall 2012), die nichts dagegen ausrichten konnten, dass Okinawa zum wichtigsten amerikanischen Stützpunkt in diesem Krieg ausgebaut wurde. In den folgenden Jahrzehnten kamen Protestmärsche ziemlich aus der Mode. Nur das Thema Okinawa blieb auf der Tagesordnung. Immer wieder kamen Abordnungen von den fernen Inseln in die Hauptstadt, um, unterstützt von lokalen Sympathisanten, gegen Fluglärm zu protestieren, dagegen, dass ihre schönsten Strände GIs vorbehalten sind, und immer wieder dagegen, dass amerikanische Soldaten Schulkinder vergewaltigen oder auf andere Weise straffällig werden, aber straffrei ausgehen; kurz, dagegen, dass Okinawa kein freies Land ist. Es hat ihnen nichts genützt. Ihre Wählerstimmen zählen nicht viel, und dafür, dass sich niemand einbildet, die japanische Regierung könne auf japanischem Territorium schalten und walten, wie sie wolle, steht noch ein anderes Gebäude in unmittelbarer Nähe des Regierungsviertels, die US-Botschaft in Toranomon, größte

Festung der CIA in Ostasien und besser bewacht selbst als der Kaiserpalast. Das Amt des Premierministers und das Außenministerium sind nur wenige Minuten entfernt, für Protestmärsche ganz praktisch, wie wirkungslos sie auch sein mögen.

Die Katastrophe vom 11. März 2011 zog eine deutliche Belebung der Demonstrationsszene nach sich. Zahlreiche Menschen, nach Alter und Beruf sehr gemischt, besannen sich wieder auf diese Form politischer Meinungsäußerung und gingen auf die Straße, um gegen die Wiederinbetriebnahme bzw. den weiteren Ausbau von Kernkraftwerken zu protestieren. Über viele Monate zogen sie allwöchentlich am Freitagnachmittag vor den Amtssitz des Premierministers mit Transparenten und Sprechchören und wurden dafür vom Generalsekretär der Liberaldemokratischen Partei (LDP), Shigeru Ishiba, als Terroristen beschimpft. Da alles immer friedlich verlief, genossen diese Demonstranten in der Bevölkerung viel Sympathie, aber ihr Einfluss auf die Politik blieb wiederum minimal.

Ein beliebter Sammelpunkt für Kundgebungen ist der Hibiya-Park. In der Meiji-Zeit diente das südlich vom Kaiserpalast gelegene Terrain zunächst als Paradeplatz, wurde aber 1903 in einen Park mit Freiluftkonzerthalle, Tennisplatz, Blumenbeeten, Springbrunnen etc. umgewandelt, fürwahr eine symbolträchtige Transformation. Das Konzept eines öffentlichen Parks war den Tokiotern damals unbekannt, eine Neuerung, die wie so vieles im Zuge der Modernisierung aus dem Westen kam. Die Sozialisten – auch sie natürlich von westlicher Ideologie inspiriert – erkannten darin als Erste einen Ort demokratischer Partizipation, an dem sich Öffentlichkeit nicht nur manifestierte, sondern auch formierte, weswegen der Hibiya-Park von vielen lange mit Sozialismus assoziiert wurde (Maruyama 1983). Hier treffen sich auch heute gern Gewerkschafter am 1. Mai, der zwar kein offizieller Feiertag ist, aber in die Goldene Woche fällt und deshalb für die meisten arbeitsfrei ist. Die wegen der Häufung von Feiertagen sogenannte *Golden Week* beginnt am 29. April mit dem Showa-Tag, dem Geburtstag des Vaters des gegenwärtigen Kaisers, und beinhaltet weiterhin den Tag der Verfassung (3. Mai) und den Kindertag (5. Mai). Die 1.-Mai-Kundgebungen sind der Höhepunkt der alljährlichen Frühjahrsoffensive für Lohnforderungen, die oft mit Reden zu anderen aktuellen Themen verbunden wird. Auch bei anderen Gelegenheiten werden im Hibiya-Park politische Meinungen artikuliert. Zu Neujahr 2009 etwa errichteten Aktivisten dort eine Zeltstadt, um gegen die im Zuge der globalen Wirtschaftskrise um sich greifende Obdachlosigkeit und Armut und die Indifferenz der Regierung zu protestieren, ein peinlicher Dorn im Auge der Regierenden, da direkt gegenüber dem Imperial Hotel, wo man nur mit Chauffeur vorfährt. Die Inszenierung eines solchen Kontrasts ist allein in der Hauptstadt möglich und potentiell wirkungsvoll. Dank seiner zentralen Lage dient der Hibiya-Park als Podium und Gradmesser der Stimmung im Land. Kundgebungen finden auch andernorts statt, im Yoyogi-Park zum Beispiel, der viel größer ist, aber der Hibiya-Park am Rande des Regierungsviertels hat ikonischen Charakter. Der äußere Palastgarten auf der einen und der öffentliche Park auf der anderen Seite stehen für die Verwurzelung in der Tradition und Hinwendung zur modernen Stadtkultur.

6 Die Stadt im globalen Netz

Was auch immer in den Städten geschah und wie drastisch sich ihre räumliche Struktur, ihr Aussehen und ihr Lebensstil über die Jahre und Jahrhunderte verändert haben mögen, ein Merkmal ist ihnen gleich geblieben: Städte sind Räume, in denen sich Fremde dicht beieinander aufhalten und bewegen.

Zygmunt Bauman, *liquid Times*

Weltstädte sind wichtige Knotenpunkte im globalen Netz des Austauschs von Gütern, Personen und Ideen. Durch die Entwicklung der Verkehrs- und Kommunikationssysteme seit der Industrialisierung sind die Verbindungen zwischen ihnen fortwährend stärker und schneller geworden. Dennoch hat es sich immer wieder gezeigt, dass sich dieses Netz nicht auf virtuelle Verbindungen reduzieren lässt. Die Existenz der Großstadt selber ist beredtes Zeugnis, dass die räumliche Funktionskonzentration durch beständige Innovation in Logistik und Telekommunikation nicht verringert, sondern im Gegenteil gefördert wird. Auch wenn der Strom elektronischer Informationsübermittlung immer breiter und die Videokonferenztechnik ständig besser wird, ist der persönliche Kontakt von Politikern, Diplomaten, Managern und Wissenschaftlern nicht zu ersetzen. Gerade weil die Informationsflut von niemandem mehr zu bewältigen ist, sind Begegnungen von Angesicht zu Angesicht nicht nur, wenn es um wichtige Entscheidungen geht, sondern auch für die Herstellung und Pflege vertrauensvoller Beziehungen unverzichtbar. Wenn man die Häufung von Kontrollfunktionen in Weltstädten, namentlich New York, Tokio und London, auf ihre wirtschaftlichen Aspekte hin untersucht, dann lässt sich nachweisen, dass sich gerade das physische Nebeneinander von Unternehmen, Organisationen und Institutionen für diese Städte positiv auswirkt (Sassen 2001). Dass Firmen und Organisationen ihren Sitz in einer Stadt haben, mag in Einzelfällen Zufälligkeiten geschuldet sein, in der Häufung ist ihre Präsenz aber ein Gradmesser der Bedeutung dieser Stadt. Tokios Integration im globalen Netz manifestiert sich auf verschiedenen Ebenen, deren vier wir hier näher betrachten: Diplomatie, Wirtschaft, Wissenschaft und Tourismus.

Für alle vier gleichermaßen wichtig ist die Erreichbarkeit der Stadt, und darin unterscheiden sich die Weltstädte durchaus voneinander; denn obwohl die physische Erde rund ist, ist es die politische und wirtschaftliche doch nicht. Tokio ist noch immer im Fernen Osten, und damit, auch wenn sich die Gewichte in Wirtschaft und Politik innerhalb des globalen Systems deutlich nach Asien verschieben, in einer Randlage. Eine solche ist es jedenfalls in der Wahrnehmung, die durch das lange Zeit euro- und dann atlantikzentrische Koordinatensystem geprägt ist, das die globale Ordnung seit dem Zeitalter des Kolonialismus bestimmt. Diese – durchaus der japanischen Eigenwahrnehmung entsprechende – Randlage findet ihren Niederschlag noch immer in den Flugverbindungen. Über die beiden großen internationalen Flughäfen Tokios, Haneda und Narita, kommen und gehen jährlich fast 100 Millionen Passagiere, aber die Zahl der Städte, mit denen Tokio eine direkte Flugverbindung hat, ist mit 83 kleiner selbst noch als die von Berlin, wo es 93 sind (Mori Kinen Zaidan 2012). Von Amsterdam aus erreicht man 220 Städte direkt, von Paris 245 und von London 290. Das reflektiert nicht nur die Kleinräumigkeit Europas, sondern auch das Erbe dieser drei Städte, die nach der Auflösung der Kolonialreiche nach dem Zweiten Weltkrieg Beziehungen zu den unabhängig gewordenen Ländern aufrechterhielten und die direkten Verkehrsverbindungen weiter ausbauten. Selbst New York bleibt mit 120 Direktverbindungen deutlich hinter den drei genannten europäischen Städten zurück.

Ungeachtet der Randlage Japans ist Tokio zu einer der bedeutendsten Weltstädte geworden, darauf weisen alle Indizes hin, die neben Nationalstaaten große Städte als Einflussfaktoren der heutigen globalen Ordnung begreifen und deshalb deren internationalen Rang und Geltung zu ermitteln versuchen (z. B. ATKearney 2012). Mit London, New York und Paris gehört Tokio danach zu der Spitzengruppe für das globale Netz bedeutsamer Städte. Für ihre Einwohner besagen solche Indizes nicht viel, und auch für die Einschätzung ihrer Lebensqualität sind sie sicher nur von begrenzter Aussagekraft. Wenn man das in Rechnung stellt, tragen sie dennoch etwas zum Verständnis der Bedeutung dieser Städte bei, wie sie sich in den oben erwähnten vier Bereichen manifestiert.

Diplomatie

Als Kaiser Hirohito (der Showa-Tenno) am 24. Februar 1989 zu Grabe getragen wurde, waren bei dem Staatsakt 163 Länder vertreten, viele mit ihren höchsten Würdenträgern. Elf Regierungschefs aus der ersten Reihe waren zugegen, Repräsentanten von 14 Königshäusern und 27 internationalen Organisationen (Stalpers 2013). Japan war zu dem Zeitpunkt auf dem Höhepunkt seiner wirtschaftlichen Macht und das größte Geberland offizieller Entwicklungshilfe. Aus den Ruinen nach dem Zweiten Weltkrieg war Tokio zu einer glitzernden Metropole aufgestiegen, wo es sich niemand leisten konnte, nicht präsent zu sein. Heute unterhalten noch ein Dutzend Länder mehr eine Botschaft in Tokio, denn es gibt auch mehr unabhängige Länder als damals. Von Afghanistan bis zur Zentralafrikanischen Republik sind alle hier vertreten, selbst die Republik San Marino. Politische Entitäten, deren internationaler Status umstritten ist – Nordzypern, Palästina – oder die Japan nicht anerkennt – Nordkorea, Taiwan –, sind Ausnahmen, und selbst sie haben zum Teil informelle Vertretungen wie z. B. die Handels- und Kulturrepräsentanz Taiwans und die Generaldelegation Palästinas, die sich nur nicht «Botschaft» nennen dürfen.

Junge Botschafter gibt es in Tokio kaum. Da sie die höchste Sprosse auf der diplomatischen Karriereleiter erklommen haben, versteht es sich von selbst, dass Botschafter nicht jung sind. Abgesehen davon gibt es jedoch auch unter Botschaftern bzw. Botschaften eine Rangfolge. Moskau ist wichtiger als Maputo. Tokio ist für Diplomaten aller Länder einer der wichtigsten Posten, für Botschafter oft der letzte, bevor sie in Pension gehen. Die Botschaften in Tokio sind auch relativ groß. Viele konzentrieren sich auf den Handel. 90 Prozent seiner Aktivitäten, sagte der niederländische Botschafter, hätten mit Handel und Wirtschaft zu tun. Die deutsche Botschaft lässt sich regelmäßig Empfänge von deutschen Firmen bezahlen, die im Gegenzug dann ihre Produkte auf dem Gelände ausstellen dürfen. Andere Industrieländer halten es ähnlich. Nun ist Japan in Ostasien auch politisch wichtig genug, dass sich die Botschafter nicht nur wie bessere Vertreter vorzukommen brauchen. Spannungsreiche Beziehungen zu Japans unmittelbaren Nachbarn sorgen dafür, dass es auch außerhalb der Verhandlungsräume, in denen um Zollschranken, Subventionen und andere Handelshindernisse gerungen wird, interessant bleibt. In Tokio halten sich ständig rund 1500 Diplomaten auf, zu denen außer dem Botschaftspersonal auch Mitarbeiter von mehr als zwei Dutzend internationalen Organisationen von der Asian Development Bank bis zur United Nations University gehören. Hinzu kommen Organisationen wie Kulturinstitute, Verbände und Stiftungen, deren Mitarbeiter zwar keine Diplomaten, aber von ihren Ländern entsandt sind und einen ähnlichen Lebensstil wie jene pflegen, soziale Kontakte untereinander mehr als mit der lokalen Bevölkerung unterhalten, in teuren Gegenden in der Innenstadt wohnen, in Azabu, Shoto, Nakameguro zum Beispiel, in Geschäften mit internationalen Warenangebot einkaufen und ihre Kinder auf internationale Schulen schicken.

Da sie entsandt und oft nur einige Jahre auf Posten in Tokio sind, sprechen viele von ihnen die Landessprache nicht oder nur in engen Grenzen. Sie sind auf Dienstleistungen in ihrer eigenen oder einer internationalen Sprache, typischerweise Englisch, angewiesen. Nur selten schicken Diplomaten ihre Kinder auf lokale Schulen. Größere Länder unterhalten ihre eigenen Schulen in teils privater, teils öffentlicher Trägerschaft, wie etwa die Deutsche Schule Tokyo-Yokohama, die zwar nach japanischem Recht ausgestaltet ist, aber gewisse Zuwendungen aus dem Bundeshaushalt und aus der Schweiz erhält. Ähnlich arbeiten die British School in Tokyo, das Le lycée français international de Tokyo, die Canadian International School Tokyo sowie etliche amerikanische internationale Schulen. Das Schulgeld ist teuer. Mit zum Teil weit über 20 000 Euro pro Kind und Jahr (2013) ist es aus einem normalen Familieneinkommen nicht zu bestreiten. Diplomaten und anderen «Expats» wird es erstattet, was impliziert, dass man in diesen Schulen «unter sich» ist, da nur Japaner hoher Einkommensgruppen ihre Kinder auf eine internationale Schule dieser Art schicken können, wenn sie es denn wollen. Bei dieser Klientel handelt es sich gewöhnlich um Japaner, die längere Zeit im Ausland gearbeitet haben, einen internationalen Lebensstil schätzen und ihre Kinder entsprechend sozialisieren wollen. Der gleichzeitige Erwerb adäquater japanischer Sprachkenntnisse ist für Schüler dieser Schulen oft mit zusätzlichem Aufwand verbunden, da Japanisch keinen Platz im traditionellen Fremdsprachencurrikulum hat, das häufig auf die alten Kolonialsprachen beschränkt ist und deshalb in vielen internationalen Schulen nur fakultativ angeboten wird. Dadurch unterscheidet sich das Verhältnis der Schulgemeinschaft zu ihrem sozialen Umfeld auf charakteristische Weise: Sie stellt eine noch stärkere soziale Selektion dar als bei internationalen Schulen im europäischen Ausland und ist von der Gesellschaft des Gastlandes mehr isoliert.

Wirtschaft

Eine zweite große Gruppe innerhalb der Klientel der vielen internationalen Schulen neben Diplomaten sind Geschäftsleute, denn das Hauptinteresse, das man namentlich in Europa an Japan hat, ist ein wirtschaftliches. Auch Geschäftsleute sind oft nicht dauerhaft in Tokio, sondern nur für einige Jahre von ihren Firmen entsandt, die in der Regel das teure Schulgeld für ihre Kinder bezahlen wie auch die ebenso teuren Wohnungsmieten. Der Tokioter Immobilienmarkt beinhaltet ein Segment, dessen Kunden hauptsächlich Ausländer sind, die die lokalen Verhältnisse nicht kennen und glauben oder sich einreden lassen, dass sie ohne Eisschrank amerikanischer Ausmaße oder eine deutsche Waschmaschine nicht überleben können. Sie zahlen dafür exorbitante Mieten, die nur wenige Einheimische aufbringen können oder wollen, die Firmen aber von der Steuer absetzen und die Staaten ihren entsandten Beamten deshalb auch nicht verweigern können. Über die Wirtschaft laufen die stärksten Verbindungen, die Tokio ins internationale Netz integrieren, denn Japan ist die dritt- oder viertgrößte Handelsnation der Welt, je nachdem, welche Statistiken man zugrunde legt. Japan ist ein stark zentralisiertes Land, weswegen viele Handelshäuser in der Hauptstadt angesiedelt sind. Nach New York, aber vor London und Frankfurt hat Tokio die nach Umsatz zweitgrößte Wertpapierbörse der Welt, was ebenfalls Ausdruck dieses Umstands ist und die Bedeutung Tokios für den internationalen Kapitalismus unterstreicht. 31 der größten Firmen der Welt haben in Tokio ihren oder zumindest einen Sitz; in Paris 15, in London und New York je 13 (Mori Kinen Zaidan 2012). Der japanische Markt ist groß, und auch wenn er als schwieriges Terrain gilt, ist das dortige Engagement auf lange Sicht lukrativ. Mehr als ein Dutzend Länder unterhalten deshalb ihre eigenen Handelskammern in Tokio. Allein die Deutsche Industrie- und Handelskammer hat mehr als 400 Firmenmitglieder. Aber auch kleine Länder wie Finnland, Schweden und die Schweiz und Schwellenländer wie Indien, Philippinen und Vietnam haben hier ihre eigenen Handelskammern.

In Tokio leben 340 000 Ausländer. Verglichen etwa mit Londons 1,6 Millionen und Berlins 470 000 Einwohnern ausländischer Herkunft ist das kein hoher Prozentsatz der Gesamtbevölkerung, in absoluten Zahlen aber eine gewichtige Bevölkerungsgruppe. Die große Mehrheit sind nicht Manager, Diplomaten oder Auslandskorrespondenten, die Tokio in den teuren Innenstadtbezirken einen internationalen Anstrich verleihen, sondern Arbeitsmigranten aus asiatischen und südamerikanischen Ländern, die als Kontrakt- und Leiharbeitskräfte oder Praktikanten seit den 1980er Jahren in mehreren Wellen nach Japan gekommen sind (Chiavacci 2011), zuletzt die Philippiner bzw. mehrheitlich Philippinerinnen. In Tokio stellen sie nach den Angehörigen der schon länger ansässigen chinesischen und koreanischen Minderheiten inzwischen die drittgrößte Gruppe dar. Diese Minderheiten haben ebenfalls ihre eigenen Infrastrukturen und Netzwerke aufgebaut, Kindergärten, Schulen, Kliniken, Sportvereine, Geschäfte, Reisebüros, Restaurants etc., die sich freilich stark von den oben erwähnten Einrichtungen unterscheiden. Die Gebühren etwa der chinesischen bzw. taiwanesischen und koreanischen Schulen, aber auch der Global Indian International School sowie anderer privater internationaler Schulen betragen nur rund ein Drittel der oben erwähnten europäischen und amerikanischen Auslandsschulen, was auf die Unterschiede hindeutet, um die es hier geht, solche nämlich der sozialen Schicht. Sie entsprechen der geographischen Verteilung der verschiedenen Gruppen.

Die Tokioter Bezirke mit den höchsten Ausländeranteilen sind Shinjuku, Edogawa, Adachi und Minato (Oguchi 2010:22). Der zentrale Bezirk Minato hat das höchste Pro-Kopf-Einkommen Tokios, während die östlichen Bezirke Edogawa und Adachi auf dieser Skala der 23 Bezirke die Plätze Nr. 21 bzw. Nr. 23 einnehmen. Shinjuku ist ein stark kommerziell geprägter Stadtteil, in dem über 20 Prozent der 100 000 Koreaner Tokios leben. Hier befindet sich rund um den Bahnhof Shinokubo Korea Town, eine Ansammlung koreanischer Geschäfte und Kleinunternehmen. Wegen der unmittelbaren Nähe zum Vergnügungsviertel Kabukicho sind die Mietpreise niedrig, was stets neue Arbeitsmigranten aus Korea und anderen asiatischen Ländern anzieht. Die einst diskriminierte koreanische Minderheit ist inzwischen zu relativem Wohlstand gelangt und hat Korea Town zu einer Gegend mit eigenem Gesicht gemacht, mit koreanischen Aufschriften, koreanischen Restaurants, koreanischen Plakaten. Nicht gerade ein Getto, aber in Tokio der Ort, der am ehesten an ethnische Segregation denken lässt. Nicht nur bezüglich der Koreaner, sondern auch anderer Immigranten lässt sich von «milder Segregation vieler Ausländergruppen» sprechen (Lützeler 2008:268). Heutzutage, wo ein multikulturelles Ambiente außer von der xenophoben Rechten weithin positiv gesehen wird, ist Korea Town zu einem coolen Anziehungspunkt geworden, wo man gut koreanisch essen und koreanische Modeartikel kaufen kann. Da die dort tätigen Koreaner zweisprachig sind, brauchen japanische Kunden nicht zu fürchten, in Verlegenheit zu geraten.

Ganz im Gegensatz zu den billigen Mieten von Shinokubo zieht Azabu im Bezirk Minato den Jetset der Ausländerbevölkerung mit teuren Mietpreisen an. Hier sind viele Botschaften, man trifft sich in eleganten Bars und edlen Restaurants, wo das Personal Englisch spricht, und genießt das Flair der Metropole. In Azabu kaufen Ausländer Dienstleistungen und erwarten, in ihrer Sprache bzw. auf Englisch bedient zu werden; in Shinokubo verkaufen Ausländer Dienstleistungen und sprechen die Landessprache. Azabu ist kosmopolitisch, Shinokubo ethnisch, Grunewald und Kreuzberg – für Berliner. Die Verwendung dieser Bezeichnungen ist verräterisch: Kosmopolitisch sind die oben, ethnisch die unten. Beide Viertel verkörpern wichtige, wenn auch recht gegensätzliche Aspekte von Tokios wirtschaftlicher Einbindung ins globale Netz: das eine die Subkultur der Diplomaten und internationalen Führungskräfte, die hier ebenso miteinander umgehen wollen wie in anderen Weltstädten, mit genug Lokalkolorit, um die Fremde zu genießen, aber nicht zu viel, um unter ihr zu leiden; das andere ein Kiez von Immigranten, die, die enorme Arbeitsteiligkeit der Großstadt ausnutzend, mit ihrer in aller Regel körperlichen Arbeitskraft empfindliche Lücken schließen und hier mehr verdienen können als in ihren Heimatländern. Der Anpassungsdruck, dem sie ausgesetzt sind, ist sehr viel stärker als der, den Expats erleben; denn den Härten der fremden Umgebung können sie sich nicht nach Belieben entziehen. Aber Symbole und andere Elemente ihrer Heimatländer ermöglichen es ihnen hier, das Fremdsein mit einem Gemeinschaftsgefühl auszugleichen, das sie mit anderen in ähnlicher Lage verbindet. In Shinokubo, wo so viele Koreaner sind, oder Asakusa, wo japanischstämmige brasilianische Rückmigranten mit Karneval und Samba das Stadtbild in den letzten beiden Jahrzehnten verändert haben, ist der Kontakt der Tokioter mit Ausländern viel handfester als im Diplomatenviertel Azabu. Die Zahl der Expat-Ausländer wird nicht zunehmen, die der ethnischen Ausländer schon. Darauf deutet alles hin, insbesondere die rapide Alterung der Bevölkerung Tokios, von der in Kapitel 9 noch die Rede sein wird.

In manchen Branchen leidet Tokio bereits unter Arbeitskräftemangel, der nicht im Inland gedeckt werden kann, in der Alten- und Krankenpflege zum Beispiel. Wegen der hohen Löhne und guten Arbeitsbedingungen würden viele Arbeitsmigranten aus asiatischen Anrainerländern wie Indonesien, Philippinen und Thailand gern in diesem Sektor arbeiten, aber die Hürden, die der japanische Staat errichtet, sind hoch (Kashiwazaki 2011). Hinzu kommt, dass die japanische Gesellschaft mit ihren klaren Vorstellungen von Etikette und Angemessenheit im alltäglichen Verhalten (die das Leben hier so angenehm machen) es Außenstehenden nicht immer leichtmacht, sich einzugliedern. Die Tokioter insbesondere sind sehr diszipliniert und deshalb wenig auf abweichendes Verhalten eingestellt. Sprache ist ein sehr wichtiger Faktor, der im Umgang mit Ausländern freilich eine durchaus unterschiedliche Rolle spielt. Von Pflegepersonal werden gute Japanischkenntnisse erwartet, von Managern in der Chefetage nicht. Dass Letztere kein Japanisch sprechen, hat für sie keine Nachteile. Demgegenüber ist es für Arbeitsmigranten existenziell wichtig, dass sie sich auf Japanisch durchschlagen können bzw., wie etwa im Pflegebereich, sehr hohe Ansprüche erfüllen. 2012 bestanden nur 47 von 415 indonesischen und philippinischen Kandidatinnen den für Pflegekräfte von der japanischen Regierung vorgeschriebenen Sprachtest. Ohne ihn müssen sie nach spätestens drei Jahren das Land verlassen.

Mit 120 Millionen Sprechern ist Japanisch eine große Sprache, aber international spielt sie keine Rolle. Viele Tokioter sind international orientiert, und mit Aufschriften an öffentlichen Plätzen in englischer, chinesischer und koreanischer Sprache hat die Stadt begonnen, dem zeitgemäßen Ruf nach Internationalisierung gerecht zu werden (Backhaus 2007). Dessen ungeachtet und trotz der beschriebenen Ausländernischen ist Tokio eine weitgehend einsprachige Stadt. Ihre Wahl zum Austragungsort der Olympiade 2020 wird den Magistrat zweifellos dazu veranlassen, die sprachliche Internationalisierung von Aufschriften in öffentlichen Räumen weiter voranzutreiben, und dass englische Sprachschulen dadurch bedingt einen Aufschwung erleben werden, kann man vermuten. Ein Bereich, in dem schon länger am Ausbau sprachlicher Kompetenz für den internationalen Austausch gearbeitet wird, ist die Wissenschaft.

Wissenschaft

An Tokios Universitäten studieren 36 000 ausländische Studenten. Im Vergleich zu ihren 160 000 Kommilitoninnen in London sind das nicht viele und, gemessen an den 717 000 Studierenden an tertiären Bildungseinrichtungen in der ganzen Stadt (Zahlen nach Statistikamt der Stadt Tokio), kaum genug, um den Kontakt mit ihnen einen Teil des normalen Studentenalltags an Tokioter Universitäten sein zu lassen. Ein Auslandsjahr in Tokio zu verbringen, ist für Studierende, deren Fach nicht gerade Japanologie ist, schwierig, denn Vorlesungen im eigenen Fach folgen zu können, setzt sehr gute Sprachkenntnisse voraus. Viele Universitäten haben deshalb englischsprachige Studiengänge eingerichtet, die jedoch von den einheimischen Studenten nur zögernd angenommen werden. Außerdem reichen umgekehrt die Sprachkenntnisse älterer Professoren oft nicht aus, um mühelos und effektiv auf Englisch zu unterrichten. Das gilt auch noch immer für Labors und andere Forschungseinrichtungen. Nicht überall können Gastwissenschaftler damit rechnen, dass sie mit den Chefs problemlos auf Englisch kommunizieren können. Im internationalen Wissenschaftsbetrieb spielt Tokio deshalb eine etwas diskrepante Rolle: Es wird in vielen Bereichen exzellente Wissenschaft gemacht, deren Ergebnisse aber nicht immer gut kommuniziert werden. In einer Studie über Wissenschaftsproduktion und -effizienz wird das deutlich (Van Noorden 2010). Sie vergleicht Städte in aller Welt im Hinblick auf den Einfluss der Aufsätze, die von in ihnen ansässigen Wissenschaftlern in einer Reihe wichtiger Zeitschriften veröffentlicht werden. Dabei steht Tokio, was die Anzahl der Aufsätze betrifft, obenan, kommt aber in Bezug auf die Häufigkeit, mit der sie zitiert werden, nur auf einen mittleren Platz.

Wissenschaft lebt vom Gedankenaustausch, der sich zusehends mehr in internationalen Netzwerken abspielt. Unter den Weltstädten nimmt Tokio mit seinen rund 150 Universitäten, Fachhochschulen und Colleges und den dazukommenden zahlreichen Forschungsinstituten der Industrie und öffentlicher Träger gewiss einen Spitzenplatz in Bezug auf die Dichte wissenschaftlicher Bildungs- und Arbeitsstätten ein. Die große Masse davon ist jedoch wenig auf internationalen Austausch eingestellt. Von den 200 besten Universitäten der Welt sind sechs in London, in Tokio nur zwei, so viele wie in Singapur und Zürich. Den Austausch mit Fachkollegen auf internationalem Parkett suchen und pflegen nur wenige japanische Wissenschaftler, weil die einheimische Szene groß genug ist, es an hoch qualifizierten Kollegen nicht mangelt und außerdem die Sprachbarriere von vielen als hoch und lästig empfunden wird. Bis unlängst brachten längere Auslandsaufenthalte und das Publizieren in internationalen Zeitschriften Wissenschaftlern kaum Karrierevorteile ein. Das ändert sich rasch, aber vor diesem Hintergrund ist es verständlich, dass in Tokio nicht so viele internationale wissenschaftliche Tagungen stattfinden, wie man angesichts der großen Zahl akademischer Einrichtungen erwarten könnte. Die Randlage, von der oben die Rede war, ist in der akademischen Welt sehr fühlbar, denn der wissenschaftliche Strang, der Tokio international vernetzt, ist noch immer wesentlich schwächer ausgeprägt als der diplomatische oder gar der wirtschaftliche.

Tourismus

2012 zählte das Statistikamt der Stadt 4,1 Millionen ausländische Touristen in Tokio, nicht einmal halb so viele wie in Paris. In London waren es mehr als dreimal so viele. Zwar brach die Zahl der Besucher Tokios in dem Jahr nach der Katastrophe vom 11. März 2011 um 30 Prozent ein, aber auch davor kam Tokio lange nicht an die beiden europäischen Hauptstädte heran. Auch hierin zeigt sich die bisherige Randlage Tokios. Der Massentourismus ist eine europäische Erfindung, die sich in Asien erst später entwickelte. In vielen asiatischen Ländern wächst jedoch die kaufkräftige Mittelschicht, für die Tokio ein großer Anziehungspunkt ist. In manchen Warenhäusern und im Elektronikviertel Akihabara arbeitet mittlerweile viel chinesischsprachiges Personal, denn nach Tokio kommen viele chinesische Touristen, nicht zuletzt um einzukaufen. In den 26 Fünfsternehotels der Stadt (London: 92) steigen mittlerweile mehr Touristen aus asiatischen als aus westlichen Ländern ab. Sie kommen in größerer Zahl nicht nur, weil die Reise weniger weit ist als aus Europa und Amerika, sondern auch wegen der vielen Sehenswürdigkeiten, wegen des modernen Komforts Tokios und wegen der – jedenfalls in teuren Hotels – legendären Gastlichkeit.

Die Sorgfalt, mit der in diesem Dienstleistungsbereich gearbeitet wird, steht der im herstellenden Gewerbe in nichts nach. 100 weniger 1, sagt der Manager des Imperial Hotel, ist nicht 99, sondern 0 (Imperial Hotel 2011). Der kleinste Mangel bei der Bedienung kann den ganzen Besuch des Kunden überschatten. Nichts darf dem Zufall überlassen werden. Nun ist das Imperial Hotel das traditionsreichste und vornehmste Hotel der Stadt, das im ausgehenden 19. Jahrhundert auf Verlangen der kaiserlichen Familie gegründet wurde, um den immer zahlreicher werdenden Besuchern aus westlichen Ländern eine würdige Unterkunft zu

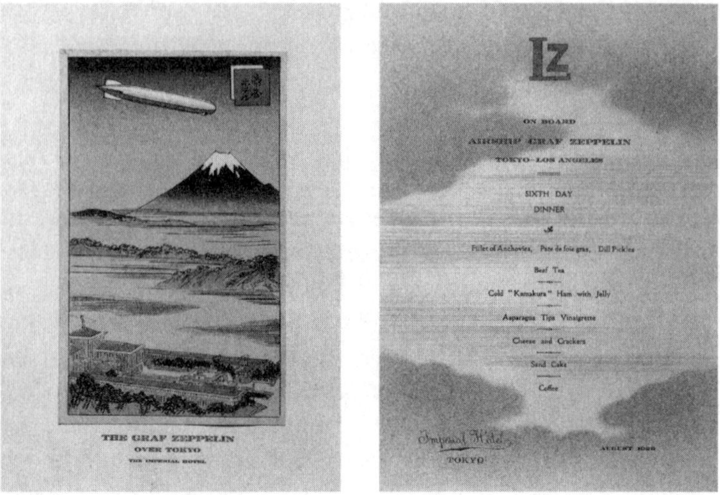

Abbildung 3 Menü des Imperial Hotel anlässlich des Besuchs der Graf Zeppelin auf ihrer Weltfahrt, 1929

sein. Seit über 120 Jahren bietet es hier, gegenüber dem Kaiserpalast, gekrönten Häuptern und anderen illustren Besuchern einen unübertrefflichen Service; zum Beispiel Hugo Eckener, einem gefeierten Helden, der das Luftschiff LZ 127 im August 1929 als Kapitän in knapp 102 Stunden nonstop von Friedrichshafen nach Tokio flog. Nach einer so exzeptionellen Reise war das Imperial Hotel der rechte Ort für eine viertägige Unterbrechung der berühmten Graf-Zeppelin-«Weltfahrt». Sein Ruf als erste Adresse der Hotellerie in Tokio, den es damals schon hatte, ist ihm bis heute erhalten geblieben. *Omotenashi*, «Willkommen, fürsorgliche Behandlung, Unterhaltung», Inbegriff japanischer Gastlichkeit, ist hier zur Perfektion verfeinert, einer Perfektion, die freilich ihren Preis hat, der Tokios Ruf als teuerste Stadt noch immer etwas Glaubwürdigkeit verleiht.

Am anderen Ende der Preisskala mangelt es jedoch auch nicht an Unterkünften. Selbst einfache Herbergen für 2000 Yen die

Nacht sind heute auf ausländische Touristen eingestellt. Und zwischen ihnen und den Spitzenhotels gibt es in Tokio Hunderte von Hotels aller Preisklassen. Japaner sind selber sehr reiselustig, und der Tourismus aus Übersee hat parallel mit dem Reichtum der Stadt zugenommen. Wegen seiner Lage gehört Tokio zu den teureren Reisezielen. Der Landweg scheidet aus, und auf den Linien von Billigfluggesellschaften kommt Tokio bisher kaum vor. Wer in Narita oder Haneda landet, hat bereits eine relativ teure Flugreise hinter sich, und sich an den Attraktionen Tokios zu erfreuen, ohne Geld auszugeben, ist für Ortsunkundige schwierig. Damit sind die Grenzen der touristischen Eingliederung der Stadt ins globale Netz definiert, denn der maritime Tourismus fällt in der heutigen schnelllebigen Zeit nicht ins Gewicht – obwohl Tokio am Meer liegt und einen großen Hafen hat.

7 Die Stadt am Meer

Man denke z. B. an fließendes Wasser, an Bäche und Flüsse. Heutzutage sind sie zubetoniert und verlaufen unterirdisch. Statt an ihnen entlangzubauen, räumen die Stadtplaner einfach aus dem Weg, als ob sie sagen würden: «Für die Launen der Natur ist in einem rationalen Straßennetz kein Platz.»

Christopher Alexander (1977)

Tokio ist so groß, dass man an seine Lage am Meer oft nicht denkt, weil man es fast nirgends sieht. Dennoch ist die Stadt vom Meer geprägt, geographisch, klimatisch und durch das Flair. Zwischen Edogawa, Arakawa und Tamagawa liegt sie im Mündungsgebiet dreier Flüsse und wird von vielen kleineren Flüssen und Kanälen durchzogen. Ein nie endender Strom von Gütern erreicht Tokio übers Meer. Küsten- und Hochseeschifffahrt sind wichtige Wirtschaftszweige. Zahlreiche Fähren verbinden Naha, im äußersten Westen des japanischen Archipels, Kitakyushu, Tokushima, die Izu-Inseln und die 1000 km südlich von Tokio im Pazifik gelegenen, administrativ zur Präfektur Tokio gehörenden Ogasawara-Inseln und viele andere Häfen mit der Hauptstadt. Buchstäblich Hunderte von Ortsnamen, die auf -fluss, -insel, -brücke, -strand und -flut enden, sprechen von der maritimen Lage Tokios, allen voran Nihonbashi, «die Brücke Japans». Im 17. Jahrhundert wurde die Gegend um die damals noch *Edobashi* geheißene Brücke als wichtiger Handelsplatz berühmt und zum Gegenstand zahlloser künstlerischer Darstellungen. Hier hatten die Tokaido, «die Straße am Ostmeer», und die Nakasendo, «die Straße durch die Berge», sowie drei weitere zentral verwaltete Handelsstraßen, die Edo mit Kyoto und anderen wichtigen Orten im Land verbanden, ihren Ursprung, und von hier aus werden deshalb traditionell alle Entfernungen in Japan gemessen. Noch heute geben nach Tokio weisende Schilder auf

Fernstraßen die bis Nihonbashi zurückzulegende Entfernung an. Das heutige Viertel Nihonbashi liegt auf gewonnenem Land, das die Bürger dem Meer abrangen, um ihre Stadt darauf zu errichten (Hotta 2002:86), ein Viertel von vielen.

Dem Meer abgerungen

Im September 2011, ein halbes Jahr nach der von dem Großen Ostjapanischen Erdbeben ausgelösten verheerenden Tsunami, inszenierte der italienische Regisseur Romeo Castellucci im Colosseum auf der Insel Yumenoshima als Theaterstück «Inferno, Purgatorio, Paradiso» – Sinn für Symbolik, gewiss, und für japanisch-italienische Beziehungen, aber auch darüber hinaus. Denn dieses Kolosseum befindet sich auf der «Insel der Träume»; das bedeutet *Yumenoshima* wörtlich. Hier endeten viele Träume, wurden jedoch auch so manche realisiert – wie diese von Dantes «Göttlicher Komödie» inspirierte Aufführung. Die Träume, die hier begraben liegen, sind die der Konsumgesellschaft: zehn Millionen Tonnen Hausmüll, die für die Landgewinnung in die Bucht geschüttet wurden und unter einer Decke von Sand und fruchtbarem Erdreich einem 43 Hektar großen Vergnügungspark mit Sportanlagen, botanischem Garten etc. als Fundament dienen. Als die japanische Wirtschaft in den 1950er und 1960er Jahren des Wiederaufbaus rasch wuchs und Tokio sich anschickte, neue Maßstäbe für den urbanen Konsumkapitalismus zu setzen, mussten für den Müll neue Deponien gefunden werden. Yumenoshima ist eine davon. Quasi als Erinnerung an die Genese der Insel steht darauf auch eine Müllverbrennungsanlage, die genug Strom für Flutlicht auf dem Fußballplatz, die Klimatisierung des Tropenhauses und alle anderen Gebäude produziert. Ein Jachthafen gehört dazu und ein Museum, in dem die *Daigo Fukuryumaru* ausgestellt ist, ein Fischerboot, dessen Besatzung 1954 ohne Schutz oder Warnung dem Niederschlag der amerikanischen Castle-Bravo-Atombombentests auf den Bikini-Inseln ausgesetzt war. Kein Traum, leider.

Abbildung 4 Der Nullpunkt von Japans alten Handelsstraßen, markiert mit einer Bronzeplatte in Nihonbashi (Foto FC)

Das Meer zurückzudrängen und neue bewohnbare Flächen zu gewinnen, ist ein Prozess, der bis zur Inbesitznahme Edos durch Tokugawa Ieyasu Ende des 16. Jahrhunderts zurückgeht (Toukyouto kouwankyoku 2001). Der Sitz der von ihm gegründeten Dynastie wurde unter den ihm folgenden 14 Shogunen während der Edo-Zeit bis Mitte des 19. Jahrhunderts zur größten Stadt der Welt, die sich immer mehr ausdehnte. Bei ihrer Fertigstellung stand die von Ieyasu erbaute Burg fast am Ufer der Bucht, heute liegen Kilometer bebauten Lands dazwischen, und nicht das schlechteste Land ist es: Nihonbashi, das Herz der Unterstadt Edos und heute ein pulsierendes Geschäftsviertel, in dem die japanische Staatsbank ihren Sitz hat; Yurakucho, wo Versicherungen und andere reiche Firmen neben dem Tokyo Forum, Filmtheatern, Konzerthallen, großen Hotels und Fernsehanstalten angesiedelt sind; der Fischmarkt Tsukiji, dessen Name «gewonnenes Land» bedeutet; und die luxuriöse Einkaufsmeile Ginza, einst, in Japans überhitzter Hochwachstumsperiode Ende der 1980er Jahre, der teuerste Boden der Welt und auch heute noch gut für die höchsten Quadratmeterpreise Tokios. Wer Landgewinnung unter kommerziellen Gesichtspunkten betrachtet – und unter welch anderem Gesichtspunkt kann man sie betrachten? –, mag darin eine phantastische Erfolgsgeschichte erblicken, die vor 300 Jahren begann und mit Japans Modernisierung im ausgehenden 19. Jahrhundert einen neuen starken Impuls bekam. Die in Edo begonnene Entwicklung, die modernste Technik zur Grundlage der Gestaltung des urbanen Lebensraums zu machen, wurde in Tokio auf eine neue Stufe gehoben. Ohne das im 20. Jahrhundert künstlich geschaffene Land sähen die Stadt und die Bucht heute sehr anders aus. Den Flughafen Haneda gäbe es ohne die im südwestlichen Stadtteil Ota gewonnenen riesigen Flächen ebenso wenig wie den erst 1979 fertiggestellten neuen Stadtteil Ariake, der inzwischen mit dem dort befindlichen Messegelände Tokyo Big Sight jährlich über 13 Millionen Besucher anlockt und durch den Ausbau einer Arena für die Olympischen Spiele 2020 weiter an Popularität gewinnen wird. Die Stadt hat sich über Jahrhunderte kontinuierlich in die Bucht vorgeschoben. Außer der Insel der Träume sind dort im Laufe des 20. Jahrhunderts noch etliche andere künstliche Inseln und aufgeschüttete Küstenflächen von rund 250 Quadratkilometern entstanden, auf denen Elektrizitätswerke, Kohlehalden, Hafenanlagen, Öl- und Gastanks, Fabriken, Industrielabors, Firmensitze, Lagerhäuser, neue Wohnviertel, Segelclubs, Parks, Uferpromenaden und allerlei andere Einrichtungen Platz gefunden haben.

Diesen Stadtteilen war das Meer stets nah, oft bedrohlich nah. Nicht umsonst sind die teureren Wohngegenden weiter im Inland, am westlichen Saum der die Stadt umgebenden Hügel, Yamanote, wo die Häuser auf festerem Grund stehen. Nach dem Kanto-Erdbeben vom 1. September 1923, das zu weiträumigen Bodenabsenkungen vor allem entlang der sich parallel zum Edo-Fluss im Osten der Stadt erstreckenden Erdbebenzone führte, zogen materiell bessergestellte Bürger aus Nihonbashi und den umliegenden Vierteln der Unterstadt in westliche und südliche Bezirke, fern vom Meer. Das Große Ostjapanische Erdbeben vom 11. März 2011 verlieh den Gründen für diese Wanderungsbewegung erneut Nachdruck, denn in seiner Folge kam es über weite Strecken entlang der Bucht zu Bodenverflüssigung, vor allem auf erst nach dem Zweiten Weltkrieg gewonnenem Land. Straßen und andere Infrastruktureinrichtungen wurden schwer beschädigt und viele Häuser aus der Waagerechten gebracht und dadurch unbewohnbar.

Die Landgewinnung Tokios ist eines der größten Projekte weltweit, wenn es um die Gestaltung der natürlichen Umwelt mit technischen Mitteln geht (Kelletat 1995). Die Schaffung von Neuland bietet Lösungen für den Mangel an Siedlungs- und Gewerbeflächen und steigende Bodenpreise in expandierenden Städten, hat aber auch ihre prekären Aspekte. Die Belastung des maritimen Ökosystems durch Umweltverschmutzung findet heute weit mehr Beachtung als zu Beginn der industriellen Landgewinnung, und die Suche nach technischen Lösungen für technikinduzierte Probleme hat Firmen wie Panasonic zu Vorreitern ökologischer Forschung werden lassen. Für manche mit der Neulandgewinnung verbundenen Probleme stehen die Lösungen freilich noch aus. Künstlich aufgeschüttetes Erdreich setzt sich gewöhnlich und wird nach gewisser Zeit zu stabilem Bauland, aber für durch starke Erdbeben verursachte Bodenverflüssigung sind solche Flächen besonders anfällig wie auch, da sie zwangsläufig sehr tief liegen, für Überschwemmungen.

Dem Seeklima ausgesetzt

Dagegen, dass sich das Meer wieder Teile der Stadt zurückholt, muss sie sich wappnen, was zusehends schwieriger wird; denn die menschlichen Eingriffe in die natürliche Umwelt beginnen negative Folgen zu zeigen (Nicholls et al. 2007). Die Erderwärmung lässt den Meeresspiegel ansteigen, und das lokale Klima verändert sich durch den mit der Urbanisierung verbundenen

Hitzeinseleffekt. Während die Weltdurchschnittstemperatur von 1900 bis 2000 um 0,7 °C zunahm, stieg die in Tokio um 3 °C an (IPCC 2007). Das in den letzten Jahrzehnten häufigere Vorkommen sturzflutartiger Wolkenbrüche wird mit darauf zurückgeführt.

Das Klima Tokios wird im Sommer vom Pazifik bestimmt und ist dann heiß und feucht, während die Winter, wenn die Winde vom asiatischen Kontinent blasen, trocken und recht mild sind. Die Taifune im Herbst bringen gewaltige Regengüsse mit sich, die oft Überschwemmungen verursachen. Das war «schon immer» so.

Anfang des 20. Jahrhunderts schrieb zum Beispiel Nagai Kafu in seiner Erzählung «Der Fluss Sumida» (ein Nebenfluss des Arakawa), dass im Frühjahr wie im Herbst starker Regen fiel und das Gebiet zwischen Senzoku und Yoshiwara unter Wasser stand, ohne dass sich darüber jemand wunderte, denn es geschah jedes Jahr (Nagai 1987:87).

Tokio ist in der Zwischenzeit weiter ins Meer hineingewachsen, und die Heftigkeit der Stürme hat offenbar zugenommen, was Meteorologen und die Beamten des Katastrophenschutzamts mit Sorge beobachten. Da Tokio dicht bebaut und fast alle Straßen gepflastert sind, kann Regenwasser nicht versickern, sondern muss durch die Kanalisation in Flüsse, Kanäle und unterirdische Drainagen abgeführt werden. Superdeiche schützen vor Überschwemmungen, was insbesondere für die niedrig liegenden Stadtteile entlang dem Arakawa wichtig ist, wo deshalb von 1985 bis 2009 unter Aufwendung von 100 Milliarden Yen Dämme von 14,5 km Länge gebaut wurden, die 10 m hoch und 300 m breit sind. Aber Erdbeben können auch größte Erdmassen verschieben oder destabilisieren. Wohngebiete in der Nähe der Flussläufe, die nach heutigen Erkenntnissen gefährdet sind, erschweren den Katastrophenschutz, nur ist das Erbe aus einer Zeit, als man das nicht so sah oder die Naturgewalten fatalistischer hinnahm als heutzutage, nicht mit einem Federstrich aus der Welt zu schaffen. Am besten wäre es nach Meinung der Mitarbeiter der Katastrophenschutzabteilung, wenn die Stadt nach und nach das Land an den Unterläufen der Flüsse aufkaufen würde. Das würde zwar Jahrzehnte dauern, aber Enteignungen sind wegen der Prozesse, die sie unweigerlich mit sich bringen würden, keine bessere Alternative. Unterdessen werden technische Lösungen weiterverfolgt, um den Lebensraum vor den Naturgewalten zu schützen.

Nach Einschätzung des renommierten niederländischen Forschungsinstituts Deltares ist Tokios Hochwasserschutzsystem vorbildlich (Otake 2011), und die Statistiken zeigen, dass es trotz des enormen Wachstums der Stadt im Laufe des 20. Jahrhunderts beständig verbessert werden konnte. Die Ingenieure können sich damit jedoch nicht zufriedengeben, denn die für eine Niederschlagsmenge von 50 mm pro Stunde ausgelegten Abflusswege könnten nicht mehr ausreichen, wenn ein sogenannter Guerillaregensturm über Tokio niedergeht. Solche von Meteorologen in den letzten Jahren beobachteten Stürme bringen stündliche Niederschläge von bis zu 100 mm mit sich. Das Tokioter Bauamt und das Amt für Wasserwirtschaft sind deshalb intensiv damit beschäftigt, Dämme zu verstärken und zu erhöhen sowie Kanäle, unterirdische Abflüsse und Auffangbecken zu vergrößern. Das Katastrophenschutzamt unterhält eine Internetseite mit wichtigen Informationen und Verhaltenshinweisen für den Krisenfall, wozu auch Angaben zu Fluchtplätzen auf höher gelegenem Gebiet gehören (http://www.kensetsu.metro.tokyo.jp/suigai_taisaku/index/menu03.htm).

Taifune und andere Stürme bringen das Wasser von oben in die Stadt, wo es große Schäden anrichten kann. Ein nicht minder ernstes Schreckensszenario ist eine direkt vom Meer kommende Überschwemmung. Es ist in mancher Hinsicht noch bedrohlicher, denn während vor starken Stürmen dank zuverlässiger Voraussagen zeitig gewarnt werden kann, ist das bei Erdbeben nicht der Fall.

	1910 August	1917 Okt	1938 Aug/ Sept	1947 Sept	1949 Aug/ Sept	1958 Sept	1966 Juni	1976 Sept	1978 April	1979 Okt	1981 Juli	1982 Sept	1993 Aug	1999 Aug	2005 Sept
Sturm															
Wolkenbruch															
Auswirkung	Über-schwemmung	Hochflut	Hochflut	Übersch.	Hochflut	Übersch.	Übersch.	Übersch.	Übersch.	Übersch.	Übersch.	Übersch.	Übersch.	Übersch.	Übersch.
Luftdruck (hPa)	995,2	952,7	978,6	992,3	985,9	970,7	981,9	–	–	976,1	–	965,0	979,1	–	–
Niederschlag pro Std. (mm)	45,1	16,5	30,2	34,7	12,9	76,0	30,0	65,0	62,0	47,0	80,0	65,0	76,0	115,0	112,0
Niederschlag (mm)	283,9	161,6	144,1	166,8	66,0	444,1	235,0	220,0	100,0	251,0	86,0	313,0	345,0	128,0	263,0
Windrichtung und -stärke	NW9,9	SSE39,6	S31,0	N15,0	ESE26,0	WNW20,5	N15,5		–	–	S17,5	–	S18,4	NNW12,2	–
Tidenhub A.P.+m	–	4,21	2,89	2,50	3,15	2,91	–	–	–	3,55	–	2,67	1,74	–	–
überschwemmte Fläche (km²)	201,43	86,6	77,9	114,33	92,01	211,03	87,62	3,83	2,29	1,47	4,70	16,16	3,42	1,54	1,72
überschwemmte Wohnhäuser	178 057	180 338	108 570	125 208	137 878	464 030	102 896	8 212	6 944	1 730	13 662	24 286	7 533	5 093	5 827
Tote und Verletzte	169	1524	38	11	122	203	9	1	2	86	0	13	0	0	0

Nach Angaben des Japanischen Wetteramts

Tabelle 5 Hochwasserschäden in Tokio 1910–2005

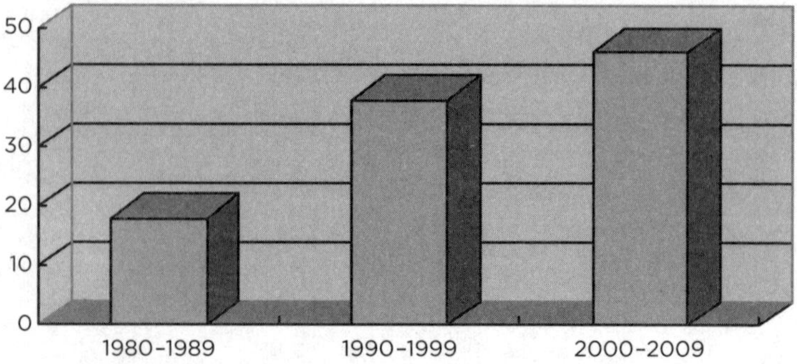

Grafik 3 Häufigkeit von Regenfällen über 50 mm/h in Tokio (nach Tokyoto kensetsukyoku 2012)

Am Rande des Japangrabens

Erdbeben sind in Tokio ein Teil des Alltags. Als dieser Satz geschrieben war, zitterte der Schreibtisch, und gleich darauf flackerte die Erdbebennachricht des japanischen Wetteramts über meinen Bildschirm: 13:42 Uhr, Stärke 5,3, in 10 km Tiefe im Pazifik, vor der Kanto-Ebene, 35,5° Nord und 141,0° Ost. Der Japangraben, der in nordsüdlicher Richtung entlang der japanischen Hauptinsel Honshu verläuft, ist eine aktive Erdbebenzone. Angaben zu Stärke und Epizentrum der häufigen Beben, verbunden mit Tsunamiwarnungen, werden routinemäßig binnen Minuten in Fernseh- und Radioprogramme eingeblendet, und bei akuter Gefahr werden in Ufernähe Sirenen aktiviert. Die meisten Stöße und Schwankungen sind harmlos, aber der Katastrophenschutz muss mit allem rechnen. Die Tsunami vom 11. März 2011 erreichte mancherorts eine Höhe von über 30 m und verwüstete einen Küstenstreifen von 500 km Länge. Das Seebeben, das sie auslöste und auch in Tokio deutlich zu spüren war, hatte die noch nie registrierte Magnitude 9,0. Ein ähnlich starkes Beben in der Bucht von Tokio hätte in einem so dicht besiedelten Gebiet auch mit einer sehr viel niedrigeren Flutwelle unvergleichlich schlimmere Folgen.

In Haneda werden Flugzeuge von der Startbahn gespült, während in Shinagawa und Shiodome in Bürotürme geschleuderte Frachter dieselben zum Einsturz bringen. Die Tsunami rast unterdessen die Flüsse hinauf, überflutet Kanäle und ergießt sich in Tunnels und U-Bahn-Schächte. Raffinerien geraten in Brand, und die zum Teil unter dem Meeresspiegel liegenden Stadtteile Ota, Minato, Chuo, Koto und Edogawa stehen unter Wasser, so dass der Verkehr in der ganzen Stadt in kürzester Frist zusammenbricht. Für viele Menschen gibt es kein Entrinnen. Für wie viele, mag sich niemand ausmalen, und doch muss der Katastrophenschutz Planspiele anstellen.

Nach einer 2006 angestellten Simulation würde ein Beben der Magnitude 7,3 im Norden der Bucht 300 000 Brände auslösen, 5600 bis 7800 Tote und 160 000 Verletzte kosten, 22 000 Menschen einschließen und die Evakuierung von vier Millionen erzwingen. Nach dem 11. März 2011 wurde dieses Katastrophenszenario revidiert. In neuen Plänen der Regierung zählt Tokio zu den Küstenpräfekturen, in denen mit einer Tsunami von mehr als 10 m Höhe gerechnet werden muss. Die Wahrscheinlichkeit wird zwar als gering eingeschätzt, da die Bucht relativ flach und nur durch einen 7 km breiten Eingang mit dem offenen Meer verbunden ist. Riesige Wellengebirge können sich deshalb weniger leicht auftürmen als vor langen ungeschützten Stränden. Aber auch Tsunamis von nur zwei oder drei Meter Höhe können Verheerungen anrichten, und selbst wetterbedingter Tidenhub kann das Wasser am Ufer um mehrere Meter steigen lassen, wogegen nicht die ganze Küste mit hohen Dämmen geschützt werden kann.

Anderen Vorsichtsmaßregeln kommt deshalb umso größere Bedeutung zu. Flutwellen brauchen eine Weile, bis sie die Küste erreichen, je nachdem, wie weit das Epizentrum eines Seebebens entfernt ist. Zwar lassen sich Erdbeben nicht voraussagen, aber die Zuverlässigkeit von Prognosen zu den von ihnen ausgelösten Tsunamis hat sich dank diverser technologischer Neuerungen drastisch verbessert. Japan hat flächendeckend das höchstentwickelte System seismologischer Sensoren der Welt. Drucksonden auf dem Meeresboden, GPS-Bojen, Küstenpegel und die Datenübertragung in Echtzeit ermöglichen es Supercomputern, unmittelbar nach einem Erdbeben Simulationen anzustellen, auf deren Grundlage innerhalb kürzester Zeit Warnungen über Gefahrenzonen und Höhen möglicher Tsunamis ausgegeben werden können. Ob die dadurch gewonnene Zeit in einer so riesigen Stadt im Ernstfall ausreicht, um allen Gefährdeten die Flucht zu ermöglichen, ist eine der wichtigsten Fragen, die den Katastrophenschutz beschäftigen. Fluchtwege zu höher gelegenem Gebiet nicht nur ausweisen, sondern den Menschen immer wieder ins Bewusstsein bringen; Gebäude gegen Erdbeben und Flutwellen resistent machen; regelmäßige Katastrophenübungen. All das ist nicht neu, wird aber seit dem 11. März 2011 in Tokio mit erhöhter Dringlichkeit verfolgt.

Ingenieurkunst und Risiko

Ingenieure verschiedenster Sparten arbeiten ständig daran, den urbanen Lebensraum gegen natürliche Risiken abzusichern und die durch die maritime Lage Tokios bedingten Gefahren für die Bürger kalkulierbar zu machen und zu verringern. Das Tsunami-Frühwarnsystem ist ein bedeutendes Beispiel. Ingenieure sind es jedoch auch, die neue Risiken schaffen. An der Tokyo Waterfront und drum herum sind sie allgegenwärtig, wobei eine fünfzehnminütige Gondelfahrt mit dem 115 m hohen Riesenrad auf der künstlichen Insel Odaiba wahrscheinlich das geringste ist. Seit Japan, den Drohungen der USA und der anderen westlichen Mächte nachgebend, sich dem Wettbewerb um mehr, mehr, mehr und noch mehr Wachstum, Reichtum und Macht in der Meiji-Zeit anschloss, ist die ganze Bucht von Tokio zu einer Kulturlandschaft geworden, deren heutiges Gesicht von Ingenieuren geprägt ist. Von den rund 180 km Küste ist fast nichts im natürlichen Zustand belassen, wie Abbildung 5 deutlich zeigt.

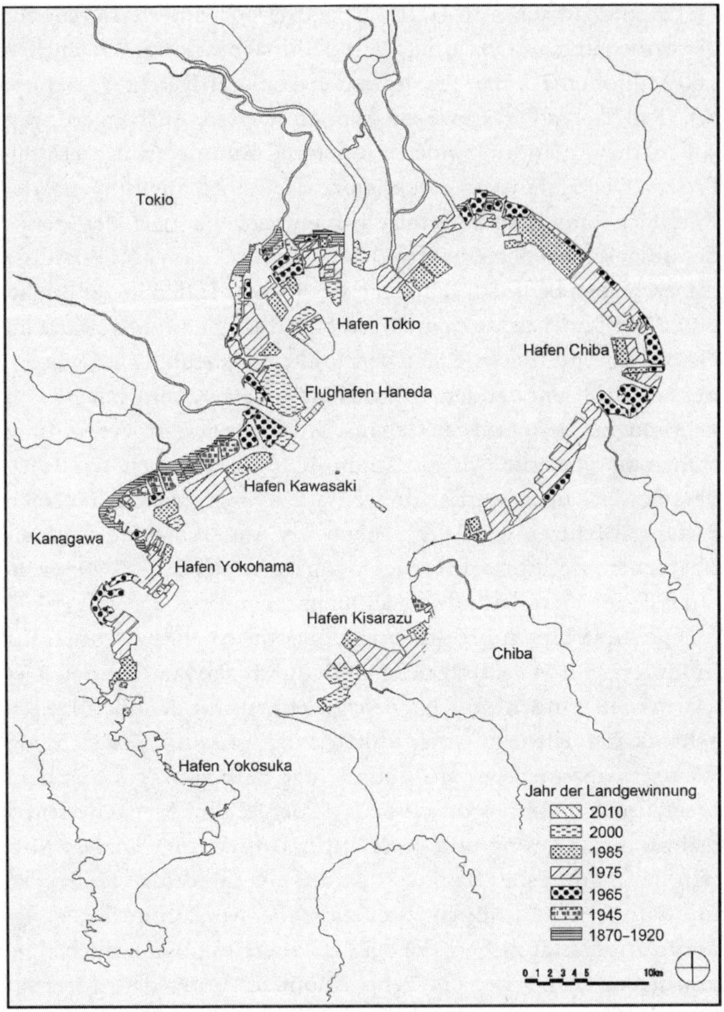

Abbildung 5 Landgewinnung in der Bucht von Tokio nach Jahren (nach Abe 2012, mit freundlicher Genehmigung)

Da sind zunächst die Häfen. Über drei Containerterminals auf gewonnenem Land in Aomi, Oi und Shinagawa kommen jährlich 100 Millionen Tonnen Fracht in den Tokioter Hafen, wo Schiffe bis 15 m Tiefgang festmachen können. Weitere Ausbaggerungen sollen die Anlandung noch größerer Containerschiffe ermöglichen. Der Hafen von Yokohama, der näher am Eingang der Bucht ist, kann größere Schiffe aufnehmen, aber nach der Menge der umgeschlagenen Güter ist der Hafen von Tokio größer. Außer diesen beiden befinden sich noch vier weitere Häfen in der Bucht: Kawasaki und Yokosuka im Westen und Chiba und Kisarazu im Osten. Die mit diesen Häfen verbundenen, ebenfalls auf gewonnenem Land entstandenen Industriegebiete Keihin bzw. Keiyo gehören zu den größten Japans. Miteinander in Verbindung stehen sie über die Nationalstraße 409, das aber erst seit 1997, denn zwischen Kawasaki und Kisarazu liegt die Bucht. Nach 31 Jahren Bauzeit wurde die Tokyo Bay Aqua Line dem Verkehr übergeben, wodurch die Fahrzeit von durchschnittlich 90 Minuten auf eine Viertelstunde zusammenschrumpfte.

Die Aqua Line führt die Straße über die Bucht bzw. unter ihr hindurch, auf 4,4 km Brücke und durch 9,6 km Tunnel. Der «Turm der Winde» – die Namensgleichheit mit dem berühmten achteckigen Turm in Athen dürfte zufällig sein – der sich von Weitem wie ein Segel ausnimmt, ragt halben Weges aus dem Meer, um den Tunnel mit Luft zu versorgen. Eine Meisterleistung technischer Planung und sorgfältiger Umsetzung mit den Mitteln der modernsten Baukunst ist diese Verbindung von Brücke und Tunnel über die Bucht zweifellos; aber wer könnte diejenigen der Irrationalität zeihen, die bei der Vorstellung, in erdbebengefährdetem Gebiet beinahe zehn Kilometer unter dem Meer zu fahren, eine gewisse Beklemmung überkommt? Wer hätte die Stirn zu behaupten, ein Risiko gäbe es nicht? Die Risiken, um die es hier geht, sind die unserer gegenwärtigen Zivilisation, die der Bändigung der Natur mit technischen Mitteln. Abzuwägen gilt es, ob man sich eher, möglicherweise stundenlang, dem dichten Verkehr auf der Straße um die Bucht und durch die Tokioter Innenstadt aussetzen will (und den dadurch gegebenen Unfallrisiken) oder der viel kürzeren Fahrt unter dem Meer (und dem dadurch gegebenen vielleicht viel kleineren, aber in der Konsequenz fatalen Risiko). Das gilt für den Einzelnen ebenso wie für das Kollektiv der Bürger, die einen großen Teil der Verantwortung für die Sicherheit ihres Lebensraums an die Ingenieure abgetreten haben. Es geht um Risiken einer durch Technik beherrschten Umwelt, die zu minimieren im Bewusstsein der Gesellschaft, die in dieser Umwelt lebt, wiederum eine Frage der Technik ist.

Deren Leistungen symbolisieren in der Bucht von Tokio zwei spektakuläre Brücken, als moderne Pendants der Brücke Japans, gewissermaßen: die elegante Rainbow Bridge (auch auf Japanisch) und die kolossale Tokyo Gate Bridge. Erstere ist eine 1993 fertiggestellte zweistöckige Hängebrücke im Norden des Hafenviertels Minato, die in west-östlicher Richtung Shibaura mit Odaiba verbindet. Oben fährt man auf der Stadtautobahn, unten im personallosen, automatisierten Zug der Yurikamome-Linie oder auf der daneben laufenden gebührenfreien Straße, neben der man sie außerdem zu Fuß überqueren kann. Wenn man von Osten auf diesem Weg in die Stadt kommt, bietet die Brücke ein eindrucksvolles Panorama: auf beiden Seiten die Bucht mit den künstlichen Inseln, die Skyline der Stadt voraus und, an klaren Tagen, weit in der Ferne dahinter der Fuji.

Die 2012 eröffnete Tokyo Gate Bridge, auch Dinosaurierbrücke genannt, ist eine 2,6 km lange Fachwerkbrücke mit zwei stählernen Gitterträgern, deren auf beiden Seiten weit vorragendes Sparrenwerk an einander gegenüberstehende Dinosaurier erinnert. Die vierspurige Brücke entlastet den innerstädtischen Verkehr und halbiert die Fahrtzeit zum Containerterminal, indem sie die künstliche Insel Wakasu, auf der sich ein Industriegebiet und ein Golfplatz befinden, mit Jonanjima, einer anderen künstlichen Insel im Hafen, verbindet. Die ungewöhnliche Konstruktion der Brücke ist der Beschaffenheit der Umgebung geschuldet, in die sie eingefügt wurde. Die zu überbauende Distanz von 2618 m würde eine Hängebrücke favorisieren. Eine solche zu bauen verbot jedoch die Lage in der Flugschneise von Haneda, denn bei einer Stützweite von 440 m müssten die Pylone die dort zugelassene Maximalhöhe von 100 m überschreiten. Andererseits muss die Brücke hoch sein, um auch hoch beladene Containerschiffe durchzulassen. Mit einer Durchfahrtshöhe von 54,6 m und einer Gesamthöhe von 87,8 m wird die Tokyo Gate Bridge diesen durch technische Sachzwänge gegebenen Bedingungen gerecht.

Diese beiden Brücken sind zwei von Hunderten in der ganzen Stadt. Von schmalen Stegen über enge Kanäle bis zu riesigen Konstruktionen aus Stein, Beton und Stahl gibt es alle erdenklichen Arten von Brücken für Fußgänger, Radfahrer, Züge und den Straßenverkehr. Sie alle zeugen von Tokios Lage am Meer. Der Ozean, der den japanischen Archipel umgibt, ist Inbegriff der Natur, die Leben spendet und vertilgt. Nach einem japanischen Alltagsmythos zeichnet sich das eigene Verhältnis zur Natur durch besondere Sensibilität aus. Während die westliche Zivilisation auf der Beherrschung der Natur beruht, sei der Kern der japanischen, sich ihren Kräften zu beugen und mit ihr im Einklang zu leben. Die Rainbow Bridge und die Tokyo Gate Bridge verweisen diese Vorstellung ins Reich lieb gewordener Erinnerungen. Sie verkörpern nicht nur die Leistungsfähigkeit heutiger Ingenieurskunst, sondern auch das Verhältnis Tokios zum Meer und damit zur Natur. Als eindrucksvolle Monumente der Bereitschaft, den Kräften der Natur zu trotzen, stehen sie in einer durch und durch von Menschenhand gestalteten Landschaft. Von Neulandinseln und befestigten Ufern, begradigten Flussläufen und gepflegten Alleen bis zu den Grünflächen auf Hochhausdächern, mit denen dem Hitzeinseleffekt entgegengewirkt wird, ist von ursprünglicher Natur nicht viel zu sehen. Vielmehr ist diese große Stadt am Meer ein Beispiel par excellence für ein künstlich geschaffenes Milieu, in dem die Natur Gegenstand technischer Verwaltung ist. An dem Mythos vom harmonischen Leben mit der Natur halten die Tokioter dennoch fest, und vielleicht nicht nur, weil mangelnder Realitätsbezug Alltagsmythen im Allgemeinen nicht unbedingt hinfällig macht, sondern auch, weil selbst die technisch durchrationalisierte Umwelt vor den nach wie vor aus dem Meer kommenden Bedrohungen keinen vollkommenen Schutz bietet. Naturkatastrophen sind auch für die Stadtbewohner stets eine reale Möglichkeit, die, wenn sie zur Wirklichkeit wird, dazu zwingt, sich den Gewalten der Natur zu beugen.

8 Das geistige Leben der Stadt

Tokio ist keine Stadt der Schönheit,
sondern eine Stadt der Energie.
Kyoichi Tsuzuki

Zahlen sagen nicht alles und manchmal nur sehr wenig, aber dass Tokio 138 Universitäten, 49 Colleges und 446 Fachschulen zählt, kann doch als Indiz dafür gelten, dass der Wissensdurst des Landes zu einem erheblichen Teil hier in der Hauptstadt gestillt wird, die auch auf dem Gebiet der Bildung ihre hervorragende Stellung behauptet. Japan ist, wie in anderen Zusammenhängen schon mehrfach erwähnt, stark zentralisiert, was auch im geistigen Leben Tokios zum Ausdruck kommt. Hier befinden sich Schulen und Hochschulen von verschiedenster Art und unterschiedlichem Niveau, in denen die Grundlagen des geistigen Lebens gelegt werden.

An der Spitze der Hierarchie steht die Universität von Tokio, die seit ihrer Gründung 1877 den sichersten Weg zu Status und Ansehen eröffnet. Insbesondere die rechtswissenschaftliche Fakultät ist seit der Meiji-Zeit die wichtigste Kaderschmiede für die Ministerialbürokratie. Aber auch die anderen Fakultäten dieser Universität spielen als Zentren der Forschung eine wichtige Rolle, und sie verkörpern die Einsicht, dass sich der Horizont der Erkenntnis jenseits nationaler Grenzen erstreckt. Rund 3000 Studentinnen und Studenten aus aller Welt, etwa zehn Prozent der gesamten Studentenschaft, viele Gastwissenschaftler und internationale Tagungen verleihen der Universität von Tokio einen Hauch von Welt, der minder renommierten Hochschulen abgeht. Dabei bedeutet «Welt», der gerade erst in Auflösung befindlichen und noch immer sehr bestimmenden hergebrachten Weltordnung entsprechend, vor allem die westliche Welt.

Die Welt, die zählt

In der Meiji-Zeit vollzog Japan, geführt von Politikern und Intellektuellen, die den technischen Fortschritt und den Willen der imperialen Nationen, sich den Rest der Welt zu eigen zu machen, richtig einschätzten, eine krasse Wende von seiner lange nach innen gerichteten Orientierung nach Westen. Einer von ihnen, Yukichi Fukuzawa, dessen Porträt heute die 10 000-Yen-Note ziert, formulierte die antikonfuzianische «Abwendung von Asien»-Doktrin, nach der Japan sein Heil in der westlichen Zivilisation suchen, sich ihre Wissenschaft, ihre Waffen und ihre Institutionen aneignen musste, um seine Unabhängigkeit zu bewahren. Er gründete die Keio-Universität, die noch heute zu den wichtigsten Hochschulen des Landes gehört und einen Alumni-Verein unterhält, dessen über 30 000 Mitglieder einflussreiche Positionen in vielen Bereichen der Gesellschaft einnehmen. Fukuzawa, dessen Denkmal auf dem Hauptcampus in Mita einen prominenten Platz hat, wird weiter in Ehren gehalten und verkörpert noch immer einen charakteristischen Aspekt des geistigen Lebens Tokios: den Wunsch nach Anerkennung, vor allem von Kollegen im Westen. Während sich die postkoloniale Welt unter dem Eindruck verändert, dass Europa seine beherrschende Stellung verloren hat, die es 500 Jahre lang als Hauptbezugspunkt des Weltgeschehens innehatte, und die Länder an der einstigen Peripherie sich nicht mehr so peripher fühlen, richten die Japaner ihren Blick nach wie vor hauptsächlich nach Westen, nach Amerika, auf die Macht, die sie mit zwei Atombomben das Fürchten lehrte, allerdings mehr als auf Europa. Das geistige Leben Tokios entspricht dem auf vielerlei Weise. Die verwestlichte supermoderne Metropole hängt jedoch zugleich an der eigenen Tradition, die in vorindustrielle Epochen zurückreicht.

Die Vergangenheit in der Gegenwart

Diese Rückwärtsgewandtheit verkörpert wie kein anderer Shintaro Ishihara, der Schriftsteller und Rechtsaußenpolitiker, der, von 1989 bis zu seinem Rücktritt 2012 viermal gewählt, die Stadt als Gouverneur regierte. Er lässt sich treffend als «idealer Erzähler und Autor des nationalen Narrativs Japans» beschreiben (Heinze 2013 : 100). Als Drehbuchautor und Romancier berühmt geworden, spielte er, seit er 1968 als Abgeordneter der Liberaldemokratischen Partei ins Oberhaus einzog, viereinhalb Jahrzehnte lang eine prominente Rolle in der Politik, während er gleichzeitig schriftstellerisch tätig blieb und die Klaviatur der Medien meisterhaft beherrschte. Durch provokante nationalistische Äußerungen und als Dauergast der von Medienstar Terry Ito auf seinen Wunsch ins Leben gerufenen Fernsehshow «TokYo Boy» hat er immer wieder auf nationaler und auch internationaler Ebene Aufmerksamkeit erregt. Er trat für die atomare Bewaffnung Japans ein, zwang Lehrer mit einer Verordnung, in Schulen die Nationalhymne zu singen, und bezeichnete die Erdbebenkatastrophe vom 11. März 2011 als Strafe Gottes für den überbordenden Hedonismus der Gesellschaft. Sein letzter Coup und Abschiedsgruß als Gouverneur 2012 war die Drohung, Tokio werde die Senkaku-Inseln im Ostchinesischen Meer käuflich erwerben, wodurch sich die japanische Regierung in Zugzwang fühlte, dieses auch von China beanspruchte Territorium zu nationalisieren. Die japanisch-chinesischen Beziehungen verschlechterten sich dadurch dramatisch und anhaltend.

Tokio hat diesen Gouverneur mehr als 20 Jahre lang ertragen. Obwohl er als Stadtoberhaupt nicht besonders erfolgreich war, verfing seine Selbstdarstellung als unkonventioneller Politiker, der der Bürokratie die Stirn bietet, immer wieder. Seine reaktionären und fremdenfeindlichen Äußerungen waren so häufig, dass niemand sie als Ausrutscher abtun konnte. Sie desavouierten ihn in den Augen der Öffentlichkeit nicht, nicht genug jedenfalls, um seine dreimalige Wiederwahl zu gefährden, denn obwohl die Atmosphäre der Stadt keineswegs xenophob ist, finden es nicht genug Tokioter beschämend, dass ihre Stadt von einem revanchistischen Gouverneur repräsentiert wird, der von der Vergangenheit träumt und von einem Japan, das es den Nachbarn zeigen kann.

Shintaro Ishiharas Wahlerfolge sind die einer starken, kantigen Persönlichkeit, aber die reaktionäre Nostalgie, die seine politische Rhetorik kennzeichnet, wird ihm nicht nur nachgesehen, sie repräsentiert auch eine Unterströmung des geistigen Lebens der Stadt. In dieser Hinsicht ist Tokio weniger weltstädtisch als andere Metropolen, die dieses Epitheton für sich beanspruchen, London und Paris namentlich und New York, aber auch andere westliche Hauptstädte, in denen heute viele Migrantengruppen zu Hause sind wie Berlin, Rom oder Montreal. Als Hauptstadt des ersten nichtwestlichen kapitalistischen Landes, das in die Spitzenklasse vordrang, sind Tokio gewisse weltstädtische Eigenschaften zugewachsen, insbesondere wenn wir solche, dem Zeitgeist entsprechend, auf ökonomischem inklusive finanzwirtschaftlichem Gebiet suchen. Für den globalen geistigen Austausch ist Tokio aber einstweilen nur eine zweitrangige Bühne. An der Selbstverständlichkeit, mit der sich Wissenschaftler, Künstler und andere Kulturschaffende in westlichen Metropolen begegnen, gebricht es in Tokio, wo Fremde noch immer etwas fremder sind. Repräsentanten wie Ishihara sorgen dafür, dass die kosmopolitischen Winde, die Tokio im Zuge der Internationalisierung des Handels und der Kommunikationsrevolution umspielen, den verbleibenden provinziellen Muff noch nicht gänzlich hinweggeblasen haben.

Daran, dass Tokio weniger weltstädtisch wirkt als westliche Metropolen, hat die globale Hierarchie der Sprachen keinen geringen Anteil, ist doch der Status des Englischen als Weltsprache und einiger anderer europäischer Sprachen als weltweit unterrichteter Fremdsprachen noch immer eine wichtige Hinterlassenschaft des Kolonialismus und Imperialismus, die von deren Nutznießern energisch verteidigt wird. Trotz der numerischen Stärke seiner Sprachgemeinschaft und seiner großen literarischen Tradition ist Japanisch nie über den Status einer zwar bedeutenden, aber aus westlicher Sicht exotischen Nationalsprache hinausgekommen, selbst in Ostasien, wo Japan sich in den ersten vier Jahrzehnten des 20. Jahrhunderts kurzfristig als koloniale Ordnungsmacht versuchte und eine aktive Sprachverbreitungspolitik betrieb (Tsurumi 1984). Tokio ist trotz aller Anstrengungen, sich durch englische, chinesische und koreanische Aufschriften in öffentlichen Räumen einen internationalen Anstrich zu geben, eine durch und durch japanischsprachige Stadt, in der Ausländer deshalb noch stärker marginalisiert sind als in europäischen Städten. Die alltägliche Normalität, mit der Menschen aus aller Welt einander in den Hauptstädten der ehemaligen Kolonialreiche – Paris und London, aber auch Amsterdam und Brüssel – wie auch in «Schmelztiegeln» wie New York oder Sydney begegnen, fehlt in Tokio. Man ist weder daran gewöhnt, sich in anderen Sprachen, sei es auch nur notdürftig, zu verständigen, noch darauf eingestellt, dass Fremde Japanisch sprechen. Während etwa der durchschnittliche Pariser es kaum zur Notiz nimmt, wenn ein Fremder Französisch spricht, ist der Japanisch sprechende Fremde in Tokio Gegenstand des Staunens und der Bewunderung, denn in der Selbstwahrnehmung der Tokioter ist Japanisch eine provinzielle bzw. im heutigen Jargon eine ethnische Sprache. Für den Umgang mit Ausländern, insbesondere weißen Ausländern, ist nur Ausländisch geeignet, Englisch also, die kosmopolitische Sprache unserer Zeit, die allerdings keineswegs jedem Tokioter mühelos über die Lippen kommt.

Ausländische Intellektuelle in Tokio sind weniger zahlreich als in europäischen Metropolen, und sie leben eher am Rand, als dass sie aktiv am geistigen Leben der Stadt teilhaben, selbst wenn sie gut Japanisch sprechen. An den Universitäten haben sie mehrheitlich Stellen in philologischen Abteilungen, wo sie vor allem Sprachunterricht geben. Gemessen an der großen Zahl der höheren Bildungseinrichtungen, bewegen sich nur wenige japanische Gelehrte regelmäßig auf internationalem Parkett, und dem Umgang vieler von ihnen mit ausländischen Kollegen mangelt es an Unbefangenheit. Mit der Globalisierung der höheren Bildung tun sich die Universitäten schwer, denn die Hürden, ins Ausland zu gehen, werden als hoch empfunden, die Risikobereitschaft ist gering. Diejenigen freilich, die im Ausland Anerkennung finden, werden grenzenlos bewundert. Nobelpreisträger sind nationale Helden, die in den Medien wie Spitzensportler gefeiert, vom Premierminister empfangen werden und denen man die Zukunft Japans anvertrauen kann.

Der Wunsch, zur Welt zu gehören, zu der Welt nämlich, die zählt, ist übergroß, scheint jedoch oft im Widerstreit mit Nostalgie und der Sehnsucht nach dem Eigenen zu stehen, das unvermeidlich in der Vergangenheit liegt und in dem Sinne provinziellen Charakter hat, als es Außenstehenden schwer zugänglich und verständlich ist. Der unaufgelöste Widerspruch zwischen Moderne und lebendiger Tradition ist ein markantes Charakteristikum dieser Stadt, das oft auch kreativ genutzt wird. Tokio ist keine westliche Stadt. Ihr geistiges Leben reflektiert eine andere räumliche und soziale Logik als das europäischer Städte (Clammer 1997:28). Zugleich ist Tokio aber die Stadt einer sehr verwestlichten Bevölkerung, die zwar in Asien liegt und viele asiatische Züge hat, deren Bewohner sich aber keineswegs als Asiaten identifizieren. Vielmehr artikulieren sie ihre Besonderheit, wie Iida mit Naoki Sakai argumentiert, in Bezug auf den Universalismus des Westens, den sie einerseits akzeptieren, um sich andererseits davon abzusetzen (Iida 2002:15). Denn dass Japan weder im Westen liegt noch die Japaner durch die Übernahme westlicher Technologien und mancher Wertvorstellungen zu Europäern geworden sind, kann niemand übersehen.

Den Westen im Blick

Anzeichen der Bewunderung für die Kultur und die geistigen Errungenschaften des Okzidents sind in Tokio allgegenwärtig. In seinen Konzertsälen gastieren die besten europäischen Orchester und Solisten, und sie tun es gern, da sie nicht nur hohe Gagen bekommen, sondern auch vor einem Publikum spielen, das sich auskennt. Westliche Musik, westliche Kunst, westliche Philosophie und Wissenschaft werden hierzulande mit sehr viel mehr Kenntnis und Verstand gewürdigt als die japanische Kultur mit ihren chinesischen Wurzeln in Europa. Obwohl Tokio für Konzerte und andere «Events» des Kulturkonsums heute zu den Spitzenplätzen der Welt gehört, besteht noch stets eine Asymmetrie zwischen der gut informierten Rezeption der vermeintlich universellen Kultur des Westens in Tokio und dem respektvollen, aber meist wenig kenntnisreichen Staunen, mit dem japanische Darbietungen in europäischen Städten aufgenommen werden. *Benvenuti a Tokyo Opera* heißt es auf der Homepage eines von Tokios Opernensembles. An der Musikhochschule wird Italienisch für Opernsänger unterrichtet. Die drei bedeutendsten Opernhäuser der Stadt haben, auf verschiedene Standorte verteilt, mehr als 5600 Plätze, vor denen ständig europäische Opern von «Aida» bis zur «Zauberflöte» aufgeführt werden. Gastspiele aus dem umliegenden Ausland, etwa einer Pekingoper oder eines koreanischen Orchesters, sind viel seltener, obwohl sich die koreanische Popmusik in Tokio großer Beliebtheit erfreut. Ähnlich verhält es sich mit dem Theater. Mehr als 50 Sprechbühnen von kleinen Kellertheatern in Shimokitazawa bis zum majestätischen Nationaltheater gegenüber dem Kaiserpalast bieten ein breites Spektrum der darstellenden Kunst aller Genres. Auch hier wird klassischen und modernen Stücken des europäischen Theaters viel Platz eingeräumt. Tokio hat sein eigenes *Globe*, ein Replikat des berühmten Theaters in Stratford-upon-Avon, wo Stücke von Shakespeare sowie moderner Autoren, die sich mit seinem Werk auseinandersetzen, gespielt werden. Fremdsprachige Theateraufführungen sind regelmäßig zu sehen; sie werden dem Publikum mit Untertiteln auf digitalen Displays am Rande der Bühne dargeboten.

Das Geistesleben Tokios ist unerhört vielfältig und bietet Anregungen für jeden Geschmack und jede Neigung. Dafür sorgt schon die große Dichte der Bildungs- und Kultureinrichtungen, dank deren und dank der traditionellen Bildungsbeflissenheit des Tokioter Bürgertums dieses Geistesleben ein sehr hohes Niveau auf breiter Basis hat. Es zeichnet sich trotz dieses hohen Niveaus nicht durch Hochmut oder Geringschätzung anderer Teile der Welt aus. Die Tokioter halten ihre Stadt nicht für den Mittelpunkt der Welt, noch überschätzen sie die Wirkung ihres geistigen Lebens über ihre Grenzen hinaus. Die Blasiertheit jedoch, die Georg Simmel in seinem klassischen Aufsatz über «Die Großstädte und das Geistesleben» als hervorstechende seelische Erscheinung der moderner Urbanität identifizierte, lässt sich auch in Tokio ausmachen, allerdings in neuer Form.

Blasiertheit in neuer Form

Nach Simmels Analyse ist die Blasiertheit der Großstadt eine seelische Reaktion auf die überwältigenden Sinnesreize, vor denen sich der moderne Stadtmensch schützen muss:

> «Wie ein maßloses Genussleben blasiert macht, weil es die Nerven so lange zu ihren stärksten Reaktionen aufregt, bis sie schließlich überhaupt keine Reaktionen mehr hergeben – so zwingen ihnen auch harmlosere Eindrücke durch die Raschheit und Gegensätzlichkeit ihres Wechsels so gewaltsame Antworten ab, reißen sie so brutal hin und her, dass sie ihre letzte Kraftreserve hergeben und, in dem gleichen Milieu verbleibend, keine Zeit haben, eine neue zu sammeln.
> Die so entstehende Unfähigkeit, auf neue Reize mit der ihnen angemessenen Energie zu reagieren, ist eben jene Blasiertheit, die eigentlich schon jedes Kind der Großstadt im Vergleich mit Kindern ruhigerer und abwechslungsloserer Milieus zeigt.» (Simmel 1903: 190)

Die Reizüberflutung, die Simmel als Kennzeichen des Geisteswesens der Großstadt erkannte, ist in Tokio durch die ungeheure Komplexität der Tätigkeiten, Bewegungen, Beziehungen und der unablässigen Informationsflut, denen jeder täglich ausgesetzt ist und in deren Wechselwirkungen sich alle von frühestem Kindesalter an einordnen müssen, auf die Spitze getrieben worden. Nicht jeder ist dem aber gewachsen. Zwei Typen des japanischen Großstadtmenschen verkörpern die Abwehrhaltung gegenüber den überwältigenden Sinneseindrücken paradigmatisch am Rande der Gesellschaft, der *Otaku* und der *Hikikomori*. Beide sind Geschöpfe des spätmodernen Tokio. Den Otaku kennzeichnet eine monomane Interessenfixierung auf Produkte der Populärkultur oder andere Sammelgegenstände und häufig Netzsucht, die so weit geht, dass alles andere ausgeblendet wird und sein (meistens *sein*, seltener *ihr*) normales Sozialverhalten dadurch beeinträchtigt wird. Während der Otakismus in den 1980er und 1990er Jahren als potentielle neue Lebensform Furore machte, galten Hikikomori von Anfang an als pathologisch. Ihr Syndrom ist eine Umkehrung der Klaustrophobie. Der geschlossene Raum erregt bei ihnen kein Angstgefühl, sondern wird vielmehr als einzige sichere Umgebung empfunden, in der man die Angriffe anderer nicht zu fürchten braucht. Diese Art von Sozialphobie, die sich in extremer Abschließung und monatelangem Rückzug in die eigenen vier Wände äußert, hat der Psychologe Takeo Doi bereits in den 1970er Jahren als Syndrom beschrieben, das mit japanischen Sozialisationspraktiken in Zusammenhang steht. Sie rückte gegen Ende des vorigen Jahrhunderts in die Aufmerksamkeit der Öffentlichkeit, als Hikikomori so häufig in städtischen Mittelklassefamilien auftraten, dass sich Selbsthilfegruppen betroffener Eltern bildeten, psychologische Beratung en masse gefragt war und populärwissenschaftliche Bücher über das Phänomen erschienen (Saito 1998, Itou 2003). Neben zahlreichen privaten Unterstützungsinitiativen unterhält selbst die Stadt Tokio eine offizielle Webseite mit Beratungsangeboten.

Auffällig ist, dass Hikikomori ein Mittelschichtsproblem ist. In weniger wohlhabenden Familien, denen es finanziell schwerer fällt, ihre erwachsenen Kinder zu unterhalten, kommen sie kaum vor. Der ungeheure Reichtum der großstädtischen Mittelschicht bedeutet für die Sozialisation ein sehr breit gefächertes Angebot

http://www.wakamono-ouen.metro.tokyo.jp/
Stadt Tokio, Projekt zur Unterstützung der gesellschaftlichen Partizipation junger Menschen
Wir helfen jungen Menschen, einen Schritt in die Gesellschaft zu machen.

Abbildung 6 Webseite der Stadt Tokio mit Hinweisen zur Behandlung von Sozialphobie

an Möglichkeiten, impliziert aber auch hohe Erwartungen für die Gestaltung der Zukunft, die sich seitens der Eltern in der gegenwärtigen kinderarmen Gesellschaft zudem auf nur ein oder zwei Nachkommen konzentrieren. Sich dagegen aufzulehnen, wenn einem doch alles geboten wird; sich dem zu entziehen, wenn man sich den Ansprüchen nicht gewachsen fühlt, ist nicht einfach. Seinen Platz in der Gesellschaft zu finden, indem man sich weigert, einen solchen einzunehmen, diesen Ausweg, der keiner ist, verkörpert der Hikikomori und in geringerem Maße auch der Otaku. Die selbst herbeigeführte Einschränkung des Blicks kann als Schutz vor dem Übermaß an Reizen und Optionen gedeutet werden, die der blasierte Großstadtmensch ignoriert. Denn diese Optionen beinhalten nicht nur Möglichkeiten, sondern auch Zwänge, nämlich solche, sich zu entscheiden und sich dem harten Wettbewerb zu stellen, im anonymen Milieu der großen Stadt etwas zu werden, mehr zu sein als einer von Abermillionen U-Bahnpassagieren und Konsumenten.

Die japanische Bevölkerung kommt in internationalen Vergleichsstudien des allgemeinen Bildungsniveaus mit einer flächendeckenden Oberschulabschlussrate von 96 Prozent und mehr als einem Drittel der Bevölkerung mit Hochschulabschluss (34 Prozent, nach NationaMaster und UNESCO) durchgehend auf einen der drei ersten Plätze, und Tokio führt hier wiederum die landesweite Rangliste an. Das durchschnittliche Bildungsniveau ist hoch, aber die Spitze ist schmal. In Tokio befinden sich nur zwei der 200 besten Universitäten der Welt, verglichen mit vier in Paris und sechs in London (Mori Kinen Zaidan 2012:250). Die meisten Tokioter Universitäten begreifen sich gar nicht als Institutionen, die im internationalen Wettbewerb stehen. Sie bedienen die lokale Klientel der Oberschulabsolventen, deren Zukunft in einer durchschnittlichen japanischen Firma oder öffentlichen Körperschaft liegt, leisten ein Lippenbekenntnis zur Notwendigkeit der «Internationalisierung» und verharren dabei doch in selbstzentrierter Insichgekehrtheit. Dem entspricht ein weiteres Ergebnis des Global Power City Index, welcher u. a. auch die Bereitschaft von Forschungseinrichtungen zur Aufnahme ausländischer Wissenschaftler ermittelt. Danach liegt Tokio weit abgeschlagen hinter London, Paris, New York und einer Reihe kleinerer Städte wie Boston und Genf, obwohl es nach der Akkumulation von Forschungsinstituten und der Zahl bzw. dem Anteil von Wissenschaftlern an der Bevölkerung auf Platz 1 dieses Index liegt (Mori Kinen Zaidan 2012:252 f.). Das unterstreicht noch einmal die eher geringe internationale Vernetzung.

Durch Abkapselung und Konzentration auf das eigene überschaubare Hobby wehren sich, wie oben dargestellt, so viele jugendliche bis halb erwachsene Einwohner Tokios gegen die Reizüberflutung der Großstadt, dass sie zu einer wahrnehmbaren Gruppe geworden sind. Sie charakterisieren nicht die Tokioter Bevölkerung als Ganze, sind aber dennoch ein symptomatisches Zeitphänomen. Ähnlich sind die vielen provinziellen Universitäten Tokios, die nur selten ihre Dozenten und noch seltener ihre Studenten ins Ausland schicken, ein Symptom des geistigen Lebens dieser Stadt. Es ist die Stadt einer hochgebildeten, aber etwas hermetischen Massengesellschaft, die den Kontakt mit der Außenwelt gleichzeitig wünscht und fürchtet, die internationale Anerkennung herbeisehnt und vor der Unterwanderung durch Außenstehende zurückschreckt und deshalb das Fremde nur in kontrollierbarem Maße zu sich zu nehmen bereit ist.

Dem liegt kein durchdachter Plan zugrunde. Vielmehr zielen viele Initiativen auf eine stärkere Integration Tokios in das globale Geistesleben, die aber oft genug im Sande verlaufen. Die Vielzahl der Universitäten, Forschungsinstitute, Museen etc. mag damit durchaus in Zusammenhang stehen, denn das mannigfaltige Angebot an Vorträgen, Seminaren, Workshops, Ausstellungen und Informationsveranstaltungen leistet ebender von Simmel diagnostizierten Blasiertheit Vorschub, dem Bedürfnis vieler nämlich, sich vor den auf sie einstürzenden Reizen zu schützen.

Große Dichte

Es lohnt sich, noch einmal zu Simmels weitsichtiger Analyse des geistigen Lebens der Großstadt zurückzukehren. Er spricht von der extremen Individualisierung des Großstadtlebens und davon, dass die starke Konzentration geistiger Arbeit zu einer Diskrepanz zwischen «objektivem Geist» und der geistigen Entwicklung der Individuen führt. Mit «objektivem Geist» meint er die Anhäufung geistigen Potenzials an einem Ort – die in Tokio zweifellos enorm ist –, aber «in manchen Punkten eher einen Rückgang der Kultur der Individuen» (Simmel 1903:205) nach sich zieht.

> «Diese Diskrepanz ist im Wesentlichen der Erfolg wachsender Arbeitsteilung; denn eine solche verlangt vom Einzelnen eine immer einseitigere Leistung, deren höchste Steigerung seine Persönlichkeit als ganze oft genug verkümmern lässt.» (ibid.)

Der Otaku, der sich seiner einen Obsession – Manga, Anime, Computerspiele, Cos-Play – hingibt und seine Jugend nicht hinter sich lassen kann, verkörpert diese Tendenz im Exzess, aber mildere Formen der extremen Spezialisierung sind weit verbreitet. Sie sind eine Begleiterscheinung des großstädtischen Geisteslebens, wo Experten mehr gefragt sind als Generalisten und wo sie existieren können, weil es auf engem Raum Experten für alles gibt und weil in einer so großen Bevölkerungsagglomeration auch sehr ungewöhnliche Dienstleistungen und Produkte oft genug nachgefragt werden. Nicht nur für die Subkultur ist diese weit fortgeschrittene Arbeitsteilung jedoch charakteristisch, sondern auch für andere Bereiche. Fachhochschulen etwa sind zum Teil extrem spezialisiert. Neben konventionellen Einrichtungen dieser Art für Kranken- und Altenpflege, Handel, Haushalt, Kochen, Make-up und Schönheit, Design und Mode gibt es Fachschulen für Strahlenemission, Medizintechnik, Haustierpflege, Digitaldesign, Kimono, Kalligraphie, Astrologie, Stimmbildung für Animationsfilmsynchronisation zum Beispiel. Lebensfähig sind so stark fokussierte Schulen nur im großstädtischen Milieu.

Arbeitsteilung hat das Selbstverständnis großer Städte schon immer bestimmt, wie auch das Nachdenken über sie. Sie findet ihren Ausdruck in der räumlichen Aufteilung der Stadt anhand bestimmter Branchen. So hat sich seit Anfang des 20. Jahrhunderts in Jimbocho eine Konzentration von Buchläden und Verlagen gebildet, was durch die Nähe mehrerer Universitäten – Meiji, Hitotsubashi, Nihon, Senshu, Hosei – begünstigt wurde. Wenn man ein Buch kaufen will, geht man nach Jimbocho, zumal wenn es etwas Ausgefallenes oder Altes ist. So war es einmal, aber heute verbringen nicht nur immer mehr Geistesarbeiter ihre Tage hinter einem Bildschirm, der im Prinzip an keinen Ort gebunden ist, sondern auch der Internethandel mit geistigen Gütern nimmt beständig zu, weswegen sich mancher fragt, ob diese Idylle bald nur noch der Erinnerung angehören wird.

Bisher deutet aber nichts darauf hin. Unter den Buchläden in Jimbocho sind viele hoch spezialisierte Antiquariate, die eine Internetpräsenz haben, aber nach wie vor ihre Kunden anlocken, auch junge. Dass die räumliche Konzentration durch Arbeitsteilung keine Erscheinung der Vergangenheit ist, zeigt sich zudem in ebender Branche, die die Befreiung des Kontakts von der räumlichen Bindung ermöglicht und die das heutige Geistesleben beeinflusst wie keine andere, die für die Wissensproduktion unverzichtbar gewordene Informationstechnik. In wenigen Städten ist der Internetverkehr so schnell und zuverlässig wie in Tokio. Große Datenmengen lassen sich problemlos austauschen, Konferenzen im virtuellen Raum abhalten und kommerzielle Transaktionen tätigen. In der IT-Branche kommt es fast wöchentlich zu Firmengründungen. Von einem Schreibtisch aus irgendwo in der Stadt versuchen viele Kleinstbetriebe sich zu etablieren. Die Technik erlaubt die räumliche Verteilung von Arbeitnehmern und die Kooperation über alle Grenzen hinweg. Dennoch sind neue Konzentrationen von Multimedia- und Internetfirmen in der Innenstadt entstanden: in Kanda, in der Nähe von Jimbocho, wo sie mit Verlagen und Druckereien zusammenarbeiten, im Elektronikviertel Akihabara und in Shibuya, wo sich ohne bereits vorhandene industrielle Basis in den letzten Jahren das sogenannte Bit Valley als Sammelpunkt von Firmen, die in Bereichen wie Webdesign, Digitalisierung, Onlineservice, Softwareentwicklung etc. tätig sind, etabliert hat (Arai et al. 2004). Der Vorteil, den die Großstadt als Bühne der physischen Konzentration bietet, wollen auch die Geistesarbeiter von heute im Zeitalter von Glasfaser und Hochgeschwindigkeitsbreitband nicht missen. Auch wenn der Stellenmarkt sich fast ausschließlich virtuell darstellt, ist es nicht gleichgültig, wo sich ein Betrieb befindet, insbesondere nicht in der IT-Branche. Nicht zufällig haben sich viele Betriebe in Shibuya angesiedelt, einem Viertel, in dem mehrere Häuser des Kaufhauses Parco, viele Trendläden und eine große Zahl von Cafés, Restaurants und Bars vornehmlich junge Leute als Kunden anlocken und ihnen als Kulisse für die modische Selbstdarstellung dienen. Hier haben IT-Betriebe im Wettbewerb um personelle Ressourcen die besten Chancen. Der unmittelbare Kontakt mit Kunden, Mitarbeitern, Auftragnehmern und Konkurrenten ist auch in dieser Branche unverzichtbar.

Die räumliche Nähe derer, die in verwandten Bereichen tätig sind, und die dadurch gegebene große Kontaktdichte bleibt ein Merkmal des geistigen Lebens der großen Stadt. Die weltumspannende Technologie hat daran nichts geändert, auch wenn sie den Aktionsradius derer, die sich ihrer bedienen, drastisch ausgeweitet hat. Gemeinsame berufliche Interessen implizieren für die meisten Städter noch immer die direkte Begegnung, den physischen Kontakt. Eine Weltgemeinschaft hat die unbegrenzte Kommunikation im virtuellen Raum nicht entstehen lassen. Vielmehr bietet die Großstadt nach wie vor das optimale Milieu für die Entstehung lokaler Gruppen, deren Mitglieder sich in einer ihnen kongenialen Umgebung treffen wollen. Die solipsistische Paranoia des Hikikomori, der die Masse flieht, ist zwar ein Produkt der großen Stadt und muss als Syndrom der von ihr erzeugten Lebensweise ernst genommen werden. Die meisten Städter ertragen jedoch diese Form der Vergesellschaftung, und für viele sind die Leere und der Mangel an sozialen Beziehungen heute bedrohlicher als die Masse.

9 Schrumpfende Haushalte

Die heute existierende Infrastruktur wurde gebaut, als die Bevölkerung viel jünger war. Wie müssen sowohl die physischen als auch die geistigen Infrastrukturen der Kommunen umbauen, um den Erfordernissen der gealterten Gesellschaft gerecht zu werden.

Hiroko Akiyama

Individualisierung

Einer der Widersprüche der Großstadt als sozialer Struktur ist, dass räumliche Enge und Agglomeration der Masse zu Anonymität und zur Vereinzelung, der extremen Form der Individualisierung, führen. Als Ort zusammengeballter wirtschaftlicher, kultureller und sozialer Ressourcen und Funktionen bietet sie dem Einzelnen ein breites Spektrum an Möglichkeiten und zwingt ihn, Entscheidungen zu fällen, aus dem unüberschaubaren Angebot auszuwählen, marktgerechtes Konsumverhalten zu entwickeln, zu diskriminieren zwischen erwünschten, notwendigen und vermeidbaren bzw. unerwünschten Beziehungen und für den Selbstbehalt geeignete Tätigkeiten auszuüben. Was aber, wenn der oder die Einzelne die notwendigen Entscheidungen nicht treffen kann? Im vorigen Kapitel sahen wir, dass in Tokio neue soziale Typen entstanden sind, die auf die nicht enden wollende Notwendigkeit, zwischen Optionen zu wählen, durch Verengung des Blicks und Rückzug aus dem Getümmel reagieren. Diese Art der Einschränkung wird von manchen vorsätzlich herbeigeführt, von anderen jedoch erlitten. Die Einsamkeit, in der junge Hikikomori Schutz vor den sie überfordernden Ansprüchen der städtischen Gesellschaft suchen, ist für eine andere

Gruppe der Bevölkerung eine dunkle Bedrohung, der Verlust nämlich aller sozialen Beziehungen im Alter.

Vereinsamung im Alter

Isolation und Vereinsamung im Alter sind in Tokio in den letzten Jahrzehnten zu einem sozialen Problem geworden, das die Stadt nicht mehr ignorieren kann (Kitamura 2012). Nach einer Untersuchung der Gerichtsmedizinischen Abteilung der Stadt starben 1987 in Tokio 1123 Menschen allein, 2006 waren es dreimal so viele: 3395. Der einsame Tod in Sinne dieser Untersuchung ist das unbemerkte Ableben einer Person, das nicht nur von niemandem begleitet, sondern erst nach Tagen entdeckt wird. In den zwei Jahrzehnten, während derer sich die Zahl der einsamen Tode verdreifachte, hat sich die durchschnittliche Zeitspanne zwischen Eintritt des Todes und seiner Entdeckung von fünf auf über neun Tage beinahe verdoppelt (Tôkyoto kansatsuimuin 2010). Das deutet auf gesellschaftliche Veränderungen hin, nämlich auf die weitere Schwächung sozialer Bindungen, die mit einem Aspekt der demographischen Entwicklung direkt in Zusammenhang steht, nämlich mit der rasch voranschreitenden Alterung der Bevölkerung. Die gestiegene Anzahl einsamer Tode reflektiert die absolute Zunahme der hochbetagten Bevölkerungsgruppe und den relativen Anstieg ihres Anteils an der Gesamtbevölkerung. Was auf dem Land eher selten ist, manifestiert sich in der Metropole als scheinbar unaufhaltsamer Trend: Immer mehr alte Menschen leben nicht nur allein, sondern auch in völliger Isolation. Die soziale Existenz einer Person, deren Verschwinden eine Woche lang nicht auffällt, von keinem Verwandten oder Freund, Nachbarn, Hausmeister oder Verkäufer bemerkt wird, hat bereits vor ihrem physischen Exitus aufgehört zu bestehen.

Die Bevölkerungsalterung betrifft ganz Japan (Coulmas 2007), aber manche ihrer Konsequenzen sind in Tokio besonders drastisch. Bodenpreise und Mieten sind hoch und Wohnungen dementsprechend klein. Einen alten Elternteil mit im Haus zu

Grafik 4 Einsamer Tod in Tokio. Daten nach (*Tokyoto 23 ku ni okeru kodokushi no jittai 1987–2006, 2007, 2008–2010, 2011, 2012*)

haben, ist schwieriger als auf dem Land, wo der Wohnraum weniger beengt ist. Der Anteil der Einpersonenhaushalte von Senioren steigt. Bis 2030 wird er in der ganzen Stadt, ausgehend von 2010, um 53,6 Prozent auf 376 000 Haushalte ansteigen. Auch die Erwerbsbeteiligung über 65 steigt beständig und liegt mit 26,9 Prozent um mehr als fünf Punkte über dem Landesdurchschnitt (Mori Kinen Zaidan 2012a: 51). Zum Zeitpunkt der Volkszählung von 2010 lebten in Tokio rund 1,8 Millionen alte Menschen (65 und älter); rund 20 Prozent davon allein (Kitamura 2012 : 35). Die jährliche Sterbeziffer Tokios lag bei 105 723. Gemessen daran, scheint die Zahl der allein Gestorbenen nicht hoch, aber dass über 3000 Leben zu Ende gehen, die nirgends einen Verlust hinterlassen und an die außer der Notwendigkeit, die physischen Überreste zu entsorgen, nichts erinnert, ist ein Indiz soziostrukturellen Wandels, das die Härte der Großstadt und ihre Funktion als Mechanismus sozialer Differenzierung offenbart.

Sterben tut jeder allein, aber unbemerkt, im sozialen Vakuum ereilt das Schicksal nur die Ärmsten, die Vergessenen und Ausgestoßenen. Die zitierte Untersuchung der Gerichtsmedizinischen Abteilung (Tokyoto kansatsuimuin 2010:8) lässt die diesbezüglichen sozialen Unterschiede erkennen: Frauen sterben seltener allein als Männer, und bei Letzteren zeigt sich eine deutliche soziale Schichtung. Je niedriger das Durchschnittseinkommen und je höher der Anteil der Sozialhilfeempfänger des Bezirks, desto höher die Anzahl der einsamen Tode, bezogen auf die Bevölkerung (Yamaguchi 2008). Auch die Arbeitslosenquote korreliert mit der Anzahl einsamer Tode bei Männern. Die isolierte Lebensweise mündet im einsamen Tod, der am häufigsten unter hochbetagten Männern der Altersgruppe zwischen 80 und 84 auftritt. Zu fürchten ist dabei das einsame Leben mehr als der einsame Tod. Zwar braucht, wer aus freiem Entschluss ohne Partner und Kinder gelebt hat, wie die Soziologin Chizuko Ueno bemerkt, auch beim Sterben keine Gesellschaft (Ueno 2007); nur resultiert diese Lebensweise bei vielen alleinstehenden Tokiotern eher aus Mangel an Alternativen als aus einem freien Entschluss.

Viele derer, die alleine sterben, sind durchs soziale Sicherheitsnetz gefallen, das in Tokio, bedingt durch die rasche Alterung, schwer zu stopfende Löcher aufweist. Der heutigen Rentnergeneration geht es recht gut. In den letzten beiden Jahrzehnten sind dementsprechend, an dieser Kundschaft orientiert, viele neue kostenpflichtige Altenheime, Häuser für betreutes Wohnen, Seniorenresidenzen etc. gebaut worden. Am unteren Ende der sozialen Schichtung aber fehlt es an Einrichtungen, die gebrechliche Alte ohne Rente und Versicherung aufnehmen können. Im akuten Krankheitsfall können Menschen aus diesem Personenkreis in Hospitäler eingewiesen werden, aber auf Dauer können sie, wenn sie nicht krank, sondern nur hinfällig sind, in teuren geriatrischen Kliniken keinen Platz beanspruchen. Das traurige Schicksal nomadischer Alter, die von einer Klinik zur anderen verschoben werden, ist kein Einzelfall mehr und deshalb zu einem Thema kritischer Reportagen geworden (wie z.B. *Hyōryū rōjin shakai* [Gesellschaft der schiffbrüchigen Alten], NHK, zuerst ausgestrahlt am 20. 1. 2013, http://www.nhk.or.jp/special/detail/2013/0120/).

In Tokio lebten 2011 290 000 Sozialhilfeempfänger, 44,6 Prozent davon ältere Menschen. Ihre weiter steigende Zahl zieht einen wachsenden Bedarf öffentlich finanzierter Pflegeheime nach sich, den zu decken der Stadt aber schwerfällt, da Tokios Infrastruktur im Laufe des letzten halben Jahrhunderts synchron mit der Bevölkerung gewachsen und gealtert ist. Die Lebensadern der Stadt – von den Autobahnen bis zur Abwasserentsorgung – sind in großem Umfang sanierungsbedürftig, was einen Kostenschub verursacht, der nicht von wachsenden Steuereinnahmen abgefedert wird. Die Herausforderungen sind enorm.

Tokios Senioren	**2010**	**2030**
Alte über 65	1 800 000	2 221 000
Alleinlebende	470 000	650 000
Pflegebedürftige	290 000	410 000

Tabelle 6 Tokios Senioren

2012 lebten in Tokio nach Angaben der Regierung (WAM NET 2012) 493 000 pflegebedürftige Menschen, nach deutschen Maßstäben eine ganze Großstadt wie Nürnberg oder Duisburg. Weit mehr als die Hälfte von ihnen (290 000) sind Senioren, die mehr oder weniger intensiver Hilfe bedürfen (Pflegestufen 1 bis 5, ähnlich wie in Deutschland definiert nach Länge der erforderlichen Zeit). Unterstützung bei der Hausarbeit bzw. häusliche Pflege durch ambulante Helfer wird von der Stadt favorisiert, wobei die Begründung, dass es älteren Menschen dadurch ermöglicht werden soll, in ihrer gewohnten Umgebung zu bleiben, durch den akuten Mangel an Pflegeheimen zusätzliches Gewicht bekommt. Die Stadt rechnet damit, dass die Anzahl der Senioren der höchsten Pflegestufe bis 2030 um beinahe 50 000 auf 164 000 zunehmen wird, ein Anstieg von 42,2 Prozent gegenüber 2010 (Mori

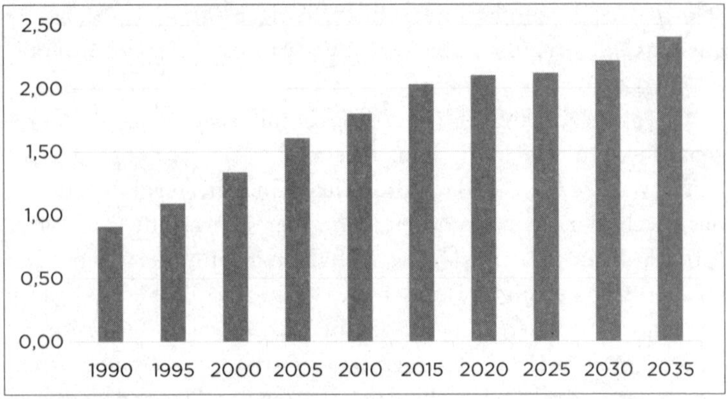

Grafik 5 Zunahme und Vorausberechnung der Tokioter Bevölkerung über 65, 1990 bis 2035 (in Millionen)

Kinen Zaidan 2012a: 15). Wenn keine neuen Pflegeheime gebaut und die Kapazitäten der vorhandenen nicht erweitert werden, wird dann ein Fehlbedarf von über 100 000 Pflegeheimplätzen bestehen.

So besorgniserregend die große Anzahl der pflegebedürftigen Senioren ist, muss andererseits festgehalten werden, dass die alte und auch noch die hochbetagte Bevölkerung relativ gesund ist. Auch wenn die Erwerbsbeteiligung im Alter vergleichsweise hoch ist, gehen doch die meisten Senioren keiner bezahlten Tätigkeit nach, haben aber viel Zeit, denn bei ihrem Ausscheiden aus dem Arbeitsleben haben Männer noch eine durchschnittliche Lebenserwartung von 18,5 und Frauen von 23,2 Jahren. Dadurch sind zahlreiche neue Betätigungsfelder entstanden, auf denen Senioren kulturellen, sportlichen und Bildungsaktivitäten nachgehen oder sich ehrenamtlich betätigen, als Patrouillen und Schülerlotsen, Fremdenführer, für den Umweltschutz, die Verschönerung der Nachbarschaft, die Unterstützung pflegebedürftiger Mitbürger, Kinderbetreuung etc. Regelmäßig üben zwar nur weniger als 20 Prozent der Senioren eine ehrenamtliche Tätigkeit aus, aber die Tendenz ist steigend, wobei das altruistische Motiv des sozialen Engagements mit dem Bedürfnis, der Isolation zu entgehen und einen Lebensinhalt zu haben, Hand in Hand geht, denn das Bewusstsein für die drohende Vereinsamung im Alter ist inzwischen hoch entwickelt.

Singleparadies Tokio

Die Atomisierung der großstädtischen Gesellschaft manifestiert sich jedoch nicht nur in der Vereinsamung im Alter; sie betrifft vielmehr alle Alterskohorten. In der Rangordnung der Präfekturen nach dem Bevölkerungsanteil der Unverheirateten und dem Alter bei der ersten Eheschließung steht Tokio seit vielen Jahren an der Spitze. Die Geburtenrate ist die niedrigste im Land und der Prozentsatz von Einzelkindern der höchste (Coulmas 2007 : 73). Derzeitige Schlagworte des öffentlichen Diskurses wie *muenshakai* «beziehungslose Gesellschaft», *hikonshakai* «ehelose Gesellschaft» und *dokushin tengoku* «Singleparadies» kommen aus Tokio und beziehen sich hauptsächlich auf Tokio. In Veröffentlichungen über Lebenshaltungskosten, Steuern, Durchschnittseinkommen etc. wird oft der Begriff «Standardhaushalt» verwendet, womit ein Haushalt bestehend aus einem Ehepaar und zwei Kindern gemeint ist. Nach der Volkszählung von 2010 besteht ein Tokioter Haushalt im Durchschnitt jedoch aus weniger als zwei Personen (Tokyoto 2012). Der Modellhaushalt macht nur 8,5 Prozent aller Haushalte aus, weniger noch als Haushalte mit zwei Eltern und nur einem Kind (elf Prozent). 16 Prozent der Haushalte bestehen nur aus einem Ehepaar, während beinahe jeder zweite Haushalt (49 Prozent) ein Einpersonenhaushalt ist.

Nur noch 2,3 Prozent der Haushalte sind Dreigenerationenhaushalte, und bis 2030 wird sich die Anzahl der Personen pro Haushalt weiter verringern. Auch diese Zahlen, mit denen Tokio den übrigen Präfekturen Japans vorangeht, sprechen von den gesellschaftlichen Folgen der demographischen Entwicklung. Der

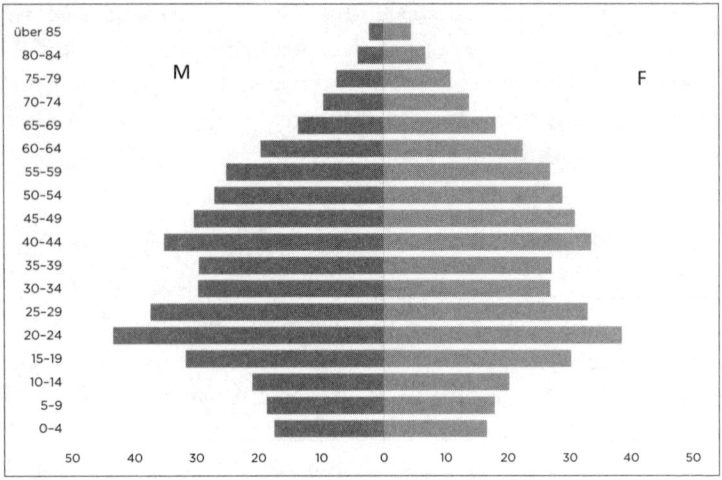
über 85
80–84
75–79
70–74
65–69
60–64
55–59
50–54
45–49
40–44
35–39
30–34
25–29
20–24
15–19
10–14
5–9
0–4
M
F
50 40 30 20 10 0 10 20 30 40 50

1990

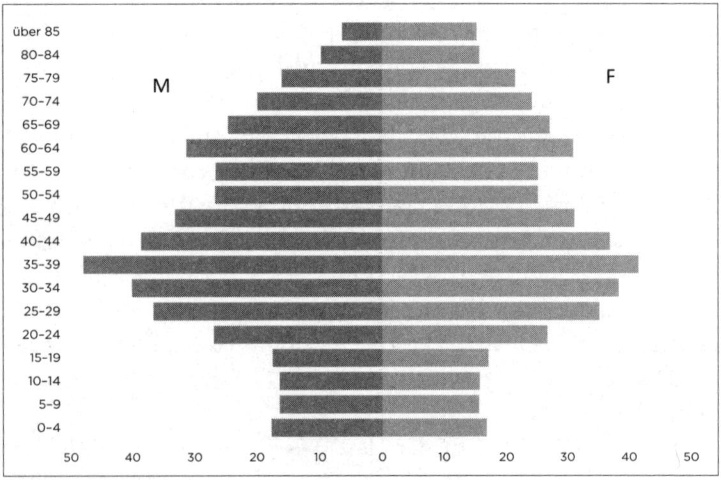
über 85
80–84
75–79
70–74
65–69
60–64
55–59
50–54
45–49
40–44
35–39
30–34
25–29
20–24
15–19
10–14
5–9
0–4
M
F
50 40 30 20 10 0 10 20 30 40 50

2010

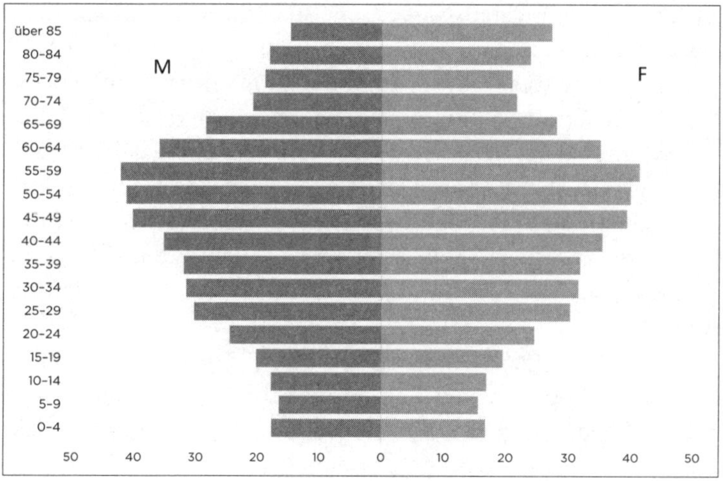

2030

Grafik 6, 7, 8 Bevölkerungsentwicklung Tokios von 1990 bis 2030 (Zahlen nach Volkszählung 1990, 2010 und Vorausberechnung von Mori Kinen Zaidan (2012a))

städtische Lebensstil verstärkt den Trend zum Leben allein bei Jung und Alt. In Tokio ist der Prozentsatz der nie Verheirateten, wie Stadtforscher Moriyuki Oe bemerkt (Asahi Shinbun 2012), doppelt so hoch wie im Landesdurchschnitt. Und geheiratet wird immer später. Heute sind in Tokio 65 Prozent aller Frauen zwischen 25 und 29 und 28 Prozent zwischen 30 und 34 alleinstehend (Usui 2008), und ihr Anteil an jedem Jahrgang nimmt weiter zu. In den fünf Jahren zwischen den Volkszählungen von 2005 und 2010 hat die Gesamtzahl der Haushalte in den 23 Bezirken um 400 000 zugenommen, die Bevölkerung aber nur um 459 000 Personen. Das verweist wiederum auf die fortschreitende Individualisierung, eine Tendenz, die durch die Geburtenentwicklung weiter verstärkt wird, denn die Geburtenrate in den 23 Bezirken liegt mit 1,08 (Gesamtfertilität) deutlich unter dem Landesdurchschnitt von 1,39 und ist innerhalb Tokios in den Bezirken am niedrigsten, wo die meisten Einpersonenhaushalte sind, in den reicheren Bezirken im Westen der Stadt, Shibuya (0,83), Meguro (0,85) und Shinjuku (0,93), während die ärmeren Bezirke im Osten, Edogawa, Adachi, Katsushika die höchsten Geburtenraten verzeichnen, auch noch weit unter der Bestandhaltungsrate, aber alle über 1,3. Auch die Scheidungsrate Tokios ist hoch. Das diesbezügliche Ranking der Präfekturen führt Tokio (Platz 6) nur deshalb nicht an, weil der Prozentsatz der nie Verheirateten, wie erwähnt, höher ist als in den anderen Präfekturen.

Unter Karrieregesichtspunkten bietet Tokio jungen Menschen viele Möglichkeiten, was die Bezeichnung «Singleparadies» rechtfertigen mag. Die Kehrseite ist, dass Bevölkerungsentwicklung und soziostrukturelle Gegebenheiten in Tokio ein im Ergebnis sehr wenig kinderfreundliches Milieu haben entstehen lassen, das in krassem Gegensatz zum traditionellen Selbstverständnis eines familienzentrierten Gemeinwesens steht. Die generationenübergreifende Eingebundenheit des Einzelnen gehört der Vergangenheit an und ist für die Lebensplanung der jüngeren Kohorten nicht mehr bestimmend, während die älteren sich den wie eine Naturgewalt über sie kommenden gesellschaftlichen Veränderungen anpassen. Auf die Frage, wie sie sich die Beziehung zu ihren Enkeln wünschen, antworteten 1980 noch knappe 60 Prozent, es sei gut, mit ihnen zusammenzuleben. 2005 sagten das nur noch knapp 35 Prozent. Im gleichen Zeitraum stieg die Zahl derer, die sich für die Antwort «sie gelegentlich treffen und sich mit ihnen unterhalten» entschieden, um 13 Prozent an (Naikakufu 2005: 17).

In diesem Fall ist überdeutlich, dass sich die gesellschaftlichen Beziehungen nicht den Wünschen der Menschen entsprechend verändern, das Verhältnis von Wunsch und Wirklichkeit vielmehr umgekehrt ist. Der in Japan im vergangenen halben Jahrhundert vollzogene Wandel des Lebensstils von einer kollektivistischen zu einer extrem individualistischen Gesellschaft, in der die sozialen Beziehungen atomisiert werden, geht von Tokio aus. Hier ist der

Alltag durch große Dichte und Hektik, hohe Immobilienpreise, lange Arbeitstage, harten Wettbewerb auf dem Arbeitsmarkt, hohe Erwerbsbeteiligung der Frauen und ein unausschöpfbares Angebot kultureller Attraktionen und andere Anreize gekennzeichnet, die die Familiengründung objektiv hemmen und subjektiv auf der Prioritätenliste nach unten rutschen lassen. Diese Prioritäten sind die der Konsumgesellschaft, in der Produktion und Konsum höher rangieren als Reproduktion. Tokio hat die über den Konsum vermittelte Form der Vergesellschaftung weiter getrieben als die meisten Großstädte. Ihr wenden wir uns im nächsten Kapitel zu.

10 Shoppen

Dentsu stellt keine materiellen Waren her wie Autos, Fernsehapparate oder Digitalkameras. Unser Produkt ist abstrakter. Aber im Prozessdesign, Qualität und Qualitätserfassung bieten wir die gleiche Präzision und Gründlichkeit wie bei einem Produkt mit Stromkabel, das in einer Schachtel geliefert wird. Es ist effektiv und erlangt die Aufmerksamkeit des richtigen Kunden zur richtigen Zeit, am richtigen Ort, zum richtigen Preis. (Dentsu, o. J.)

Konsum und Status

Einkaufen wird ernst genommen in Tokio. Da Tokio heute trotz lang anhaltender Stagnation der japanischen Wirtschaft eine der am stärksten konsumorientierten Städte der Welt ist, darf dieser Aspekt des alltäglichen Lebens nicht unbeachtet bleiben. Tokio ist nicht nur eine Stadt, in der der Konsumkapitalismus eine höchst prägnante eigene Form gefunden hat; er hat sie auch in starkem Maße geprägt.

Die Vergesellschaftung über den Konsum hat in Tokio eine lange Tradition. Sie reicht bis in die Edo-Zeit zurück, als industrielle Produktionsformen noch nicht einmal am Horizont aufgetaucht waren, die Stadt aber zum Zentrum der Macht und schließlich auch zur größten Stadt des Landes wurde (Francks 2009). Edo, wie sie damals noch hieß, wurde – wie London und Paris – zum wichtigsten Marktplatz des Landes für Gebrauchsgüter aller Art und so zum bedeutendsten kommerziellen Zentrum, von wo aus sich Moden und das Wissen um neue Produkte verbreiteten. Zunächst primär Regierungssitz, zog die Stadt in großer Zahl Vertreter der Handwerke und Künste sowie Kaufleute an, die eine Konsumkultur entstehen ließen, die von Edo aus in andere Teile des Landes ausstrahlte. Der Sitz der Tokugawa-Shogune war unfreiwillige Avantgarde, jedenfalls was die adlige Machtelite betraf. Denn der ostentative Konsum war es, mit dem das aufstrebende Bürgertum die ständische Gesellschaftsordnung des konfuzianischen Staates unterminierte. Kaufleute standen in dieser feudalen Ordnung nach Adel, Bauern und Handwerkern auf der untersten Stufe, obwohl sie an dem großen Reichtum, der in der Riesenstadt entstand, einen wesentlichen Anteil hatten, an seiner Erwirtschaftung ebenso wie an der Verfügung über ihn. Die für die tendenzielle Trennung von politischer und wirtschaftlicher Macht charakteristischen Statusinkonsistenzen der städtischen Gesellschaft (Weber 1922) wurden dadurch immer stärker. Nach Geburt und Prestige standen Kaufleute und Handwerker unter der Herrschaftselite, aber ihre ökonomische Macht stellte die der Samurai vielfach in den Schatten. Dass der Adel darin eine Bedrohung der sozialen Hierarchie erkannte, kam bereits 1683 in einem Erlass zum Ausdruck, mit dem den Gemeinen der Import von Luxusgütern und das Tragen prunkvoller Kleidung untersagt wurde (Coulmas 2005 : 223). Was viele Samurai nicht konnten, sollten die Kaufleute nicht dürfen.

Der Import von Luxusgütern wird heutzutage niemandem mehr verboten, und tragen können alle, was sie wollen – zumindest ist das das Image, das die Konsumgesellschaft von sich selbst pflegt. An die Stelle von Zwang per Dekret sind Medien und Werbung getreten, um Normen der akzeptablen Bekleidung und des Konsumverhaltens im Allgemeinen durchzusetzen. Der ostentative Konsum wird nicht nur nicht unterdrückt, er wird mit allen Mitteln der Kunst – und als solche wird die Konsumförderung in der heutigen Gesellschaft verstanden – herbeigerufen. Denn das oberste Gebot, dem sich die Mächtigen verpflichtet fühlen und dessen Vorzüge sie den Gemeinen, die keine mehr sind, zu vermitteln suchen, ist Wachstum. Wer kauft, trägt zum Wachstum bei, und deshalb ist es egal, wer kauft. Das ist ein egalitärer Zug des Konsumkapitalismus, dem freilich andere Kräfte der sozialen Differenzierung entgegenwirken. In der Konsumgesellschaft, die in Japan unter starkem amerikanischen Einfluss in den Jahrzehnten nach dem Zweiten Weltkrieg Gestalt annahm, wurde der

Konsum aus einer Notwendigkeit zu einer Tugend und «so etwas wie eine Kunst» (Clammer 1997:90), die man erlernen und mit mehr oder weniger Geschick ausüben kann. Unter der Oberfläche freilich wird diese allgemeine Maxime des Konsumkapitalismus an die speziellen Bedingungen der Tokioter Gesellschaft mit ihren Traditionen und Gewohnheiten angepasst.

In einer soziologischen Analyse der japanischen Konsumgesellschaft lässt sich die Bedeutung des Gabenaustauschs für die Regelung gesellschaftlicher Beziehungen hervorheben (Clammer 1997). Mitte des Sommers und gegen Jahresende etwa werden in großem Umfang Geschenke verteilt, mit denen wichtigen Geschäftsbeziehungen symbolisch Ausdruck verliehen wird. Lebensabschnitte, Schuleintritt, Pensionierung etc. und soziale Ereignisse wie Eheschließung oder Begräbnis sind konventionelle Anlässe für Gaben, die ihrerseits durch ebensolche Gegengaben quittiert werden. Saisonale Geschenkpakete der unterschiedlichsten Preisklassen sind auch heute noch ein fester Bestandteil des Konsums, ebenso wie die Mitbringsel, mit denen Nachbarn, Freunde und Kollegen nach der Rückkehr von einer Reise zu bedenken sind. Durch den Austausch von Gaben ist Konsum über die Befriedigung des Bedarfs für die Subsistenz hinaus schon lange ein Teil des Systems gesellschaftlicher Beziehungen und der Taktung des Lebens. Tokio hat seine eigene, mit diesem System interagierende Konsumkultur. Die Stadt ist nicht nur ein Umschlagplatz von Gütern aller Art, sondern ein Ambiente für den Konsum, das dem Leben ihrer Bewohner Bedeutung verleiht und es auf charakteristische Weise prägt: Konsum für alle, der dennoch stark differenziert ist, lokal, sozial und medial.

Lokale Differenzierung

Wer ein vergriffenes Buch sucht, geht nach Jimbocho; wer ausgefallene Halbleiterkomponenten braucht, fährt nach Akihabara; und den Kupfertopf zum Einkochen der Austernsauce findet man am besten in Kappabashi: drei Orte, an denen hoch spezialisierte Einzelhändler einer Branche konzentriert sind. Die Größe der Stadt erlaubt eine so starke Spezialisierung, die ihrerseits die Gewerbegeographie bestimmt. In Jimbocho, einer zentrumsnahen Gegend, deren gleichnamige U-Bahn-Station von fünf oder sechs Universitäten fußläufig zu erreichen ist, befinden sich allein 177 Antiquariate (http://jimbou.info/list/ab_list.html), und ungefähr ebenso viele Läden, die mit neuen Büchern handeln, kommen dazu. Studenten und Bibliophile haben hier nicht nur eine gute Chance zu finden, was sie suchen, sie finden auch, was sie nicht suchen, und bewegen sich überdies in einer Gegend, die ihnen kongenial ist und dadurch den Erwerb eines Buchs (in der Sprache des Marketings) zu einem «Einkaufserlebnis» macht.

Ebenso sind die vielen Spezialgeschäfte für Geschirr und Küchenbedarf in Kappabashi ein Anziehungspunkt für professionelle und Hobbyköche, die dort nicht nur das richtige Messer zum Häuten eines Tintenfischs und das feinste Sieb für die Bouillon finden, sondern alle stilgerechten Utensilien für die japanische, chinesische, koreanische, italienische und mexikanische Küche, um nur einige zu nennen. Und sie bewegen sich da – ganz wie die Kunden der Antiquariate – unter Kennern, die ihre eigene Wertschätzung teilen und von dem Einkauf nicht nur das gesuchte Gerät mitnehmen, sondern auch neue Einsichten über Innovationen in ihrer Berufssparte. Kappabashi ist inzwischen weit über Tokio hinaus als Anziehungspunkt für Verehrer der hohen Kochkunst bekannt und findet sich in Reiseführern für Touristen aus dem Ausland.

In noch viel stärkerem Maße gilt das für Akihabara, das als Mekka für Elektro- und Elektronikprodukte zu weltweiter Bekanntheit gelangt ist und letzthin, kurz *Akiba* genannt, als lokale Basis der Subkultur der Otaku (Kapitel 8). In den Straßen um den Bahnhof Akihabara im Osten der Stadt siedelte sich nach dem Krieg ein Schwarzmarkt von kleinen Läden und Ständen an, die Elektroartikel feilboten, für die das Militär kein Abnehmer mehr war. Daraus entstand der spezialisierte Einzelhandel zuerst für Haushaltselektrogeräte und dann für Büro- und Unterhaltungselektronik, während aus den kleinen Schrauben- und Kabelläden vielstöckige Kaufpaläste für jeden Bedarf wurden. Wegen der vielen Kunden und Touristen aus dem Ausland, denen mehrwertsteuerfreier Verkauf angeboten wird, suchen viele Geschäfte gezielt Verkäufer und Verkäuferinnen mit englischen, chinesischen und russischen Sprachkenntnissen. Diejenigen, die über mehrsprachiges Personal verfügen, werben damit am Eingang, obwohl die Mehrzahl der Kunden Einheimische sind, die aber von dem globalen Appeal auch angesprochen werden: *From Akiba to the world! English and Chinese, but also Russian, Persian, French, Korean, Mongolian, Bengali, Urdu, Spanish and Portuguese speakers are ready to help you out.* Das verspricht ein größeres Elektronikkaufhaus, das sich – von gängigen Stereotypen bescheidener Zurückhaltung abweichend – brüstet, eines der besten Geschäfte der Branche zu sein. Die Vielfalt der Sprachen, mit denen geworben wird, lässt die internationale Orientierung dieses Geschäftszweiges erkennen, der trotz der starken Konkurrenz der Nachbarländer nach wie vor ein bedeutender Wirtschaftsfaktor der Stadt ist. Ein Viertel wie Akihabara entsteht nicht über Nacht. Sachverstand und umfassende Vielfalt des Sortiments finden sich hier in einer Konzentration, die ihresgleichen sucht und den ökonomischen Lehrsatz von der Konkurrenz, die das Geschäft belebt, bestätigt.

Bücher, Elektroartikel und Küchengeräte sind nur drei Produktsparten, die sich auf der Karte von Tokio lokalisieren lassen. Nicht, dass entsprechende Artikel anderswo nicht erhältlich wären, aber den erwähnten Vierteln ist es gelungen, für die Kunden durch die Konzentration an Spezialgeschäften und die durch sie gegebene große Auswahl attraktiv zu bleiben. Für etliche andere Straßen und Stadtviertel, die mit bestimmten Branchen assoziiert werden, gilt das auch. So findet man etwa neue und gebrauchte Musikinstrumente in großer Auswahl in Ochanomizu, wo sich rund um die landläufig so genannte Gitarrenstraße (*Ochanomizu gitaagai*) viele Fachgeschäfte angesiedelt haben sowie einige Jazzcafés und andere Livemusiketablissements. Modebegeisterte gehen nach Omotesando und in die kleinen Gassen von Aoyama, wo ständig neue Studios und Boutiquen mit Kleidern, Schuhen, Hüten und Accessoires Kunden anzulocken versuchen (Kapitel 12). Und auch Märkte wie Okachimachi in Ueno und der Großmarkt Tsukiji (Bestor 2004) mit der allmorgendlichen Fischversteigerung, südöstlich von Ginza, stellen ikonische Orte von Tokios Konsumtopographie dar.

Die Gegenentwicklung zu der lokalen Produktspezialisierung besteht in der flächendeckenden Verbreitung bestimmter Warenangebote, die jedem überall in der Stadt zugänglich gemacht werden. Supermarktketten wie Daiei und Ito Yokado, die ihre Identität nicht auf Ortsgebundenheit gründen, sondern dem Kunden vielmehr die Gewissheit gleichförmiger Qualität und Auswahl geben, verkörpern diese Entwicklung ebenso wie die Convenience Stores, die rund um die Uhr oder mit nur wenigen Stunden Pause lebensnotwendige Produkte und Serviceeinrichtungen, wie Kopierapparate, Kartenvorverkauf, Ladegeräte für Mobiltelefone etc., anbieten und zu diesem Zweck Heerscharen von Studenten in Teilzeitjobs beschäftigen. Mehrere Ketten überziehen Tokio mit einem dichten Netz. Eine einzige davon, Seven-Eleven, unterhält mehr als 2000 Geschäfte in der Stadt. Supermarkt und Convenience Store haben den Einkauf anonymisiert, ihn von seiner lokalen Verankerung gelöst und dadurch das Konsumverhalten der Tokioter für Waren des täglichen Bedarfs verändert. Ihre Verbreitung geht mit dem relativen Niedergang der Ladenstraßen (*Shotengai*) einher, die praktisch von jedem Bahnhof ausgehen. Kleine Geschäfte versorgen ihre Kunden hier vor allem mit Lebensmitteln – Reis, Fisch, Fleisch, Gemüse, Süßigkeiten, Tee, Tofu etc. –, aber auch Fachgeschäfte für Schreibwaren, Metallwaren und Tatami sowie Drogerien und Pachinko-Salons haben in den meisten Shotengai einen festen Platz. Die Kundschaft dieser Geschäfte ist ganz lokal und Inhabern oder Personal oft persönlich bekannt. Die Shotengai sind in Tokio noch immer allgegenwärtig und gleichen in manchen Gegenden wie z. B. in Kichijoji und Asagaya ausgedehnten überdachten Basars voller Leben. Die

Kooperativen der Einzelhändler erfüllen in der Nachbarschaft wichtige Funktionen der sozialen Kontrolle und für den Zusammenhalt der Gemeinschaft, indem sie für Ordnung und Sauberkeit sorgen und gemeinsam mit dem lokalen Tempel oder Schrein saisonale Straßenfeste organisieren. Die Shotengai sind auch beliebt und werden von den Anwohnern als unverzichtbarer Teil der Nachbarschaft betrachtet. Dennoch ist ihr Umsatz stetig zurückgegangen, da sich die Konsumgewohnheiten im Zuge der verstärkten Erwerbsbeteiligung der Frauen ändern (Tōkyōto sangyōrōdōkyoku 2010). Weniger Hausfrauen haben Zeit, täglich frische Lebensmittel einzukaufen und zu kochen. Supermärkte bieten viele gute Fertiggerichte an, es wird viel auswärts gegessen, und der Lebensstil ist weniger auf die unmittelbare Nachbarschaft konzentriert. In ärmeren Gegenden im Osten und Nordosten der Stadt leiden manche Shotengai darunter, dass Fachgeschäfte von Billigsupermärkten verdrängt werden, und in manchen alten Ladenstraßen beginnen sich Anzeichen von Verödung zu zeigen. Die Entpersönlichung des Kaufverhaltens schreitet voran, was in Tokio bisher aber nicht zur Aushöhlung der Stadt und zum Bau suburbaner Einkaufszentren geführt hat. Zwar gibt es außerhalb Tokios ein paar nur mit dem Auto erreichbare «Factory Outlets», aber der Massenkonsum spielt sich in der Stadt ab.

Soziale Differenzierung

Seit den späten 1960er Jahren zogen Tokios Kaufhäuser einen immer größeren Teil der durch das Wirtschaftswunder der Nachkriegszeit kaufkräftig gewordenen Kunden an. Der Einkauf wurde dabei aus einer persönlichen Begegnung zu einem Auftritt auf der anonymen Bühne der großen Stadt, wo der Konsument durch die Auswahl aus der unüberschaubaren Vielfalt des Angebots seine Identität findet und zur Schau stellt. In den 1970er Jahren war der Konsumkapitalismus voll entfaltet. Konsument und Stadt waren durch den wachsenden Wohlstand gleichermaßen wieder zu einem gewissen Selbstbewusstsein gekommen. Es war die Zeit, als Shunichi Suzuki, Gouverneur von 1979 bis 1995, Tokios Renaissance ankündigte, ein Projekt, für das er mit dem Slogan «World City Tokyo» warb. Als Kontrapunkt dieses Appells an Modernisierung, immer schnellere Innovationszyklen und Synchronisierung mit dem Rest der entwickelten Welt, wurde die traditionelle Einteilung des Jahres nach dem agrarischen Kalender in die Verkaufsstrategie der Warenhäuser integriert. Die Sensibilität für die Jahreszeiten und hergebrachte Bräuche wurde durch das wechselnde Warenangebot als nostalgisches Identifikationselement ins urbane Leben hinübergerettet. Da alles genuin Japanische in japanischen Augen im Gegensatz zur Moderne steht, spielten die großen Kaufhäuser, als Schauplätze, an denen neue, vornehmlich westliche Produkte der Masse zugänglich gemacht wurden, durch die Betonung der landwirtschaftlichen Zeiteinteilung und die regelmäßige Veranstaltung von Ausstellungen und Sonderangeboten mit Produkten aus der Provinz eine Mittlerrolle für die Verbindung von Hypermoderne und Tradition. Durch die Idealisierung des ländlichen Lebens in der Werbung und eine entsprechende Gestaltung der Verkaufsflächen versuchten sie zudem, Massenkonsum mit Gemeinschaftsgefühl zu vereinbaren (Creighton 1998). Werbung und Marketing wurden überall zu wichtigen Branchen eigenen Rechts, aber Tokio als Hauptsitz der japanischen Werbeindustrie spielte eine Vorreiterrolle. Viele künstlerische Talente zeigten wenig Berührungsangst mit dem Kommerz und ließen sich bereitwillig für die Zwecke der Verkaufsförderung einspannen. In dem Maße, wie die Grenzen zwischen Notwendigkeit, Bedürfnis und Wunsch verschwammen, wurde Werbung zu einer tragenden Säule des Konsumkapitalismus. Agenturen wie Hakuhodo und Dentsu entwickelten neue Methoden der Analyse und Manipulation des Konsumentenverhaltens, wodurch sie sich für den Handel unentbehrlich machten und selbst zu Großunternehmen wurden, Letztere – am Anfang des Kapitels zitiert – zur größten Werbeagentur der Welt.

Kaufhäuser, allen voran die Geschäfte der Seibu-Gruppe in Shibuya und Ikebukuro (Ueno 1998), machten aus den Verkaufsstätten durch aufwendige Interieurs und Neubauten zusehends kulturelle Erlebnislandschaften, die zum Flanieren ebenso einluden wie zum Kaufen. Hohe, während der Jahrzehnte der Seifenblasenwirtschaft bis in die frühen 1990er Jahre immer exorbitanter werdende Immobilienpreise erschwerten vielen Tokiotern die Erfüllung des Wunsches nach dem eigenen Haus, weswegen sie verfügbares Einkommen vermehrt in Konsumgüter steckten. Die ebenfalls durch die teuren Immobilienpreise bedingte Beengtheit der häuslichen Umgebung trug weiter dazu bei, dass Kaufhäuser, die sich mit Museen, Biergärten auf dem Dach und mehreren Stockwerken voller Restaurants schmückten, zu beliebten Freizeitumgebungen wurden. Während sich das Warenhaus in europäischen Städten mehr auf den Verkauf konzentrierte, wurde es in Tokio zu einer ästhetisch gestalteten Phantasiewelt, die den Bummel mit oder ohne Einkauf zu einem abenteuerlichen Ereignis macht (Wu 2004).

Das Warenhaus hatte ursprünglich etwas Demokratisches, da seine Türen allen offen stehen. In Tokio erfüllte es im Zuge der Modernisierung überdies eine wichtige Bildungsaufgabe, da es den Kunden nicht nur Importwaren mit Anleitungen für ihren richtigen Gebrauch darbot, sondern auch als Theater fungierte, den Raum hinter und auf der Bühne zur Verfügung stellte, um Auftritte zu beobachten und neue Rollen einzuüben (Tamari 2006). Dieses Angebot richtete sich an alle und wurde in der Hochzeit des Konsumrauschs der 1970er und 1980er Jahre von einem Großteil der «universellen Mittelschichtsgesellschaft» wahrgenommen. In den durch Stagnation gekennzeichneten 1990er Jahren kam es jedoch zu einer stärkeren Differenzierung des Einzelhandels. Mangelndes Wachstum und die in den Medien intensiv diskutierten Herausforderungen der Alterung wirkten sich negativ auf die Konsumbereitschaft aus, und lange bestehende soziale Unterschiede in Einkaufsgewohnheiten und -lokalitäten wurden ausgeprägter. Ginza mit dem alteingesessenen Nobelkaufhaus Mitsukoshi, dem Juwelier Wako, dessen ikonischer Uhrturm das ganze Viertel versinnbildlicht, und zahlreichen anderen teuren Geschäften, Restaurants und Galerien zieht eine betuchte, konservative Kundschaft an. Auch das Kaufhaus Isetan in Shinjuku, das zur gleichen Unternehmensgruppe wie Mitsukoshi gehört, pflegt ein teures Image, während Kaufhausketten wie Odakyu und Keio – beide im Besitz von Eisenbahnkonglomeraten – wie auch Lumine und der 15-stöckige Palast von Takashimaya in Shinjuku eine breitere Kundschaft ansprechen. Es sind zudem spezialisierte Warenhäuser entstanden (Tobin 1992), Modehäuser wie Parco in Shibuya mit einer eng definierten Zielklientel und Loft im selben Bezirk, wo Lifestylewaren für junge Berufstätige verkauft werden. Im Kaufhaus 109 in Shibuya, das auf zehn Stockwerken ungefähr 120 Boutiquen Platz für die letzten Trendprodukte bietet, fühlt sich jeder fehl am Platz, der älter als 23 und nicht weiblichen Geschlechts ist. Identitäten manifestieren sich in den Kaufhäusern verschiedener Art ebenso, wie sie dort geformt werden.

Die heutigen Kunden zwischen 15 und 65 sind anders als die Generationen der Kriegs- und Wirtschaftswunderzeit vor ihnen mehrheitlich in Tokio geboren, in stetig zunehmendem Wohlstand aufgewachsen und zu versierten Konsumenten erzogen worden. Dass Auswahl aus dem Überfluss Information voraussetzt, ist ihnen ebenso selbstverständlich wie, dass sie sich selbst über den Konsum definieren, durch das, was sie kaufen, was sie tragen, wie sie ihre Wohnungen einrichten, wo und was sie essen, ihre Identität kreieren und darstellen. In den Jahrzehnten des starken Wirtschaftswachstums schien sich die ganze Gesellschaft darin einig, dass Konsum der wichtigste Lebensinhalt sei, und gab sich lange erfolgreich der Illusion hin, dass alle mehr oder minder gleichermaßen an dem in Tokio überall sichtbaren Reichtum teilhatten.

Die Konjunkturflaute der 1990er Jahre ließ diese Illusion vielen Menschen als solche erkennbar werden, was sich nicht zuletzt in der zunehmenden Verbreitung von Niedrigpreisgeschäften niederschlug. In den 1970er und 1980er Jahren hieß es, die Tokioter hätten eine Aversion gegen Recycling. Es wurde weggeschmissen. Und wer es denn gewollt hätte, hätte sich aus dem Sperrmüll bequem mit quasi neuen Elektrogeräten, Möbeln und anderen Einrichtungsgegenständen versorgen können, denn die Warenzirkulation durfte nicht dadurch ins Stocken geraten, dass die Wohnungen vollgestopft waren. In den 1990er Jahren aber tauchten plötzlich Geschäfte für den An- und Verkauf von Kleidern aus zweiter Hand auf, und Billiganbieter wie Muji und Uniqlo für Bekleidung, Matsumoto Kiyoshi für Drogerieartikel und Yamada Denki für Elektrogeräte drängten mit neuen Geschäftsmodellen auf den Markt. Ebenso bezeichnend für die soziale Differenzierung der Konsumentenmasse sind die in den beiden deflationären Dekaden seit 1990 aus dem Boden geschossenen Discountgeschäfte wie Don Quijote und die 100-Yen-Shops des Unternehmens Daiso Sangyo, die mit einer breiten Palette großenteils aus China und Südostasien importierter Waren aufwarteten und ihre Kunden immer wieder mit Artikeln überraschten, die sie «nicht zu dem Einheitspreis von 100 Yen erwarteten» (Meyer-Ohle 2006 : 284). Nach Angaben der Marketingberatungsfirma Green Page gab es im April 2013 in Tokio 328 100-Yen-Shops (http://greenpage.nipponsoft.co.jp/). Konsum für die Masse bietet dem Einzelhandel ein Wachstumspotenzial, und manche Unternehmen, die sich im unteren Marktsegment betätigen, sind durch die Kombination von Warenqualität und niedrigen Preisen sehr erfolgreich und zu Stand und Ansehen gekommen. Beispielhaft hat Uniqlo ein zwölfstöckiges Geschäft in Ginza gebaut, das in kürzester Zeit zu einer großen Attraktion für Kunden aus dem In- und Ausland wurde.

Die Expansion des Einzelhandels im Niedrigpreisbereich seit Beginn der 1990er Jahre ist Folge und Ausdruck des sozialen Wandels, der mit dem wirtschaftlichen Stillstand und der Alterung der Bevölkerung einhergeht. Aber noch gibt es die Klientel, die nicht bei Uniqlo oder Muji einkauft, sondern da, wo man dafür bezahlt, dass es teuer ist. Wurde der Konsum von Luxusgütern in vormoderner Zeit per Dekret geregelt (s. o., S. 135), geschieht das heute über den Preis. Außer für den Artikel wird auch dafür bezahlt, dass man sich von denen abhebt, die ihn sich nicht leisten können. Nach einer Studie des Japan Market Resource Network wurde 2011 ein Viertel aller globalen Markenwaren des Luxussegments in Japan umgesetzt – nach zwei «verlorenen Jahrzehnten»! –, davon mit weitem Abstand am meisten in Tokio. Eine der erstaunlichsten Entwicklungen der Tokioter Konsumkultur ist, dass hier, in einer Gesellschaft, deren Mitglieder sich mit überwältigender Mehrheit zur Mittelschicht rechnen, ein so enormer Luxusmarkt entstehen konnte.

Für alle globalen Luxusmarken von Louis Vuitton über Prada, Hermès und Cartier bis Rolex und Mercedes-Benz ist Tokio einer der wichtigsten, wenn nicht der wichtigste Standort der Welt. Globale Marken, die nicht in Tokio vertreten sind, sind keine globalen Marken. Nirgends spielen Produkte für den Ausdruck von Status und Individualität eine größere Rolle als hier. Insgesamt hat das Konsumverhalten der Tokioter stark fetischhaften Charakter. Das Vertrauen in Marken ist ebenso groß wie das Bedürfnis, durch den – sei es auch nur zeitweiligen – Besitz des gerade unentbehrlichen Produkts dazuzugehören. Es gibt Geschäfte, wo sich junge Damen den Traum von einer Gucci-Handtasche erfüllen, indem sie sich eine solche für eine Woche leihen. Wer das nicht nötig hat, kauft in den erlesenen Geschäften der großen Couturiers, Juweliere und Kürschner ein, die sich in den Arkaden der Fünfsternehotels, auf den Nobeletagen der Kaufhäuser oder in eigenen Prunkbauten befinden. Sie gleichen ihren Pendants in Mailand, London, Paris und New York, wenn auch der Service wie im Allgemeinen in Tokio noch etwas exquisiter ist, denn die Kunden sind anspruchsvoll und verwöhnt. Sie kaufen hier zusammen mit den Gütern Status und Prestige. Diese Geschäfte sind Teil eines globalen Netzes und geben ihren Kunden das Gefühl, nicht peripher, am östlichen Rand des asiatischen Kontinents, vergessen vom Rest der Welt zu sein, sondern das zu leben, was der oben zitierte Gouverneur versprach: «World City Tokyo».

Mediale Differenzierung

Aus Sicht der Hersteller von Luxusartikeln ist Tokio ein Knotenpunkt in urbanen Netzwerken vieler transnationaler Verbindungen, die Informationen, Kapital und Güter zirkulieren lassen (Derruder und Witlox 2010). Ein lokaler Stand auf dem globalen Marktplatz, der von Akteuren beherrscht wird, die mit Marken ebenso wie mit Produkten handeln und ein Interesse an der weltweiten Nivellierung des Geschmacks haben. Das ist ein hervorstechendes Merkmal der Globalisierung, das im Luxusmarktsegment freilich nur die kleine Schicht der Wohlstandselite betrifft. Andere Ketten richten sich an den Normalverbraucher. Nicht nur globale Marken wie Louis Vuitton, Gucci etc., sondern auch Häagen Dazs, Starbucks und Ikea erfüllen die Funktion, Städte miteinander zu verbinden und verständlich zu machen (Castells 2004). Mit den Luxusketten gemein haben sie die Tendenz zur Entlokalisierung des Konsums in dem Sinne, dass sie Gleichförmigkeit versprechen und Orientierung in einer Welt der Massenmobilität. Zwar ist die McDonaldisierung der Gesellschaft (Ritzer 2004) noch nicht so weit fortgeschritten, dass zwischen einem Hamburger in Los Angeles und einem solchen in Tokio kein Unterschied mehr bestünde. (Wenn überhaupt, würde man ihn lieber in Tokio essen.) Auch Ketten passen sich in gewissem Maße lokalen Konsumgewohnheiten an, was sich beispielhaft an Starbucks in Japan zeigen lässt (Grishpun 2012). Aber große Überraschungen gibt es nicht. Tokio ist ein fruchtbarer Boden für solche Ketten. Starbucks z. B. hatte 2010 in den 23 Stadtbezirken 213 Geschäfte (Oguchi 2010: 125) (verglichen mit 150 in ganz Deutschland 2011). Zahlreiche andere Ketten können eine ähnliche Verbreitung vorweisen: Doutor Coffee (417 Geschäfte in Tokio), Tully's (120), Veloce (112). Sie verkörpern das genaue Gegenteil von den individuellen Restaurants und Cafés etc., die sich in den Shotengai finden. Die Kunden wissen, was sie erwartet: nicht der individuelle Service des Spezialgeschäfts oder gar des Gemüse- oder Tofuhändlers, der an die Haustür kommt, sondern die standardisierte Pizza Margherita oder der Café latte, die auch in München und Montreal zu haben sind. Außerdem verändern die Ketten die Shotengai von innen, indem sie in dort entstehende Lücken stoßen. Wenn der Fahrradhändler, der Reparaturen machte und bei dem man auch mal das Rad aufpumpen konnte, dichtmacht, eröffnet an seiner Stelle in neun von zehn Fällen ein Convenience Store, ein Kettenrestaurant oder die Zweigstelle eines großen Reiseveranstalters.

Die Tendenz zur Homogenisierung des Konsums bei gleichzeitiger Diversifizierung wird weiter durch den E-Kommerz vorangetrieben. Wer darauf aus ist, braucht nur in seinem Smartphone nachzusehen, wo der nächste Laden der gewünschten Kette ist. Nicht nur für die Ketten und ihre Interaktion mit den Kunden ist der virtuelle Raum ebenso wichtig wie der physische. Die Beeinflussung des Einkaufsverhaltens insgesamt durch das Internet ist mittlerweile überdeutlich, was nicht bedeutet, dass die Tokioter nicht mehr einkaufen gehen, sondern dass sich das Zusammenwirken von Information und Warenzirkulation verändert hat. Inzwischen gibt es «elektronische Shotengai», von mehreren Geschäften gemeinsam unterhaltene Webseiten, auf denen sich die Kunden informieren können. Schon lange gibt es in Tokio nicht mehr das eine kommerzielle Zentrum, wo man einkaufte und das gemeint war, wenn man «in die Stadt ging». Dafür ist die Stadt zu groß, was auch dazu beigetragen hat, dass sich der Internethandel schnell verbreitet hat und in Tokio hoch entwickelt ist. Was die Stadtforscherin Saskia Sassen noch als allgemeinen Einfluss der Telekommunikation auf den Konsum in großen Städten vermutete, bestätigt sich in Tokio überdeutlich: «Ironischerweise», schreibt sie, «ist es vielleicht gerade die konventionelle Infrastruktur, die die wirtschaftlichen Vorteile der Telekommunikation maximiert» (Sassen 2007:201). Das exzellente Nahverkehrssystem Tokios (Kapitel 3) wirkt sich in doppelter Weise aus. Erstens verbringen die Tokioter viel Zeit in Zügen, die viele dazu benutzen, auf ihren Smartphones das Warenangebot im virtuellen Raum zu studieren. Zweitens können die Kunden auch gewöhnlich nicht von ihnen frequentierte Einkaufsorte leicht erreichen, wenn Produkt oder Preis attraktiv sind. Tokio gehört zu den bestvernetzten Städten der Welt, und am E-Kommerz beteiligen sich mittlerweile auch viele ältere Konsumenten. Der durch das Internet vermittelte Versandhandel ist ein rapide expandierender Wirtschaftszweig, wie die Geschichte von Japans größtem Interneteinkaufszentrum Rakuten illustriert. Die 1997 gegründete Firma hatte 2012 über 80 Millionen registrierte Kunden und Einnahmen von fast vier Milliarden Euro. Aber das Internet lässt auch den traditionellen Einzelhandel nicht unberührt, denn die Grenzen zwischen der öffentlichen und der privaten Sphäre werden durch die Möglichkeiten, die es eröffnet, wie in der Gesellschaft allgemein, so auch im Zusammenhang mit dem Konsumverhalten, verschoben und zum Teil aufgelöst. Suche und Auswahl der Ware finden nicht mehr im öffentlichen Raum des Einkaufsviertels, sondern vielfach in der Privatsphäre hinter dem Bildschirm statt, in die freilich der Kommerz auf in früher unvorstellbarer Weise eindringt. Das Gros der Konsumenten nutzt die elektronische Infrastruktur für Information und die konventionelle für den materiellen Einkauf. Beide Systeme ergänzen einander in Tokio gegenwärtig auf günstige Weise.

Die Veränderung der sozialen Schichtung und die Erschließung des virtuellen Raums durch den Einzelhandel haben das Konsumverhalten der Tokioter seit den 1990er Jahren deutlich verändert. Nach wie vor sind die Einkaufsmöglichkeiten in Tokio vielfältiger und die Kunden beschlagener und kritischer als in den meisten Städten der Welt. Während jedoch die Entwicklung in den Jahrzehnten davor durch immer neue Extravaganzen gekennzeichnet war, haben die Öffnung der sozialen Schere und der drastische Anstieg irregulärer – oft schlecht bezahlter und unsicherer – Arbeitsverhältnisse zur Differenzierung der Konsumlandschaft vor allem im Niedrigpreisbereich geführt. An zwei Merkmalen der Einkaufskultur hat das jedoch nichts geändert: Konsum dient der Befriedigung nicht nur materieller, sondern auch symbolischer Bedürfnisse, indem Verbrauchsgüter für die Darstellung der eigenen Identität und der Zugehörigkeit zu einer Gruppe vermarktet und gekauft werden. Und um die Gunst des Kunden wirbt der Handel unvermindert mit freundlichem und formvollendetem Service. Auch im 100-Yen-Shop wird man gut bedient.

11 Laufsteg für jedermann

Design ist nicht für Philosophie,
sondern fürs Leben.
Issey Miyake

Design ist alles. Ob es ein Haus ist oder ein Auto, ein Bürostuhl, ein Laptop oder ein Tablet-PC, eine Küchenmaschine, eine Brille oder ein Koffer: Um auf dem Markt eine Chance zu haben, muss ein Produkt stylisch sein, und im Zeitalter der Oberfläche gilt das auch für die Haut, die wir zu Markte tragen, wie sie dekoriert und verpackt wird und manches, was darunterliegt. Funktionale Verbrauchsgüter ohne attraktives Design gibt es kaum noch, denn Überproduktion und gesättigte Märkte zwingen die Hersteller dazu, Konsumenten durch das Schöne, Elegante, Eklatante, Provokante, das Besondere, Coole, Glamouröse, Reduziert-Einfache, Kreative oder Extravagante und vor allem das *Neue* für ihre Produkte zu gewinnen. Die Ware Arbeitskraft ist davon nicht ausgenommen. Sich zu präsentieren, nicht wie man ist, sondern wie man sein will, ist ein charakteristisches Merkmal der postmodernen Gesellschaft, das in der großen Stadt besonders ausgeprägt ist. Die Mittel, die zu diesem Zweck verwendet werden, sind die der Mode, wobei sich Mode in diesem Sinne nicht auf Bekleidung beschränkt.

Mode ist Großstadtsache. Paris, Mailand, London und New York waren lange Avantgarde. Heute ist Japan nicht nur einer der größten Bekleidungsmärkte, den kein international tätiger Hersteller auslassen kann, Modemacher, Designer und Haarstylisten aus aller Welt kommen auch nach Tokio, um sich inspirieren zu lassen. In dem Dreieck zwischen Gaienmae, Harajuku und Shibuya befindet sich eine unüberschaubare Vielfalt kleiner Bou-

Abbildung 7 Harajuku Style (Foto FC)

tiquen, Modestudios, Designerateliers, Galerien und hoch spezialisierter Fachgeschäfte, in denen man alles Notwendige und Überflüssige findet, das Mode zu Mode macht. Modeinteressierte bummeln durch die Sträßchen, inspizieren die Auslagen, lassen sich die Haare ondulieren, bleichen oder färben und sitzen mit ihrem neuen Outfit und ihren Modezeitschriften in den Cafés (Gesamtauflage der drei größten, *MORE*, *ESSE* und *non·no*, über 1,3 Millionen). Von den kleinsten Debütanten, die versuchen, in der kompetitiven Szene einen Fuß auf den Boden zu bekommen, bis zu weltberühmten Couturiers wie Yohji Yamamoto, Rei Kawakubo (Comme des Garçons) und Junya Watanabe ist hier alles vertreten. Am unteren Ende der eleganten Flaniermeile Omotesando, unweit der grünen Oase des Nezu-Museums in Minamiaoyama, folgt ein stilvolles Modegeschäft auf das andere, wobei sich japanische und internationale Marken den extrem teuren

Platz (Kapitel 4) streitig machen. Die Geschäfte selber sind Glanzstücke des Designs, innen wie außen. Die Modeschöpfer reichen den Architekten die Hand.

Mode und Kapital

Mode war eine der ersten Branchen mit globaler Orientierung. In Tokioter Ateliers wird deutlich, dass das nicht unbedingt Nivellierung bedeutet, denn die Mode, die dort gemacht wird, hat zugleich globalen Appeal und unverkennbar japanische Züge. Und da haben wir noch gar nicht davon gesprochen, dass der Mann und vor allem die Frau auf der Straße, die sich ihre Garderobe in Tokioter Kaufhäusern besorgen, besser gekleidet sind als sonst irgendwo auf der Welt. In Japan wird traditionell viel Wert auf gute Form gelegt, und diese kulturelle Eigenheit ist der Betonung des Äußeren kongenial.

Mode ist Banalität, Oberflächlichkeit und Kommerz, aber darin erschöpft sie sich nicht. Als sich Georg Simmel (1905) in einem weitsichtigen Essay mit der Mode beschäftigte, betonte er ihren Klassencharakter, der darin bestand, dass «die Moden der höheren Schicht sich von der der tieferen unterscheiden und in dem Augenblick verlassen werden, in dem diese Letztere sie sich anzueignen beginnt». Er bemerkte jedoch auch, dass der Mode eine Tendenz zur sozialen Egalisierung innewohnt, ein Aspekt, den Jahrzehnte später Roland Barthes (1973) hervorhob, der wie Simmel auf den aristokratischen Ursprung der Mode verwies, aber feststellte, dass sie einen Demokratisierungsprozess durchgemacht habe und in der zweiten Hälfte des 20. Jahrhunderts mehr der Massenkultur angehöre, als es an seinem Anfang der Fall war. Was Barthes «Demokratisierung» nannte, wurde durch industrielle Massenproduktion erreicht und durch Geld – im Gegensatz zu Geburt – als Instrument der sozialen Stratifizierung ergänzt. Mode ist Konsum pur und somit direkt mit den Verwertungsinteressen des Kapitals verknüpft. Wenn der Rock, das Hemd und die Jacke vom Vorjahr auch dieses Jahr noch gut sind,

Abbildung 8
Gothik mit
Verzierung
(Foto FC)

hemmt das den Kreislauf des Geldes und das Wirtschaftswachstum und damit das, was in der Konsumgesellschaft am wichtigsten ist. Mode differenziert; in der heutigen Gesellschaft allerdings nicht unbedingt zwischen Klassen. Die sich in der zweiten Hälfte des 20. Jahrhunderts sehr egalitär gebende städtische Gesellschaft Tokios zeigte diese Tendenz beispielhaft, indem sie sich insgesamt gut kleidete und dadurch Klassenbarrieren verschwimmen ließ, jedenfalls im öffentlichen Raum. Das Wesen der Mode, bemerkte Simmel (1905), «besteht darin, dass immer nur ein Teil der Gruppe sie übt, die Gesamtheit aber sich erst auf dem Wege zu ihr befindet». In Tokio sind Modewellen besonders ausgeprägt. Wenn etwas *in* ist, ist es sehr *in*, ob es weiße Kniestrümpfe sind, Trendwörter, der letzte Typ des Smartphones, schwarzer Lippenstift, Plateausohlen oder farbige Hello-Kitty-Kontaktlinsen. Mode stellt sich gegen den Konformismus, zielt aber auf die Masse, ein Widerspruch, der heutzutage durch ihre Kurzlebigkeit und die ungeheure Diversifizierung der Produkte aufgehoben wird. Ebenso schnell wie der bodenlange Rock *in* ist, ist er wieder *out*, aber nicht für alle. Wenn Frauen seiner überdrüssig sind, dann tragen ihn eben Männer. Die Betonung der Gegenwart und des Wechsels sind Charakteristika der Mode, die ihr Wesen heute ebenso bestimmen wie zu Simmels Zeit, nur noch intensiver und in schnellerem Takt. Die Mode ist, auch wenn Modeschöpfer sich als Künstler verstehen, ganz und gar ein Vehikel des Kapitals und ein Spiegel der Gesellschaftsordnung. *Fast Fashion* heißt die Devise, die von Tokioter Modebegeisterten heute mit Verve befolgt wird.

Das Soziale und das Individuelle

Die kollektivistische Ordnung der japanischen Nachkriegsgesellschaft wurde von den Modeschöpfern, die in Europa reüssierten – Kenzo Takada und Yohji Yamamoto z. B. – und dann im Triumph heimkehrten, konterkariert. Zugleich wurde der Konformismus der universellen Mittelschichtsgesellschaft (Lenz 2010) durch die zunehmende soziale Differenzierung seit den 1990er Jahren wieder aufgelöst, eine Entwicklung, die in der Street Fashion ebenso Ausdruck fand, wie sie von ihr gefördert wurde. Nach wie vor sind die Tokioter sehr auf ihr Äußeres bedacht, aber die Normen der Angemessenheit sind vielfältiger und weniger rigide als noch vor einer Generation. Mit der Mode zu gehen bedeutete damals die Befreiung des Einzelnen von der Verantwortung für den eigenen Geschmack, denn die Mode war, wie wiederum schon Simmel (1905) erkannte, «der eigentliche Tummelplatz für Individuen, welche innerlich unselbständig und anlehnungsbedürftig sind, deren Selbstgefühl aber doch zugleich einer gewissen Auszeichnung, Aufmerksamkeit, Besonderung bedarf». Heute ist das anders. In Tokio ist eine extrem individualistische Generation herangewachsen, was sich in der Partikularisie-

Abbildung 9 Mode für alle (Foto FC)

rung der Mode niedergeschlagen hat. Trends gibt es nach wie vor, aber jeder muss etwas Eigenes haben, mit seiner Bekleidung eine Aussage machen. Oberflächlich und flüchtig zwar, ist Mode mit Bedeutung aufgeladen.

Mode verbindet das Soziale mit dem Individuellen, indem sie den Einzelnen tun lässt, was viele tun, aus vermeintlich eigenem Antrieb. Materielle Bedürfnisse befriedigt sie in der urbanen Konsumgesellschaft nicht, dafür aber psychische, den Wunsch dazuzugehören einerseits und den, sich abzusetzen, andererseits. Es ist nicht zu übersehen, dass die Tokioter Modeszene in keiner Weise uniform ist, sich vielmehr durch die Gleichzeitigkeit diverser Stile von Gothik Lolita bis Kawaii, von Onii-Kei bis Decora, von Himegyaru bis Visual Make-up auszeichnet. (Wer sich für die Bedeutung dieser Etiketten interessiert, findet einige Hinweise bei Tokyofashion.com.) Modeobjekte werden dabei immer weniger als Statussymbole erworben; der Reiz des Neuen, Sensation, gedankenloser Spaß und Narzissmus sind stärkere Kräfte, die mit den Interessen des Kapitals kongruent sind. Das Primat des Psychischen über das Materielle gilt für die Konsumenten der Mode, wohingegen auf der Produzentenseite unvermeidlich die materiellen Interessen überwiegen. Mode ist Inbegriff des Konsumismus, was in Tokio oft genug mit der Kommerzialisierung des Ästhetischen einhergeht.

Mode ist eine Großindustrie. Der Jahresumsatz der Tokioter Bekleidungsindustrie beträgt nach Berechnungen des Wirtschaftsministeriums (METI o.J.) durchschnittlich 7,5 Milliarden Euro (2009–2013), wobei sich diese Zahl auf Händler mit 50 oder mehr Mitarbeitern bezieht, die vielen kleinen Szeneboutiquen aber unberücksichtigt lässt. Auch indirekt mit der Branche verbundene Wirtschaftsunternehmen werden nicht erfasst: Ausstellungen, Messen etwa wie Harajuku Kawaii, Tokyo Girls Collection, Ginza Fashion Week, JFW International Fashion Fair, Japan TEX etc. und vielerlei andere «Events», für deren Durchführung Bekleidung und Ausstattung von zentraler Bedeutung sind. Tokios Version von Fashion's Night Out ist ein Volksfest, auf dem sich in Omotesando, Aoyama und Harajuku Hunderttausende tummeln. Dass Mercedes-Benz der Hauptsponsor der alljährlich im Herbst veranstalteten Fashion Week Tokyo ist (wie auch der Modewochen in New York und Berlin; http://www.tokyo-mbfashionweek.com/jp/), unterstreicht die Bedeutung dieses Wirtschaftszweigs. Im Zuge der «Ästhetisierung der Welt» (Lipovetsky und Serroy 2013) ist das Kapital in den saturierten Konsumgesellschaften eine so umfangreiche und intensive Verbindung mit der schöpferischen Phantasie eingegangen, dass die Mode dadurch von Dekor zu einer treibenden Kraft der Wirtschaft und der gesellschaftlichen Veränderung geworden ist.

Das Vergängliche der Mode kennzeichnete Lipovetsky schon 1987 als Angelpunkt des gesellschaftlichen Lebens der heutigen Zeit, wobei er gleichzeitig ihren demokratisierenden und individualisierenden Effekt für die Masse betonte. Die Mode ist kein

Abbildung 10 Die kreative Klasse (Foto FC)

Privileg der Elite mehr, und immer größere Bereiche des gesellschaftlichen Lebens werden von kurzlebigen Trends erfasst, deren Prestige zusehends das des hergebrachten Habitus verdrängt. Während Werbung an die Stelle von Ideologie getreten ist und nicht mehr als Manipulation und Instrument des Konsumterrors gebrandmarkt, sondern weithin als Kunstform oder doch wenigstens Unterhaltung akzeptiert wird, sind Normen des Habitus, die bislang soziale Kontinuität gewährleisteten, geschwächt und durch die permanente Variation dessen, was cool ist, unter Druck geraten. Zwar ist Tradition im urbanen Habitus Tokios nach wie vor sehr präsent, was etwa in der Selbstverständlichkeit, mit der zu festlichen Anlässen Kimonos getragen werden, zum Ausdruck kommt, aber sie ist nur noch eine von vielen Formen der Selbstdarstellung, die nebeneinander existieren. Fusionen jeder Art sind möglich – Kimonostoffe für Bekleidungsstücke anderen Schnitts; Kimono mit Turnschuhen, warum nicht! Jede Neuerung befreit von den Fesseln der Tradition, die zwar nicht aufgegeben wird, aber ebenso wenig allein maßgebend ist wie die eine vorherrschende Mode. Schnelllebigkeit und Vielfalt haben Tokio zur Stadt der vielen Moden werden lassen.

In der schnellen Folge immer neuer Stile und dem durch sie verursachten Nebeneinander verschiedener Formen, Posen und Ausdrucksarten erkennt Lipovetsky eine Ursache der Nivellierung von Statusunterschieden und der zunehmenden Toleranz für Abweichungen. Durch die in den letzten Jahrzehnten zu beobachtende immer stärkere Begeisterung für das Neue an und für sich und die zunehmende Bereitschaft, aus dem Ausland Übernommenes zu adaptieren, um selbst stilbildend tätig zu werden, scheinen die Tokioter Konsumenten und kreativ Tätigen diese Analyse zu bestätigen. Die Kräfte des Marktes sind dieser Tendenz förderlich, denn das Kapitalverwertungsinteresse favorisiert die Masse. Große Unternehmen und auch der Staat haben das erkannt und «Cool Japan» vereinnahmt. Dieses Etikett lehnte sich an eine «Cool Britannia»-Kampagne an, mit der für Unterhaltungsmusik und andere Produkte der britischen Populärkultur geworben wurde. «Cool Japan» wurde im gleichen Sinne des «Nation Branding» zu einer Strategie der Wachstumsförderung des japanischen Wirtschaftsministeriums. Es richtete dafür eine eigene Abteilung ein, die freilich nicht immer fördert, was wirklich gerade cool ist. Denn davon unberührt zelebrierte die Masse weiterhin die Mode auf der Straße und trägt das Ihre dazu bei, dass die Barrieren zwischen Haute Couture und Prêt-à-Porter eingeebnet werden. Issey Miyake, Ikone der Tokioter Modewelt, ist auch noch in fortgeschrittenem Alter wie kaum ein anderer innovativ, erschließt immer wieder neue Materialien und produziert Ausstellungsstücke, beharrt dabei aber nicht auf Exklusivität, sondern spricht auch ein breites Publikum an: Er produziert seine Modelinie *Pleats Please*, vielleicht nicht für alle, aber doch für viele – etwa so, wie Honda sich Rennwagen leistet, sein Geld aber mit Autos für jedermann verdient. Miyake verkörpert auch die branchenübergreifende Ästhetisierung der urbanen Umwelt, die nicht nur den bekleideten Körper betrifft. In Roppongi schuf er mit 21_21 («Two-one two-one design sight») eine Ausstellungsstätte, die dem Alltagsdesign gewidmet ist. Das elegante Gebäude, dessen stählernes Dach in den Boden zu fließen scheint, baute Meisterarchitekt Tadao Ando.

Mode für alle

Die Demokratisierung der Mode betrifft Konsumenten ebenso wie Produzenten. In dieser Branche und allgemeiner im Bereich schöpferischer Tätigkeit winken Chancen von Anerkennung, Erfolg und sozialem Aufstieg, die von gewohnten Parametern der sozialen Schichtung – Herkunft, Vermögenslage der Eltern, Bildungsniveau (Ishida, Slater 2009) – nicht abgeleitet werden können. Um dem Rechnung zu tragen, hat der Ökonom Richard Florida (2002) den Begriff der «kreativen Klasse» vorgeschlagen, der Teil einer neuen Analyse der sozialen Schichtung ist. Danach steht die sehr breit definierte kreative Klasse neben Arbeiterschaft, dem traditionellen herstellenden Gewerbe und dem Dienstleistungssektor. Diese Art der sozialen Schichtung kann man partiell in Tokio wiedererkennen, insofern hier der Übergang von der Industriegesellschaft zur Dienstleistungsgesellschaft in der zweiten Hälfte des 20. Jahrhunderts sehr gründlich vollzogen wurde. Dabei hat sich neben dem Dienstleistungssektor eine breite Schicht von Wissensarbeitern etabliert, deren Mitglieder über kulturelles und Informationskapital, spezialisierte Kenntnisse und Phantasie verfügen; deren Leistungen heterogen sind und nicht nur nach Verdienst bemessen werden, die tendenziell von institutionellen und korporativen Normen abzuweichen bereit und entsprechend mobil sind. Die Vermarktung des Ästhetischen, von der diese neue Klasse lebt, gehorcht den Ansprüchen der hedonistischen Konsumgesellschaft und zieht die Neuausrichtung etablierter Berufe nach sich. So gibt es unter den 28 184 Haarsalons (Japanische Regierung 2011) Tokios neben den bodenständigen Frisören, die im eigenen Verständnis und dem ihrer Kunden ein traditionelles Handwerk ausüben und früher als Exponenten der Petit Bourgeoisie galten, immer mehr «Stylisten», die der kreativen Klasse zuzurechnen sind. Sie verkaufen Design, Style und Identität und haben dafür ihren Preis. Nach Salons, die für eine Klientel, die daran Interesse hat, bis Mitternacht geöffnet sind, braucht man in Stadtteilen wie Omotesando, Nakameguro, Daikanyama und Kichijoji nicht lange zu suchen.

Der Metamorphose vom Barbier zum Haarstylisten ähnelt die vom Schneider zum Modedesigner; in beiden Fällen haben sich das Sozialprestige eines Metiers und die Klassenzugehörigkeit derer, die es ausüben, verändert. Inwieweit die von Richard Florida so genannte kreative Klasse in Tokio tatsächlich eine identifizierbare soziale Schicht darstellt, ist eine offene Frage. Unbezweifelbar ist jedoch, dass ein immer größerer Teil der werktätigen Bevölkerung in Berufszweigen tätig ist, in denen Wertschöpfung durch Kreativität geschieht und deshalb Wert auf Kreativität gelegt wird. Diese Art der Kreativität hält nicht nur keinen Abstand zum Kommerz, sondern ist im Gegenteil zum Motor der Wirtschaft geworden und bietet dadurch Aufstiegschancen, die quer zu den Ordnungsprinzipen der Industriegesellschaft liegen. Durch die Verbindung von Konsum und Ästhetik, die große Bedeutung von Marken und die schnellen Zyklen, die nicht unbedingt Innovation im materiellen Sinne, aber in jedem Fall Abwechslung beinhalten, ist die Mode das Paradigma der vermarkteten Kreativität. Unter ähnlichen Voraussetzungen und unter vergleichbar großem Einsatz geistigen Kapitals arbeiten viele andere Kreative wie Maler, Architekten, Schauspieler, Redakteure, Texter, Manga-Zeichner, Werbegrafiker, Lektoren, Journalisten, Sachbuchautoren, Softwareentwickler, Fotografen, Cutter, Komponisten, Musiker, Möbeldesigner und Kosmetiker. Sie alle beteiligen sich an der Ästhetisierung der öffentlichen

Sphäre des Konsums, die den Menschen selber in nie gekanntem Maße dem ästhetischen Imperativ unterwirft. Die 950 Schönheitskliniken Tokios (Gesundheitsministerium 2012), die Falten glätten, zu flache Rundungen aufpolstern, Schlitzaugen runder und aus Lippen, Augenlidern und Nasenflügeln Designerprodukte machen, bezeugen es. Die dort arbeitenden Ärzte gehören – wenn es denn eine solche gibt – der kreativen Klasse an. So, wie die Stadtplaner, Ingenieure und Architekten aus der Tokioter Bucht eine Kunstlandschaft gemacht haben (Kapitel 7), erschaffen sie mit mehr oder minder invasiven Mitteln der Anthropotechnologie den kultivierten Stadtmenschen, der dann nur noch angezogen und mit Accessoires versehen zu werden braucht, um sich auf den Laufsteg der Tokioter Straßen zu begeben.

Der Zutritt ist jedem gestattet, und die Kreise derer, die diesen Laufsteg als Bühne der Selbstdarstellung betreten, haben sich in dem Maße ausgeweitet, wie Tokio sich den Konsumkapitalismus als Lebensform zu eigen gemacht hat. Mode wurde dadurch gleichzeitig individualisiert und zu einem Massenphänomen. Sie ist nicht mehr elitär auf eine soziale Schicht beschränkt, noch ist sie das Vorrecht der Jugend. Die in Kapitel 9 angesprochene Alterung der Gesellschaft hat einen Seniorenmarkt (Kohlbacher, Herstatt 2011) entstehen lassen, den auch Modemacher und Lifestyledesigner nicht links liegen lassen, denn Seniorenchic, Reife Eleganz, Silbermode und Universal Design sind nicht nur wohlklingende Euphemismen, sondern stehen für ein höchst profitträchtiges Marktsegment. Die Veränderung des Marktes folgt dabei der demographischen Entwicklung und den gesellschaftlichen Veränderungen, die diese verursacht inklusive solcher des Geschmacks. Die Platingeneration der über 65-Jährigen ist heute nicht marginal und hinfällig und bereit, sich für die verbleibenden Jahre in schwarze und graue Unauffälligkeit zu hüllen. Wenn auch in geringerem Maße als die jüngeren Generationen, wollen sie am steten Wandel – dem Grundprinzip der Mode – teilhaben, wozu sie von der Industrie ermuntert werden. Das Mitsubishi-Forschungsinstitut hat eigens ein Programm zur

Förderung von Innovation und Anpassung in der alternden, der sogenannten Platingesellschaft eingerichtet (Mitsubishi Soken 2014).

Kreativität lernen

Die Mode als Angelpunkt und Sinnbild der städtischen Gesellschaft – darauf lässt sich die Komplexität Tokios gewiss kaum reduzieren, aber auf Tokio angewendet, ist diese Betrachtungsweise plausibler als für manch andere Metropole, wo die Masse der Bevölkerung weniger gepflegt daherkommt – man denke an Berlin, Amsterdam, London oder Paris – und der Abstand zwischen den wenigen elegant oder modisch Gekleideten und den vielen, die sich zwischen sorglos und schlampig bewegen, größer ist. Der Japanern oft nachgesagte Konformismus im Habitus gehört in Tokio der Vergangenheit an. Gebaren und Kostümierung in öffentlichen Räumen zeichnen sich hier durch große Buntheit, Neugier, Experimentierfreudigkeit und Begeisterung für alles Neue aus; geblieben sind die Sorgfalt, mit der die Menschen auf ihr Äußeres achten, und die Seltenheit zur Schau getragener Ungepflegtheit. Der kreativen Mode im engeren Sinne schenken nur wenige Aufmerksamkeit, aber die Grundregeln des angemessenen Auftretens bzw. der Selbstdarstellung beherrschen die meisten, und erstaunlich viele wollen sich darüber hinausgehende Finessen aneignen, um selber kreativ tätig zu sein.

Neben Kunsthochschulen von nationaler Bedeutung wie Tokyo Geijutsu Daigaku und Joshibi Bijutsu Daigaku gibt es in Tokio Dutzende von Modeschulen und Designfachschulen mit Modeabteilungen. In den zentralen Stadtteilen Aoyama, Roppongi, Akasaka, Yotsuya und Kanda ebenso wie an der westlichen Peripherie von Mejiro im Norden über Takadanobaba, Okubo, Shinjuku, Yoyogi, Shibuya und Shinsen bis Ebisu und Meguro im Süden gibt es eine erhebliche Zahl größerer und kleinerer Institute, die von den Grundlagen des Schneiderhandwerks über Modezeichnen bis zu technisch anspruchsvollen Kursen für digitales Modedesign ein- bis vierjährige Ausbildungsprogramme anbieten. Das Vantan Design Institute in Ebisu ist eine der größeren mit einer Firma verbundenen Fachschulen, die seit ihrer Gründung 1965 180 000 Studenten absolviert haben – «im innovativen Geiste und frei von Konventionen», wie es in der Broschüre der Firma heißt. Ihre Mission hat sie vom stilvollen Bekleiden des menschlichen Körpers auf Social Design ausgeweitet, um den Studentinnen und Studenten die Fähigkeiten zu vermitteln, die sie brauchen, um ihre Träume zu verwirklichen, «was immer diese Träume sein mögen».

Die Bereitschaft, sich darauf einzulassen, dass sich diese Träume ändern, ist für solche Fachhochschulen überlebenswichtig, denn die Mode frisst ihre eigenen Kinder. Das kann man in Meguro beobachten, wo sich entlang der Doreme-dori – japanisierte Form von Dressmaker-Straße – etliche Gebäude das Sugino Fashion College (Sugino Gakuen) befinden. Eine der ältesten Modeschulen Tokios, spielte diese 1926 von Yoshiko Sugino gegründete Schule einst für die Verbreitung westlicher Kleidung eine Vorreiterrolle. Heute ist Sugino Gakuen eine teure, konservative Eliteschule (Studiengebühren 1 Million Yen jährlich plus Materialkosten), die Paris nach wie vor als Zentrum der Modewelt betrachtet, die Tokioter Street Fashion ignoriert und Studentinnen und Studenten (Letztere etwa ein Viertel) für Konfektion eher als für Avantgarde ausbildet. In dem Bekleidungsmuseum des Instituts ist die Zeit stehen geblieben. In der Doreme-dori weht kein frischer Wind mehr. Die Mode ist weitergezogen z. B. in den Mode Gakuen Cocoon Tower in Shinjuku, der drei Fachhochschulen mit insgesamt 10 000 Studenten beheimatet. Der markante kokonförmige Hochbau wurde von Europe Real Estate 2008 als Wolkenkratzer des Jahres ausgezeichnet. Die Phantasie der Designer der nächsten Generation kann dieses aparte Gebäude nur beflügeln, wie die Mode ist es ein Sinnbild der sich permanent erneuernden Stadt.

12 Mit Sternen gekrönt

Wie immer, Tokio an der Spitze
mit den Sternen.

Guide Michelin 2014

Gut essen

In der großen Stadt wird die Nahrungsaufnahme zum Genuss, die Zubereitung zur Kunst. Je mehr Menschen sich an einem Ort zusammenfinden, desto größer die Auswahl und der Wettstreit, ihrem Gaumen zu schmeicheln und sie kulinarisch zu verwöhnen. Jede Stadt hat ihre eigene Esskultur, in deren Formation Klima, Geographie, Religion, Geschichte und – gewiss nicht an letzter Stelle – der Handel und der Reichtum der Bürger eingegangen sind. Erst das in der Großstadt mögliche und erforderliche Niveau der Arbeitsteilung befreit die Nahrungsaufnahme aus dem privaten Raum. Gasthäuser, in denen Reisende beköstigt werden, gibt es schon im Altertum, aber das Restaurant als Ort, der sich aufs Kochen spezialisiert und auf den Verkauf von Speisen an Kunden, die ihn zu diesem Zweck aufsuchen, ist eine Erfindung der neuzeitlichen urbanen Gesellschaft. Der Begriff «Restaurant» wurde im Frankreich des ausgehenden 18. Jahrhunderts geprägt (Chevrier 2011). Unterdessen ist er in gleicher Bedeutung als Bezeichnung einer Stätte, wo man sich «restauriert», nämlich das leibliche Wohlbefinden wiederherstellt, in den meisten Ländern der Welt geläufig, auch in Japan, wo die gute Küche ebenso zum Gegenstand des Nationalstolzes geworden ist wie in Frankreich.

Im Laufe der letzten Jahrzehnte ist die japanische Esskultur zu verdientem Ruhm gelangt. Japanische Restaurants gibt es inzwischen überall auf der Welt; alle Regionen Japans pflegen mit großem Stolz ihre regionale Küche, und kaum einem Thema wird von den Fernsehsendern mehr Zeit eingeräumt als den vielen

Kochprogrammen. Auf schmackhaftes und gesundes Essen wird größter Wert gelegt, und man isst dementsprechend überall gut. Internationale Anerkennung fand die japanische Küche auch offiziell, indem sie 2013 in die Welterbeliste der UNESCO aufgenommen wurde. Der Aufwand, der mit dem Essen getrieben wird, ist groß. Nach USA und China, beide mit einer wesentlich größeren Bevölkerung, ist Japan der drittgrößte Lebensmittelmarkt der Welt mit einem Volumen von jährlich 272 Milliarden Euro (Lebensmittelzeitung 2010).

In der kulinarischen Landschaft Japans nimmt Tokio freilich einen besonderen Platz ein, denn in Bezug auf die Mannigfaltigkeit des Angebots und die Breite des Preisspektrums steht die Stadt in Japan allein und wird wohl kaum von einer anderen in der Welt übertroffen. Nicht zufällig fand der erste «Weltgastronomiegipfel» 2009 in Tokio statt, 2012 gefolgt von «Tokyo Taste», einer internationalen kulinarischen Leistungsschau, an der sich Köche der nach dem *Guide Michelin* und der angesehenen britischen Zeitschrift *Restaurant* besten Speiselokale der Welt beteiligten. Als der erste *Guide Michelin* für Tokio erschien, nannte dessen Herausgeber Jean-Luc Naret Tokio «die Welthauptstadt der Gastronomie». Die Onlinebewertung von Tokioter Gaststätten und Restaurants ist eine veritable Industrie mit einer unüberschaubaren Vielfalt von Webseiten, deren einige Beschreibungen und Kundenkritiken für über 115 000 Lokale aller Kategorien up to date halten (z. B. http://tabelog.com/tokyo/; und http://restaurant.ikyu.com/rsMain/rsRankRestRsrv.asp?acd=02). Wie viele Esslokale es in der Stadt insgesamt gibt, ist eine oft gestellte Frage, die nur annähernd beantwortet werden kann. Die von der BBC anlässlich der erwähnten Veröffentlichung des ersten *Guide Michelin* 2009 genannte Zahl von 160 000 wird seitdem immer wieder zitiert – eine gut informierte Schätzung, die in der Nähe der Wahrheit liegt. Die Tokioter Gastronomie zählt ca. 770 000 Beschäftigte, 200 000 allein in den drei zentralen Stadtteilen Minato, Shinjuku und Chuo (Oguchi 2010 : 94). Für Gastrojournalisten ist das jedenfalls ein weites Feld, auf dem neben den vielen Fernsehprogrammen Dutzende ausschließlich Tokio gewidmete gedruckte Esszeitschriften gedeihen, die sich ihre Leser zwischen 700 und 2000 Yen (ca. 15 Euro) kosten lassen, z.B. *Tokyo Calendar*, *Syokuyoku*, *Denentoshi seikatsu*, *Riso no kichin no tsukurikata*, *Tokyo kissa meiten*, *Ryori Ookoku* u.a. Alles deutliche Anzeichen dafür, dass das Essen in Tokio ernst genommen wird.

Gute Küche hat freilich ihren Preis, auf den wir noch zurückkommen werden. Lebensmittel, die nicht frisch sind, schön aussehen und ordentlich verpackt sind, werden von Tokioter Kunden verschmäht, was unvermeidlich zur Folge hat, dass Esswaren teuer sind. Erst in jüngster Zeit haben manche Supermärkte Abteilungen mit reduzierten Waren eingerichtet, die dem Verfallsdatum nahe sind oder deren Verpackung beschädigt ist. Verglichen mit anderen Weltstädten, ist die Rechnung für den Warenkorb im Supermarkt in Tokio dennoch teurer, wohingegen im Restaurant zu essen relativ billig ist. Auf einem Index der Lebenshaltungskosten großer Städte (Numbeo.com. o.J.), der New York mit dem Wert 100 als Messlatte benutzt, steht Tokio in Bezug auf Lebensmittel bei 116,57, in Bezug auf Restaurants aber bei nur 69,03. Das bedeutet, dass es weit verbreitet ist, auswärts zu essen, es viele billige Restaurants gibt und die Löhne im Dienstleistungssektor nicht sehr hoch sind. Es bedeutet jedoch nicht, dass die Qualität des Essens in preiswerten Restaurants schlecht wäre. Im Gegenteil, einer der attraktivsten Aspekte der Tokioter Esskultur ist, dass man auch in billigen Restaurants höflich bedient und gut beköstigt wird. Es überrascht deshalb nicht, dass Tokio im internationalen Vergleich bezüglich der Kundenzufriedenheit mit der Gastronomie gut abschneidet und nur hinter Paris und Barcelona, aber weit vor New York (Rang 9), London (13) oder gar Berlin (28) liegt (Mori Kinen Zaidan 2012:294).

Stadt	Durchschnittseinkommen pro Kopf pro Jahr, kaufkraftparitätisch
Tokio	55766
New York	30498
Paris	26497
London	20182
Berlin	14544
Schanghai	5472

Tabelle 7 Durchschnittseinkommen in ausgewählten Weltstädten (*World Cities Culture Forum* 2010/2011)

Nach dem Preisindex des *Economist* (EIU 2013) stand Tokio 2013 auf Platz 1 der Rangliste der teuersten Städte der Welt, nach PRWeb (2013) aber auf Platz 9 - hinter u.a. Oslo, Genf, Zürich und London, aber vor New York und Paris. Nach einem Index des World Cities Culture Forum liegt Tokio nach dem Durchschnittseinkommen pro Kopf und Jahr deutlich vor New York und London. Solche Indizes ändern sich wechselkursbedingt von Jahr zu Jahr. Obgleich solche Veränderungen manche Entwicklungen im Verhältnis der Weltstädte erkennen lassen, sind die Verschiebungen doch nicht sehr kurzfristiger Natur. Ob auf Platz 1 oder auf Platz 7, Tokio gehört in jedem Fall schon lange zu den teuersten Städten und zu den reichsten nach BIP pro Kopf. Interessanter als der Platz in dieser Rangordnung ist aber, wie sich die Lebenshaltungskosten zusammensetzen, wofür die Menschen also ihr Geld ausgeben müssen und wollen. Was ist ihnen gutes Essen wert? Nach der Miete ist das Essen für die Tokioter der zweitgrößte Ausgabenposten.

Im Allgemeinen korreliert der prozentuale Anteil der Konsumausgaben privater Haushalte für Nahrungsmittel mit dem Pro-Kopf-Einkommen der Länder bzw. Regionen: Je höher Letzteres ist, desto weniger wird prozentual für Nahrungsmittel ausgegeben (Mitchell, Ingco, Dunca. 1997: 18f.). Dessen ungeachtet ist der Kalorienverbrauch pro Kopf in den Industrieländern in der Regel höher als in Entwicklungsländern. Dass man z.B. in Kanada 9,48 Prozent des Pro-Kopf-Einkommens für Essen ausgibt, in Kamerun aber 46,71 Prozent, reflektiert diesen Zusammenhang bzw. Unterschiede in Entwicklungsniveau und Reichtum dieser beiden Länder.

Land	Kilokalorien pro Kopf pro Tag
USA	3770
Italien	3660
Frankreich	3550
Deutschland	3530
Australien	3190
China	2970
Ghana	2850
Japan	2810
Vietnam	2770

Tabelle 8 Kilokalorien pro Kopf pro Tag
(Daten: Ernährungs- und Landwirtschaftsorganisation der Vereinten Nationen)

Nicht alle Länder mit ungefähr gleichem Pro-Kopf-Einkommen geben aber gleich viel für Essen aus. In Deutschland etwa sind es nach Angaben des Statistischen Bundesamts 10,73 Prozent, in Frankreich 13,59 Prozent, in Japan 13,64 Prozent und in Italien 14,60 Prozent (destatis.de). Das Pro-Kopf-Einkommen liegt in Deutschland und Frankreich ungefähr gleichauf, in Italien etwas niedriger, in Japan aber deutlich höher. Dass Japaner durchschnittlich trotzdem mehr für Essen ausgeben, könnte darauf zurückzuführen sein, dass sie sehr viele Lebensmittel einführen (ca. 60 Prozent) und außerdem ihre Bauern subventionieren. Es kann aber auch damit zu tun haben, dass sie Wert auf gutes Essen legen. Ein anderer Index stützt diese Vermutung und deutet darauf hin, dass in Japan beim Essen Qualität über Quantität geht: der Adipositas-Index des Anteils der Fettleibigen und Übergewichtigen an der Bevölkerung, wie ihn

z. B. das Berlin-Institut für Bevölkerung und Entwicklung (2013) erstellt.

Auf diesem Index stehen die USA, abgesehen von einigen Inselstaaten im westlichen und südlichen Pazifik, ganz oben, obwohl Amerikaner dem oben genannten Zusammenhang zwischen Pro-Kopf-Einkommen und Anteil der Nahrungsmittel an den Lebenshaltungskosten entsprechend nur wenig für Essen ausgeben. 2087 US-Dollar pro Kopf und Jahr genügen ihnen, um 33 Prozent Fettleibige zu produzieren. In Japan – nach Ausgaben für Lebensmittel hinter Norwegen und der Schweiz auf dem dritten Rang – ist die Korrelation umgekehrt: Ein jährlicher Aufwand von happigen 3630 US-Dollar pro Kopf resultiert in nur fünf Prozent Fettleibigen.

Rang	Land	Prozent Übergewichtiger an Gesamtbevölkerung	Rang	Ausgaben für Lebensmittel pro Kopf pro Jahr
18	USA	33,0	26	$ 2087,0
21	Tschechien	32,7	37	$ 1530,0
43	UK	26,9	24	$ 2179,4
59	BRD	25,1	18	$ 2425,0
157	Japan	5,0	3	$ 3630,9

Tabelle 9 Ausgaben für Lebensmittel pro Kopf und Anteil Übergewichtiger

Billig essen

Man kann in Tokio billig essen, ohne seine Gesundheit zu ruinieren. Restaurants, Gaststätten und Garküchen leben vom Umsatz und bieten den Kunden insbesondere zum Mittag preiswerte Gerichte an, die man in der eigenen Küche nicht günstiger zubereiten könnte. 250 Yen (1,90 Euro) für eine volle Portion Ramen (eine japanische Nudelart) mit einem Stückchen Schweinefleisch, einem Scheibchen Fischpastete, etwas Lauch und ein paar Pilzen, wie sie bei Manrai in Setagaya auf der Speisekarte steht

Abbildung 11 250-Yen-Ramen bei Manrai in Setagaya

(Abbildung 11), ist gewiss am alleruntersten Ende der Preisskala, aber wohlfeile Mittagsmahlzeiten zwischen 500 und 1000 Yen gibt es überall in der Stadt. Pünktlich um zwölf Uhr bauen fliegende Händler vor vielen Bürogebäuden Stände mit frisch zubereiteten Mahlzeiten zum Mitnehmen auf, und zahllose Restaurants bieten preiswerte Standardmenüs an. Der Tokioter Mann gibt für sein Mittagessen durchschnittlich 603 Yen, die Frau 680 Yen aus, knapp fünf Euro. Von meinem Schreibtisch aus erreiche ich im Umkreis von weniger als zehn Minuten zu Fuß Spezialitätenrestaurants, die zwischen Sashimi und Soba (Buchweizennudeln) so ziemlich alles anbieten, was die kulinarisch beflügelte Phantasie sich wünschen kann:

Tagesmenü mit rohem und gegrilltem Fisch, Reis,
Miso-Suppe und Salat;
Soba mit Entenbrühe, Gemüse und Reis;
Thunfisch auf Reis;
Tofu-Menü mit Reis, Suppe und Gemüse;
chinesische gebratene Nudeln mit Rindfleisch und Gemüse;
Spicy Pork Sauté mit Reis und Salat;
kalte Chasoba (grüne Soba);

Udon (dicke Weizennudeln) in Suppe;
indische Currys;
japanischen Curryreis;
Pasta und Pizza;
Takos und Fajita diverser Art;
Paella;
Sukiyaki (gebratenes fein geschnittenes Rindfleisch mit Sojasauce);
Gyoza (chinesische Maultaschen);
koreanisches Barbecue;
Bibimbap (koreanischer gemischter Reis);
Tempura (frittiertes Gemüse und Fisch mit Reis);
Kabayaki (gegrillter Aal);
Kamameshi (mit Zutaten gedämpfter Reis);
Yakimeshi (gebratenen Reis);
Katsudon (Kotelett auf Reis);
Okinomiyaki (Pfannkuchen mit verschiedenen Ingredienzien);

nicht zu reden von den zahlreichen Restaurants mit täglich wechselndem Mittagsmenü; alles zwischen 390 Yen und 980 Yen, schnell serviert für den Gast, der keine Zeit hat, aber ohne Hast für die, die länger verweilen wollen.

Wie diese durchaus zufällige Aufzählung erkennen lässt, ist die gastronomische Landschaft Tokios alles andere als eintönig. Reis als Grundnahrungsmittel erfreut sich großer Beliebtheit, und die Reisbauern der stark landwirtschaftlich geprägten Präfekturen wenden viel Geld und Mühe auf, um die Qualität und die geschmacklichen Besonderheiten verschiedener Sorten von japanischem Rundkornreis zu verbessern und zu bewerben: Koshihikari in Niigata, Hitomebore in Miyagi, Akitakomachi in Akita und viele andere. Die Zeiten, als Reis «Essen» bedeutete und nur die kargen Beilagen etwas Abwechslung in den täglichen Speiseplan brachten, sind aber lange vorbei, obwohl dieser Zusammenhang noch im Sprachgebrauch erhalten geblieben ist: «Darf ich das Essen bringen?», fragt die Bedienung

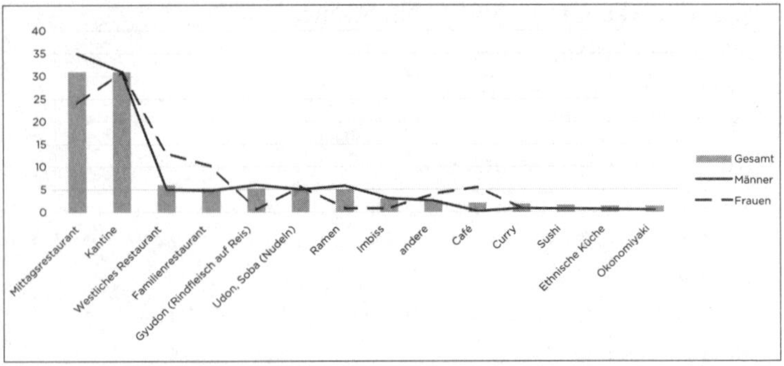

Grafik 9 Was die Tokioter zum Mittag essen (Zahlen: Mynavi.jp, Umfrage 11/2012, n = 2116 Männer und Frauen zwischen 20 und 50)

am Ende der Mahlzeit in traditionellen japanischen Restaurants und meint den Reis. In der zweiten Hälfte des 20. Jahrhunderts fiel der Anteil von Reis an der Gesamtkalorienaufnahme von über 50 Prozent in den 1950er Jahren auf unter 25 Prozent Ende der 1990er Jahre (Francks 2009: 194). Gleichzeitig ist der Fleischkonsum mehr, der von Fisch weniger geworden, und die typische Ernährung ist heute sehr viel reicher und vielfältiger als noch vor einer Generation. Der normale Tokioter - der dank der veränderten Essgewohnheiten ein ganzes Stück größer ist als sein Cousin auf dem Land - nimmt mehrmals in der Woche nichtjapanische Speisen zu sich und sucht dabei aus einem sich kontinuierlich verändernden und erweiternden internationalen Potpourri aus. Der Herausgeber des bekannten Restaurantführers *Zagat* stellte in der auf der Begutachtung von 3417 Restaurants beruhenden Ausgabe von 2009 fest, dass man in Tokio öfter außer Haus isst als in allen anderen Städten, die er analysierte.

Grafik 9 stellt nur eine Auswahl dar, und die Kategorien sind weder überall trennscharf noch systematisch gut begründet, sondern reflektieren den allgemeinen Sprachgebrauch. Insbesondere über die schon in Kapitel 6 erwähnte Kategorie «ethnisch» mag manch einer stolpern. Wie dort angemerkt, bezieht sich ethnisch keineswegs auf alles Nichtjapanische. Weder die chinesische noch die koreanische Küche würde man so bezeichnen, denn beide sind viel zu normal und schon lange Teil der gewöhnlichen Tokioter Esskultur. Ethnisch sind für Tokioter in erster Linie Restaurants südostasiatischer und mittelöstlicher Länder sowie solche, die etwas exotisch sind und sich schlecht einordnen lassen, äthiopisch vielleicht oder anderer afrikanischer Provenienz. «Ethnisch» ist eine Bezeichnung, die man aus dem Westen übernommen hat, genauer gesagt, aus den USA, deren Blick auf die Welt sich viele Trendsetter in Tokio zu eigen gemacht haben. Es ist ein postkoloniales Etikett, von dem sich leichter sagen lässt, worauf es nicht zutrifft, als dass man seine Bedeutung klar bestimmen könnte. Alles, was westlich bzw. mit einer ehemaligen Kolonialmacht assoziiert ist, ist auf keinen Fall ethnisch. Und natürlich ist man selbst auch nicht ethnisch: Kein Tokioter würde erwarten, ein japanisches Restaurant im Ausland als ethnisch kategorisiert zu sehen. Wie ethnisch ein Restaurant ist, schlägt sich auch auf einer Preisskala nieder, die folgendes Bild ergäbe.

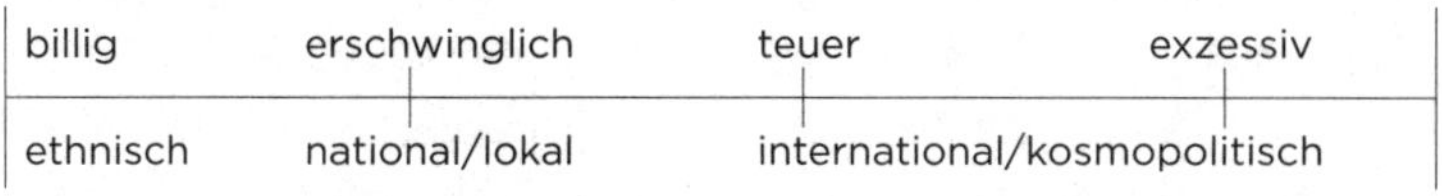

Stadt	Ausländer %
New York	36,8
London	30,8
Berlin	13,2
Paris	12,4
Tokio	2,4

Tabelle 10 http://www.worldcitiescultureforum.com Daten 2010.

Von der Problematik der Kategorien abgesehen, illustriert die Grafik jedoch wenigstens die Breite des gastronomischen Spektrums, die insofern erstaunlich ist, als Tokio weder eine Einwandererstadt ist wie New York noch einen großen Ausländeranteil an seiner Bevölkerung hat wie London, Paris oder auch

Berlin. London etwa hat mehr als 200 000 Einwohner, die in Indien geboren sind. Was Wunder, dass es dort viele indische Restaurants gibt! Einwanderer bringen immer die Küche ihres Heimatlandes mit, weil sie für sich selber die ihnen vertrauten Speisen zubereiten wollen und weil man das dafür erforderliche Know-how leicht mit sich tragen und in der neuen Umgebung verkaufen kann. In Tokio sind es jedoch nicht primär Immigranten, denen die Internationalisierung des Speisezettels zu verdanken ist. Die Stadt bemüht sich, manchmal etwas krampfhaft, um ein internationales Flair, und die Küche ist das Feld, auf dem sich die Tokioter am meisten an der Buntheit der Welt erfreuen, mit gewissen Besonderheiten natürlich. Weltstädte sind Schauplätze des Aufeinandertreffens und des Wettkampfs um die Geltung lokaler und globaler Identitäten, Normen und Bedeutungen. Die heutige Tokioter Esskultur ist Fleisch und Fisch und Gemüse gewordene Globalisierung. Auf diesem Gebiet wird die einheimische Kultur als stark genug empfunden, um im freien Wettbewerb mit anderen zu bestehen, Einflüsse von außen aufzunehmen und umgekehrt die Welt der Kochkunst zu bereichern.

Die internationale Küche ist in Tokio heimisch geworden, freilich oft ohne den Koch. Werden französische, italienische oder griechische Restaurants in Berlin, Paris oder London meist von französischen, italienischen bzw. griechischen Inhabern geführt, sind entsprechende Restaurants in Tokio oft in japanischer Hand, und die Speisen werden von einem japanischen Koch zubereitet. Auf die «ethnischen» Restaurants trifft das weniger zu, aber da, wo es um signifikante Wertschöpfung geht, engagieren sich die Tokioter gern selber. Die Praxis, sich wertvolles Wissen aus dem Ausland anzueignen und es in die heimische Kultur zu integrieren, ohne die Urheber dieses Wissens eine zu große Rolle dabei spielen zu lassen und dadurch möglicherweise soziale Spannungen zu verursachen, wie sie in allen europäischen Städten mit signifikanten «ethnischen» Bevölkerungsgruppen zu beobachten sind, hat in Japan eine lange Tradition. So reiste von 1871 bis 1873 mit der sogenannten Iwakura-Mission die halbe

Speiselokal				
Chinesisch	Koreanisch	Japanisch	Asiatisch Ethnisch	Westlich
Pekingente	Barbecue	Soba/Udon	Thailändisch	Italienisch
Shanghai	Bibimbap	Sushi	Vietnamesisch	Französisch
Sichuan	Sunde-ya	Tempura	Kambotschanisch	Spanisch
Kantonesisch	Horumon	Yakitori	Indonesisch	Mexikanisch
Dim Sum	Nabi (veget.)	Tofu	Indisch	Portugiesisch
Fujian		Shabushabu	Nepalesisch	Amerikanisch
Taiwanesisch		Tonkatsu	Persisch	Russisch
Mandschurisch		Okinomiyaki	Mongolisch	Griechisch
Hunan		Gyudon	Couscous (Nordafrika, Mittelost)	Türkisch
		Kushiyaki		
		Kaiseki		
		Izakaya		
		Kisetsu/Inaka		

Grafik 10 Ein breites Angebot: Auswahl aus Tokioter Restaurantführern

Regierung zwei Jahre lang durch Europa und Amerika, um dort alles in Augenschein zu nehmen, was der Vormachtstellung des Westens zugrunde lag (Panzer 2002). Einige hoch bezahlte Experten wurden danach ins Land geholt, um bei der Aufholjagd behilflich zu sein; aber auf massenhafte Zuwanderung verzichtete man lieber, was bis heute so geblieben ist. «Innovation ohne Immigration» heißt das Rezept. Expertise kann man sich an der Quelle besorgen.

Um die Kunst der französischen Haute Cuisine zu meistern, braucht man weder als Franzose geboren zu sein noch französische Köche in übergroßer Zahl ins Land zu holen. Berühmt ist das Institut Paul Bocuse bei Lyon, zu dessen Alumni zahlreiche Japaner gehören. In Liergues, einem kleinen Dorf in der Beaujolais-Region, bildet die École hôtelière Tsuji seit 1979 alljährlich 200 japanische Köche aus, die nach der Rückkehr in die Heimat in französischen Restaurants arbeiten oder selbst ein solches eröffnen. Und die französischen Restaurants Tokios sind kein dürftiger Abklatsch, sondern werden den höchsten Standards gerecht. Auch in andere europäische Länder pilgern die Adepten, um das Metier im authentischen Milieu so originalgetreu wie möglich zu erlernen. Eine durchaus besondere Rolle spielt dabei Italien. Nach Auskunft der italienischen Handelskammer Tokio gab es 2014 in der Stadt mehr als 3000 italienische Restaurants, die zum größten Teil Japanern gehören. Genauere Angaben lassen sich nicht machen, da ständig neue Pizzerien, Trattorien und Tavernen eröffnet werden, andere schließen oder umziehen. Während die französischen Restaurants vor allem das Luxussegment bedienen und dementsprechend weit weniger zahlreich sind, gibt es italienische in allen Preislagen von der Pizzeria Fermata an der Ecke bis zum Ristorante La Primula im exklusiven Azabujuban. An einfachen italienischen Rezepten versucht man sich auch selber, da viele Ingredienzien im Supermarkt zu haben sind. Wie in vielen Großstädten rund um den Globus ist die italienische Küche zum festen Bestanteil des kulinarischen Repertoires geworden und hat alle anderen europäischen Konkurrenten um die Gunst der Tokioter Feinschmecker weit hinter sich gelassen.

Teuer essen

Die Volkstümlichkeit der italienischen Küche hat sie einem breiten Publikum nahegebracht; das bedeutet jedoch nicht, dass in Verlegenheit geriete, wer elegant italienisch essen gehen will. Zu den Exzessen der Kultur des Konsumkapitalismus gehört das luxuriöse Tafeln. In Tokio können das auch die anspruchsvollsten Gourmets in allen Finessen auskosten, und auch italienische Restaurants bieten dafür reichlich Gelegenheit.

Unter den 250 Speiselokalen, die der *Guide Michelin* in Tokio beobachtet und bewertet, sind 13 italienische. Dass die französischen beinahe viermal so zahlreich (50) sind, unterstreicht ihre Ausrichtung auf ein kaufkräftigeres Publikum. Mehr als die Hälfte der Michelin-Restaurants, 154, sind japanische Lokale verschiedener Art, allein 21 Sushi-Bars. Auch die Dreisternerestaurants sind mit Ausnahme von zwei französischen eine rein japanische Angelegenheit. Insgesamt hat Tokio mehr mit Sternen ausgezeichnete Restaurants als New York und - ein Pfahl im Fleisch der Franzosen - Paris. Auf kulinarischem Gebiet kann Tokio es mit den kosmopolitischsten Städten der Welt aufnehmen. Die Dreisternesrstaurants befinden sich da, wo man sie vermuten würde, in Ginza, Roppongi und Azabu, in Bezirken also, wo viele Diplomaten und andere Ausländer verkehren oder wohnen. Frequentiert werden die Restaurants der obersten Preisklasse aber keineswegs ausschließlich oder auch nur primär von der «Expat»-Gemeinde. An kaufkräftigen japanischen Kunden fehlt es in Tokio nicht.

Die vielen teuren und sehr teuren Restaurants - und es sind viel mehr, als der *Guide Michelin* aufführt - können nur in einer großen reichen Stadt existieren, denn diese Paläste des guten Geschmacks bieten ihren Gästen ja nicht nur exquisite Speisen. Ebenso wichtig und kostspielig sind der vom Sommelier beherrschte erlesene Weinkeller, die schönen, geschmackvoll eingerichteten Räumlichkeiten und das gepflegte Personal. Feine Speisen kann man auch für eine kleine Klientel von Kennern zubereiten, und viele moderat teure Restaurants bescheiden sich damit. Sie erscheinen in keinem Restaurantführer, haben oft nur fünf oder sechs Tische, die sie pro Abend höchstens zweimal besetzen, und ein sehr beschränktes, aber häufig wechselndes Menü. Hier bezahlt man nur die delikaten Speisen. Aber die Kosten des vollen Spektrums von luxuriösem Essen, Trinken, Interieur und Bedienung müssen über Tausende von Kunden verteilt werden. Wer beim Aperitif in der Fish Bank Shiodome im 41. Stock das Panorama der nächtlichen Stadt genießen oder das Essen abseits von neugierigen Blicken mit geladenen Gästen in privaten Räumen des Kitaohji in Akasaka einnehmen will, muss dafür bezahlen.

Obwohl Ambiente und Ausstattung teurer Lokale eine wichtige Rolle spielen, gehen sie in Tokio nicht unbedingt mit Protzigkeit einher; im Gegenteil, teure japanische Kaiseki-Restaurants in Akasaka und Ginza verstecken sich oft hinter unauffälligen Fassaden und geben sich auch in den Innenräumen eher dezent.

Aber wer Augen hat zu sehen, erkennt, dass z. B. das Geschirr nicht nur zur Jahreszeit und den aufgetragenen Speisen passt, sondern aus oftmals sehr wertvollen Einzelstücken besteht – Vergnügungen, die zu würdigen nicht nur ein dickes Portemonnaie verlangt, sondern auch einen gewissen Bildungsstand voraussetzt, für den verwöhnten Tokioter Gourmet aber dazugehören.

Der spanische Meisterkoch Andoni Aduriz des berühmten Restaurants Mugaritz in Errenteria, nahe dem baskischen San Sebastian, der am Weltgastronomiegipfel 2012 in Tokio teilnahm, war beeindruckt von der Virtuosität, der Professionalität und der Liebe zum Detail seiner Tokioter Kollegen und kommentierte die ästhetische Sensibilität der japanischen Gastronomie: »Ich finde es poetisch, wie die kulinarischen Techniken Japans mit jedem Gericht dem Wandel der Jahreszeiten Ausdruck geben.« Ohne Zweifel ist diese Empfindlichkeit ein Teil des Vergnügens, der freilich wie die ganze Tokioter Esskultur seine eigenen Widersprüche hat: Naturliebe ohne Rücksicht auf die Umwelt; der Wandel der Jahreszeiten im künstlichen Milieu klimatisierter Räume; Vergeudung durch Sparsamkeit: das reduktionistische feine Gericht, entblößt nämlich von allem Wildwuchs und jeder Faser, die nicht ins Bild passt. Der Abfall der exquisiten Küche ist exzessiv und natürlich ein Grund für die teuren Preise, aber der Exzess ist nicht auf das Luxussegment beschränkt. Nach Schätzungen waren noch im ersten Jahrzehnt dieses Jahrhunderts 30 Prozent des Tokioter Hausmülls Lebensmittel, was den großen Anteil, den Essen an den Lebenshaltungskosten ausmacht, zum Teil erklärt. Die lang anhaltende Stagnation der Wirtschaft hat unterdessen dazu beigetragen – Wasser auf die Mühlen derer leider, die an den Markt mehr als an die Vernunft glauben –, dass mit der Sensibilisierung des Umweltbewusstseins die Vorstellung um sich greift, dass Lebensmittelverschwendung verwerflich (*mottainai*) ist und sich mit etwas Umsicht reduzieren lässt. Bis zu einem ökologisch verantwortlichen Umgang mit Lebensmitteln, der im Einklang mit der relativ gesunden Ernährung der Tokioter steht, ist es aber noch ein weiter Weg.

13 Karaoke und Kabuki – die nächtliche Welt des schönen Scheins

Life is entertainment.
Sega Samy

Das Wassergeschäft

Wenn um fünf Uhr morgens der erste Zug der Toyoko-Linie von Shibuya Richtung Yokohama fährt, sind unter den wenigen Fahrgästen viele auffällig gekleidete junge Leute, die nicht unbedingt so aussehen, als führen sie zur Frühschicht ins Büro. Dass sie gerade die Nachtschicht beendet haben, ist wahrscheinlicher. Die letzten U-Bahnen und Pendlerzüge fahren ziemlich früh, gegen halb eins, wenn der Spaß erst richtig anfängt. Später mit dem Taxi nach Hause in die Vorstadt zu fahren, ist kostspielig; da ist das Geld besser in der Disco, im Club, in der Spielhalle oder vielleicht in einer Jazzbar angelegt. Auch wenn die Fahrpläne der öffentlichen Verkehrsmittel eher dem Schutz des Nachtschlafs der werktätigen Bevölkerung als den Bedürfnissen der Nachtschwärmer dienlich sind, kommt das Leben in der Stadt um Mitternacht nicht zum Erliegen. In Kabuki-cho, Roppongi, Akasaka, Shibuya und Ikebukuro öffnen viele Etablissements für den nächtlichen Gast erst um neun Uhr abends oder noch später und schließen, wenn es hell wird. Die Vergnügungen der Nacht sind breit gefächert und lassen keinen Wunsch unerfüllt, vorausgesetzt, die Finanzierung ist gesichert. Wie viel Tokios Nachtlebens zum Bruttoprodukt der Stadt (mit ca. 680 Milliarden Euro 2012 fast ein Drittel des Bruttoinlandsprodukts der Bundesrepublik) beiträgt, lässt sich schwer ermitteln, nicht nur weil viel Bargeld ohne Buchhaltung von Hand zu Hand geht, sondern auch weil sich der Sektor nicht leicht abgrenzen lässt. Dass Nachtarbeit jedweder Form einen großen Anteil am Wirtschaftsaufkommen Tokios hat, steht jedoch ebenso außer Frage, wie dass ein großer Teil dieser Arbeit der Unterhaltungsindustrie im weitesten Sinne zuzurechnen ist. Sie reicht von Kunst bis Kitsch, vom Volksvergnügen Karaoke bis zu den exklusiven Clubs für betuchte Herren oder Damen und von den hell erleuchteten Gipfeln des internationalen Showbusiness bis in die zwielichtigen Niederungen des «Wassergeschäfts» (*mizushobai*). Über den Ursprung dieser Bezeichnung herrscht keine Einigkeit: Die einen leiten ihn vom vormodernen *mizuchaya* (wörtl. «Wasser-Tee-Haus») ab, während andere auf die Redensart *shobu ha mizumono* («Gewinn und Verlust sind wie Wasser», nämlich imponderabel) verweisen. Auf die Bars, Cabarets, Discos, Theater, Pick-up-Cafés, Love-Hotels, Ästhetiksalons und allerlei andere Etablissements «für Erwachsene», die nie oder erst schließen, wenn die erste U-Bahn wieder fährt, passen beide Erklärungen.

Alles nur Theater

Wer kultivierte Unterhaltung sucht und es sich leisten kann, geht ins Theater. Was die Theaterszene Tokios auszeichnet, ist das Nebeneinander traditioneller und avantgardistischer Bühnen, wobei es außer klassischen Formen des japanischen Theaters wie Noh und Kabuki und solchen westlichen Theaters wie der Oper viele Varianten der Vermischung, der Anspielung des Zitats innerhalb der einen oder der anderen Gattung gibt, Shakespeare-Dramen auf der Kabuki-Bühne, wie Starregisseur Yukio Ninagawa sie inszeniert, zum Beispiel oder die von der Ryuzanji Company immer wieder erfolgreich bewerkstelligte Modernisierung alter Kabuki-Stücke. Wenn in Ikebukuro Euripides *Die Troerinnen* von einem Ensemble aufgeführt wird, das zu je einem Drittel aus Japanern, Israelis und Palästinensern besteht, kann man mit ebensolcher Berechtigung von Welttheater sprechen wie bei einem Gastspiel des Piccolo Teatro di Milano, das Goldonis

Diener zweier Herren in Setagaya aufführt. Wenn man Abend für Abend ins Theater ginge, hätte man nach drei Monaten noch nicht alle Bühnen Tokios gesehen und könnte dann von Neuem beginnen, da sich die Spielpläne inzwischen geändert hätten. Von den großen Schaubühnen mit der neuesten technischen Ausstattung - Nationaltheater, Imperial Theatre, Kabukiza, Parco-Theater, Bunkamura Theatre Cocoon, Tokyo Geijutsu Gekijo, Setagaya Public Theatre zum Beispiel - bis zu kleinen Kellertheatern mit wenigen Dutzend Plätzen, ohne Rückenlehne unter Umständen - Shimokitazawa Shogekijo, Space Waseda und Akasaka Red Theatre unter vielen anderen -, wird vom Volkstümlichen bis zum Experimentellen alles geboten. Und dann gibt es die Theater der speziellen Art, die einem Ensemble gehören und nur von ihm genutzt werden, beispielhaft das Takarazuka Kageki.

Staatliche Subventionen gibt es keine. Die Theater, die kleinen wie die großen, leben vom Kartenverkauf, von Spenden großer Unternehmen und, wenn es denn dazu kommt, Fernsehtantiemen. Theaterkarten sind entsprechend teuer, aber im Durchschnitt nicht teurer als in anderen Weltstädten, namentlich London und New York. Das Publikum ist bereit, für den Enthusiasmus, das Können, die Phantasie und die Intensität, die ihnen auf der Bühne geboten werden, zu bezahlen. Die Begeisterung für Theater geht durch alle Altersgruppen, aber nicht alle begeistern sich für dasselbe Theater. Es gibt sehr dezidierte Anhängergemeinden. Kabuki wird eher von der älteren Generation geschätzt, während das Honda-Theater in Shimokitazawa, wo viele neue Stücke von avantgardistischen Ensembles gespielt werden, ein junges Publikum anzieht. Gemein sind allen das Vergnügen an der Scheinwelt, in die man für einige Stunden eintaucht, und die Bewunderung für diejenigen, die daraus ihren Lebensinhalt machen, viele für einen geringen Lohn. Der Tokioter Szene der darstellenden Künste vom Statisten bis zum Superstar gehören viele Tausend Personen an, und Tokio ist die Stadt bzw. Präfektur mit dem größten prozentualen Anteil derer, die sich in dieser Welt des Scheins einen Namen machen (Todofuken tokei 2009).

Abbildung 12
Der Mann als Frau: Onnagata, Nakamura Utaemon VI (mit freundlicher Genehmigung)

Im Theater wird alles inszeniert, nichts ist, wie es auf der Bühne scheint: Ein Himmel ist nur ein Bild, ein Haus nur eine Fassade, eine Krone nur Talmi aus der Requisitenkammer – und eine schöne Frau auch nur eine Illusion; denn was unter Schminke, Perücke und Kostüm hervorkommt, ist oft genug weder schön noch überhaupt eine Frau. Das Spiel mit den Geschlechterrollen hat auf Tokios Bühnen eine spezielle Note, denn die Verkörperung des anderen Geschlechts erfreut sich beim Publikum besonderer Wertschätzung. Am bekanntesten in diesem Zusammenhang ist das Kabuki-Theater, das ausschließlich von männlichen Darstellern aufgeführt wird. Im 17. Jahrhundert wurde Frauen das Schauspielen verboten, da die Subkultur des damals im städtischen Milieu populär werdenden Tingeltangels zu eng mit Sittenlosigkeit und Prostitution verwoben war. Ihrer

Abbildung 13 Die Frau als Mann: Otokoyaku, Kaname Oki spielt Rhett Butler in «Gone with the Wind» im Takarazuka (Foto FC)

weiblichen Darstellerinnen auf der Bühne beraubt, machten die Kabuki-Ensembles aus der Not eine Tugend, indem sie die Kunst der *Onnagata*, der Frauendarstellung von Männern, kultivierten (Abbildung 12). Die Schauspieler, die Stereotype japanischer Weiblichkeit mit stilisierten Bewegungen, Körperhaltung und Falsettstimme besser verkörpern können als die meisten Frauen heute, die wissen, wie man einen Kimono trägt, die Ikonographie der weiblichen Gestik perfekt beherrschen und mit einer Handbewegung dem dramatischen Geschehen eine Wendung zu geben vermögen, sind die größten Stars des Kabuki, für die insbesondere Damen in reiferem Alter schwärmen.

Als Volkstheater entstanden, wurde Kabuki durch die Verkünstelung der Frauenrollen zu einer sublimen Form des Schauspiels, die immer mehr ein kultiviertes und gebildetes Publikum anzog. Anfang des 20. Jahrhunderts wurde diesem reinen Männertheater ein weibliches Pendant gegenübergestellt. In Takarazuka unweit Osakas gründete der Geschäftsmann Ichizo Kobayashi 1913 ein neues Theater, da er Kabuki für elitär und altmodisch hielt. Die nur von Frauen auf die Bühne gebrachte pompöse Takarazuka-Revue hatte schnell Erfolg und ließ sich 1934 auch in der Hauptstadt nieder, wo sie heute mitten im Zentrum neben dem Imperial Hotel ihr eigenes Theater hat, das jährlich 50 000 Zuschauer begeistert - Zuschauer*innen* allerdings zumeist. Gespielt werden Melodramen, die sich zwischen Edlen und Schurken, dem unerbittlichen Schicksal und unweigerlich einer Liebesgeschichte, am liebsten mit unglücklichem Ausgang, entspinnen. Vor exotischen Kulissen mit raffinierten Beleuchtungseffekten und aufwendiger Ausstattung bringt die Revue Tanz, Musik und Leidenschaft größter technischer Perfektion auf die Bühne. In der Kritik oft als kitschig, oberflächlich und effekthascherisch geziehen, ist sie doch äußerst populär und quasi ein Genre für sich. Das bekannt harte Training schreckt Hunderte von Mädchen nicht ab, sich jedes Jahr um einen Ausbildungsplatz zu bewerben, der Ruhm und ein gutes Einkommen verspricht. Die größten Stars sind die *Otokoyaku*, die Männerdarstellerinnen, die ihre eigenen Fanclubs haben (Abbildung 13). Wie bei den *Onnagata* im Kabuki ranken sich um die Frage, was ihre Verkörperung mit ihrem Körper, die Rollendarstellung mit ihrer Sexualität zu tun haben mag, viele Gerüchte (Robertson 1998). Beide Formen des Theaters werden von den einen wegen der Verkehrung der Geschlechterrollen als asexuell und steril, von anderen hingegen als Elysium der Homoerotik charakterisiert.

Seit Anfang des Jahrhunderts ist *sexless* im Japanischen zu einem geläufigen Lehnwort geworden, und das geschlechtslose Eheleben ist so verbreitet, dass Familienpolitiker darin einen Faktor der niedrigen Geburtenrate erkennen wollen (obwohl sich die vermutete Korrelation zwischen Sexfrequenz und Geburtenrate nicht nachweisen lässt). Nach einer Umfrage des Japanischen Zentrums für Familienplanung (*Nihon kazoku kyokai kazoku keikaku senta* 2003 : 4) leben mehr als 40 Prozent aller verheirateten Paare ohne Sex, und in internationalen Vergleichsstudien finden sich die Japaner sowohl in Bezug auf Häufigkeit als auch auf die Zufriedenheit mit ihrem Sexualleben regelmäßig auf einem niedrigen Rang. Daraus ist jedoch nicht zu schließen, dass Sex im Leben und in der kollektiven Phantasie keine Rolle spielte. Im Showgeschäft knistert es überall von erotischen Innuendos, und andere Sparten der Unterhaltungsindustrie leben davon.

Sex in der City

Die Vertauschung von Geschlechterrollen ist nicht nur auf der Theaterbühne ein beliebter Zeitvertreib. Crossdresser, Transvestiten, Transgenderfrauen und andere Grenzgänger gibt es in großer Zahl, und sie haben ihre eigene Szene von Bars, Treffpunkten, Tanzlokalen und Clubs mit Kleiderverleih, Umkleideräumen und Schminktischchen. Die größte Konzentration buchstäblich Hunderter von Nachtclubs und Schwulen- und Lesbenbars findet sich in Shinjuku ni-chome am Rande von Kabuki-cho, Tokios größtem Lasterpflaster. Viele dieser Lokale haben nicht mehr als ein Dutzend Plätze und sind auf Stammkunden einer Subkultur innerhalb der Subkultur ausgerichtet. Aber natürlich kommen auch die auf ihre Kosten, die weniger Wert darauf legen, sich abzusondern, und ihren Durst nur in Gesellschaft Gleichgesinnter stillen wollen. Bars nicht nur an jeder Ecke, sondern auf jeder Etage zwölfstöckiger Hochhäuser, jede mit einer Neonreklame an der Fassade, machen in den Straßenzügen von Kabuki-cho die Nacht zum Tag – bis die ersten Züge fahren. Das Tokioter Kapitel des japanischen Bartender-Verbands hat mehr als 700 Mitglieder, die nur die Spitze des Eisbergs darstellen bzw. die Crème de la crème ihrer Branche, denn dem Verband gehören nicht einmal zehn Prozent aller Barmänner und -frauen an. Eine auf die Bewertung gastronomischer Betriebe spezialisierte Webseite (www.ekiten.jp) listet 11 682 Tokioter Bars mit Karte, Kundenkritik etc. auf, wovon sich allein ca. 1900 im zentralen Stadtbezirk Chuo befinden, mit der größten Konzentration in Ginza (Oguchi 2010: 121). Selbst die offizielle Statistik der japanischen Regierung beziffert die in Tokios Bars, Nachtclubs und Kneipen Beschäftigten mit deutlich über 200 000. Um präzise zu sein, sind es 67 093 Bars, Cabarets und Nachtclubs sowie 148 304 Kneipen und Bierhallen (Wirtschaftszensus der Regierung, Tabelle 15–2).

Zu den teureren Formen des Nachtlebens gehören Hostess-Clubs, genannt *Kyabakura*, ein verkürztes Kompositum aus *Cabaret* und *Club*. Diese von gut situierten Herren frequentierten Nachtlokale bieten teure Getränke, Snacks und Liveunterhaltung. Um sich in einem solchen Club nach dem langen Arbeitstag zu entspannen, muss man Mitglied sein. Mit oder ohne Geschäftsfreunde lassen sich die Kunden ihre Drinks von attraktiven Damen einschenken, mit denen sie scherzen, flirten, singen und sich unterhalten. Komplimente und leichte Anzüglichkeiten sind erlaubt, aber Prostitution gehört nicht zum typischen Angebot, obwohl Frauen, die längere Zeit in solchen Clubs arbeiten und nicht nur Gelegenheitshostessen sind, leicht in die Halbwelt abrutschen (Alison 1994). Nachtclubs dieser Art sind nicht pauschal mit käuflichem Sex zu assoziieren, noch die Hostessen, die dort arbeiten, mit Prostituierten (Parrenas 2011), aber wegen der hohen Summen, die die Kunden bezahlen, um sich von fügsamen Frauen umsorgen zu lassen, wurden sie zur Verkörperung des Verhältnisses der Geschlechter im Tokio der Epoche des Konsumkapitalismus. Ein Abend in einem solchen Club kann den Kunden ohne Weiteres um hohe sechsstellige Yen-Beträge erleichtern.

Während Hostess-Clubs in der Hochwachstumsphase der 1970er und 1980er Jahre ein vielfach aus Spesenkonten finanziertes Privileg männlicher Angestellter waren, gibt es für Vergnügen dieser Art inzwischen auch eine weibliche Klientel. Neben den traditionellen Hostess-Clubs und zahlreichen Lesben- und Schwulenbars haben sich in Tokios Vergnügungsvierteln auch Host-Clubs etabliert, deren Kundinnen sich von jungen Männern zwischen 18 und 30 Gesellschaft leisten lassen. Der Reiz besteht in der «verkehrten Welt», in der die Frau anders als oft im geschäftlichen Alltag das Sagen hat und von willfährigen Männern umsorgt wird. Es sind keine Machos, sondern eher effeminierte Vertreter ihres Geschlechts, Ladyboys mit gepflegtem Auftreten. Auch hier wird für Türsteher im Smoking, Kronleuchter, Plüsch, vergoldete Skulpturen, phantasievolle Cocktails und die ungeteilte Aufmerksamkeit des elegant gekleideten Hosts kräftig gezahlt. Das Auftauchen von Host-Clubs kann man als Ausdruck der Tatsache betrachten, dass die gesellschaftliche Wirklichkeit sich mit dem Entstehen einer zahlungskräftigen Schicht weiblicher Selbständiger und Angestellter schneller verändert hat als die Normen des Umgangs, die nach wie vor die Unterschiede zwischen den Geschlechtern mehr betonen als die Gemeinsamkeiten. Einer Dame, die sich eine Flasche Dom Perignon Vintage für 100 000 Yen leisten kann, müssen die Jungs zu Füßen liegen, und sei es nur für ein paar Stunden.

Der Weg von teuren Hostess- und Host-Clubs zu den Gefilden käuflichen Sexes in den Vergnügungsvierteln ist oft nicht weit. Seit dem Antiprostitutionsgesetz von 1956 ist Prostitution verboten, wird aber weithin geduldet. Der Staat der institutionalisierten Doppelmoral will bei dem einträglichen Geschäft nicht leer ausgehen und auch bei dem, was er verbietet, einen Schnitt machen. Deshalb gibt es Steuerberater, die auf gewerblichen Sex spezialisiert sind und ihre Dienste Liebesdienerinnen ebenso anbieten wie Betreibern von Begleitagenturen, Massagesalons etc. Das Antiprostitutionsgesetz dient somit weniger dazu, das Gewerbe zu unterdrücken, als es zu kontrollieren, z. B. wenn es opportun ist, unliebsame Ausländerinnen auszuweisen, die illegal im Land sind. Auch ein Auge auf diejenigen zu haben, die sie ins Land geholt haben, ist den Autoritäten ein Anliegen. Denn zum großen Teil wird die Sexindustrie vom organisierten Verbrechen der Yakuza (Hill 2003) beherrscht, die mit internationalem Menschenhandel dafür gesorgt haben, dass Tokio sich auch auf diesem Gebiet als Weltstadt profiliert hat (Honjo 1998). Mit falschen Versprechungen von einträglicher Arbeit in Restaurants, Bars und Nachtclubs und Visa der Kategorie «Unterhaltungsindustrie» bringen Yakuza nach Schätzungen jährlich Zigtausende von Frauen nach Tokio (Kinsey 2004), die dann oft gezwungenermaßen in der Sexindustrie arbeiten, durch Schulden an die Menschenhändler gebunden (Goh 2009). Die kriminelle Kontrolle der Yakuza sowie koreanischer und chinesischer Banden über einen großen Teil der Prostitution, die von der Polizei aufmerksam beobachtet, aber nur nach Gutdünken inhibiert wird, ist ein sinistrer Aspekt der Globalisierung Tokios. Während die Verbrechersyndikate ihre internationalen Aktivitäten ausweiten, wird das Antiprostitutionsgesetz oft eingesetzt, um Opfer des Menschenhandels zu kriminalisieren, statt sie zu schützen. Nach einem 2003 in Tokio veranstalteten Symposium zum Thema Menschenhandel wurde das Netzwerk «humantraficking.org» ins Leben gerufen, um Politiker und die Gesellschaft für die Problematik zu sensibilisieren und gegen Missbrauch vorzugehen. Besonders sichtbar ist die Internationalisierung des Nachtlebens in Roppongi. Von dem Sündengeld, das in diesem unter Ausländern, namentlich Angehörigen der US-Streitkräfte, besonders beliebten Viertel Nacht für Nacht umläuft, suchen seit Anfang des Jahrhunderts immer mehr Immigranten zu profitieren. Vor allem nigerianische Schlepper und Türsteher werben aggressiv um Kunden, wobei sie sich oft am Rande oder jenseits der Legalität bewegen. Im Tokioter Wassergeschäft ist das ein Novum, denn die Yakuza arbeiten gewöhnlich in untereinander aufgeteilten Bezirken, in die sie keine Ausländer eindringen lassen.

Das gilt auch für die heimische Sexindustrie Tokios, in der Tausende von Japanerinnen arbeiten. Geschätzt eine von 20 Frauen im Alter zwischen 25 und 29 ist auf die eine oder andere Weise mit käuflichem Sex in Berührung gekommen (Ogiue und Iida 2013). Unbezweifelbar ist, dass diese Industrie in Tokio ungeachtet des formellen Prostitutionsverbots riesige Ausmaße hat und wenig tabuisiert ist. Obwohl ein stetig wachsender Teil des Sexhandels über das Internet vermittelt wird, gibt es in allen Vergnügungsvierteln Kioske, an denen man sich gratis über das Angebot sexueller Dienstleistungen informieren kann. Die Eingänge sind mit Sichtblenden verstellt, die Jugendlichen den

Zugang verwehren, aber welche Art von Information hier zugänglich gemacht wird, ist für jeden sichtbar. In Kabukicho im Stadtteil Shinjuku, auf dem Hügel Dogenzaka in Shibuya, in Uguisutani im nordöstlichen Stadtteil Arakawa und in den Straßen zwischen Roppongi und Azabujuban finden sich Hunderte von Etablissements, die von Prostitution leben: Soaplands (Badehäuser für Männer mit weiblichem Personal), Image Rooms, Fashion Health, Pink Salons, Deriheru (verkürzte Form des Euphemismus *Delivery Health*), Telekura (Telefonkontaktclubs), Massagesalons und Stundenhotels, wo die fliegenden Händlerinnen – auch Händler – ihrem Broterwerb nachgehen. Allein in Kabuki-cho befinden sich 114 Love-Hotels, in ganz Tokio sind es über 800. Diese Branche, die sowohl Prostituierte als auch auf Diskretion bedachte Liebespaare bedient, hat zwar ihren Höhepunkt überschritten, was einerseits darauf zurückzuführen ist, dass man in Tokio weniger beengt lebt als in den 1960er Jahren, als viele Love-Hotels gebaut wurden, und andererseits auf die Bevölkerungsalterung (wenn man annimmt, dass die Kundschaft tendenziell jung ist). Dennoch hat diese Sparte des Hotelgeschäfts noch einen beträchtlichen Umfang, der auf einen Jahresumsatz von zwei bis drei Billionen Yen geschätzt wird. Die Anlagefirma Initia Star Securities legte 2008 den Fonds «Neo Hope» von Tokioter Love-Hotels auf, der als sichere und ertragreiche Anlage gilt.

FUNFUN – Glück und Konsum

Schon in der Edo-Zeit ruhte das Nachtleben in der großen Stadt auf drei Säulen: *Nomu, utsu, kau,* hieß es sprichwörtlich: Trinken, Spielen, Kaufen. Mit Letzterem war dabei vorwiegend der Besuch in Yoshiwara gemeint, dem berühmten konzessionierten Freudenviertel der Stadt. In Senzoku-Yon-chome im heutigen Bezirk Taito arbeiteten dort um die Wende zum 20. Jahrhundert bis zu 9000 Frauen (Sone 1999). Wie Prostitution ist Glücksspiel in Japan illegal und mit dem organisierten Verbrechen verquickt, wird aber, den Gesetzen des Konsumkapitalismus gehorchend, mit gewisser Camouflage geduldet. Mit Pachinko-Automaten wird in Japan nach Angaben des Wirtschaftsministeriums (2013) ein jährlicher Umsatz von ca. 2,8 Milliarden Euro erzielt. Damit ist der Wirtschaftsfaktor Pachinko ungefähr doppelt so groß wie die Tourismusindustrie (Industry Review 2012). Sega Sammy Holdings, einer der größten Konzerne der japanischen Freizeitindustrie, beziffert die Größe des Pachinko-Markts 2013 auf 19,3 Trillionen Yen bzw. 28,4 Prozent des gesamten Freizeitmarkts. Ihrer Spielleidenschaft können die Tokioter in fast tausend Pachinko-Salons frönen und hoffen, dass sie sich gewinnbringend auszahlt. Zwar dürfen die Betreiber der Salons keine Geldpreise vergeben, aber die zu gewinnenden Sachpreise lassen sich in unmittelbarer Nähe des Salons versilbern. Ihr Wert darf 10 000 Yen nicht übersteigen, was der Grund dafür ist, dass Pachinko nicht als Glücksspiel gilt, sondern nur als Spiel. Von diesem Spiel der vor dem Spieler und im Wesentlichen ohne sein Zutun durch einen senkrecht stehenden blinkenden Parcours rollenden Kugeln weiß man freilich, dass es suchterregend ist. Das Gesundheitsministerium unterhält deshalb eine Webseite, wo sich Pachinko-Süchtige Rat holen können. Angesichts der Größe des Pachinko-Geschäfts verwundert es nicht, dass die Lobby der amerikanischen Spielkasinoindustrie die japanische Regierung seit Jahren bedrängt, das Glücksspiel zu legalisieren.

Einstweilen hält jedoch der japanische Staat die Hand auf der lukrativen Spielindustrie und kontrolliert auch die Buchmacher verschiedener Rennsportarten: Pferde, Motorboot, Motorrad und Fahrrad. Wer virtuelle Rennen vorzieht, geht in die *FUN FUN*-Spielhalle, dem Pendant der Scheinwelt des Theaters für den kleinen Mann. In den *Game Centers* wird man für wenig Geld vor einer Konsole zum Schwertkämpfer, Ninja, Kampfflieger, Ufo-Jäger, Rennfahrer oder irgendeinem anderen Überlebenskünstler, kann sich abreagieren und ist den Problemen des Alltags dadurch für eine Weile entrückt. Durch die Verbreitung von Onlinespielen, die man am eigenen PC und auf dem Mobiltelefon spielen kann, hat die Branche weltweit große Einbußen erlitten. In Tokio hat sie mit Diversifizierung der Ausstattung reagiert und sich damit besser behauptet als auf anderen Märkten. In den hiesigen *Game Centers* findet man nicht nur Konsolen und Automaten jeder Art, sondern auch Bars, Buffets, Manga-Bibliotheken, 3-D-Minikinos und andere Attraktionen wie Geisterbahnen, ganze Themenparks, Horoskopautomaten, Schießbuden und *Purikura* (print club) Fotokabinen, in denen man Selbstporträts komponieren kann, manchmal mit Perücken und anderem Zubehör, das vom Geschäft bereitgestellt wird. Tokios *Game Centers* haftet nicht der Geruch des halb kriminellen Milieus an, wo man mit Drogenhändlern und anderen asozialen Figuren am Rande der Gesellschaft in Kontakt kommen kann. Sie sind relativ sauber und sicher und erfreuen sich einer breit gestreuten Kundschaft von Oberschülern bis zu Senioren, die dort Amüsement und Ablenkung ohne große Kosten finden. Nach Kanada, Amerika und England steht Japan an vierter Stelle der Pro-Kopf-Ausgaben für Videospiele (Maps oft he World o.J.), und der Marktanteil, der auf *Game Centers* entfällt, ist in Japan am größten. Dass es in Tokio trotz der schrumpfenden Branche noch immer ca. 800 *Game Centers* gibt, zeugt von einer erfolgreichen Anpassungsstrategie und davon, dass die dort gebotenen relativ billigen Vergnügungen im heutigen Tokioter Alltag unverzichtbare Funktionen erfüllen: indem sie Teenager, die sonst nichts mit sich anzufangen wissen, von der Straße holen; indem sie die Bedürfnisse derer befriedigen, die den Wahlspruch internalisiert haben, den der Industriegigant Sega Sammy stellvertretend für die Kulturindustrie der Massengesellschaft formuliert hat: *Life is entertainment*; und indem sie Geringverdienern Gelegenheit geben, sich mit einem Teil ihres verfügbaren Einkommens am Kreislauf der Konsumwirtschaft zu beteiligen.

Jeder ein Star – Karaoke

Einen noch größeren Beitrag dazu leistet die populärste und zugleich unschuldigste aller Vergnügungen der Nacht, die nicht wirklich auf die Nacht beschränkt ist, aber doch weitgehend in der Freizeit betrieben wird, was für die meisten abends und nachts bedeutet: Karaoke. Singen ist eine weitverbreitete Leidenschaft, und dank der technikinduzierten Illusion des Wohlklangs der eigenen Stimme wird in der Karaoke-Box ein jeder zum Star. In kleineren oder größeren Gruppen kann man dort Partys feiern, und es gibt auch Solo-Karaoke-Kabinen, für einsame Sänger und solche, die üben und ihre Performance verbessern wollen. Manche Karaoke-Bars sind von dem ursprünglichen Konzept der Privatheit abgeschlossener Räume abgewichen und lassen alle Kunden als Akteure und Publikum am Geschehen teilnehmen, so dass sie sich in öffentlichen Auftritten vor Fremden üben können.

Im Zuge der demographischen Entwicklung und der Verlagerung der Unterhaltung aus dem öffentlichen in den privaten Raum, wo man sich an tragbaren drahtlosen Karaoke-Geräten und an Online-Karaoke erfreuen kann, wies zwar auch dieser Industriezweig im ersten Jahrzehnt des Jahrhunderts ein negatives Wachstum auf, hat sich aber inzwischen stabilisiert. Der japanische Verband der Karaoke-Betreiber beziffert den Gesamtumsatz der Sparte auf rund acht Milliarden Euro (Zenkoku karaoke jigyosha kyokai 2013), deutlich mehr, als die japanische Filmindustrie erwirtschaftet (Gaulène 2013). Wie in der Filmindustrie, wo kleine Lichtspielhäuser von großen Multiplexkinos verdrängt wurden, hat der Wettbewerb unter Karaoke-Betreibern zu Konzentration geführt: weniger Lokale mit insgesamt mehr Karaoke-Boxen bzw. -Plätzen. In Tokio befinden sich rund zehn Prozent der etwa 9000 Karaoke-Lokale im ganzen Land. Ähnlich wie die *Game Centers* haben die Anbieter ihr Angebot diversifiziert, um dem Popularitätsschwund entgegenzuwirken. Karaoke-Lokale sind heute oft mit Bars, Restaurants und Internetcafés verbunden, und andere haben ihre Einrichtung mit Geräten ergänzt, die es Musikern ermöglichen, ihr Instrument ebenso wie die Sänger ihre Stimme in das Begleitorchester zu integrieren und Aufnahmen zu machen. Zur Ausstattung gehören eine gute Technik, Mikrophon, TV-Schirm, Mischpult und Fernbedienung sowie eine reiche Auswahl japanischer, koreanischer, chinesischer und englischsprachiger Lieder.

Karaoke ist eine dem urbanen Leben gut angepasste Form der Unterhaltung. Es kennt keine Begrenzung nach Geschlecht, Herkunft oder sozialer Schicht, noch ist der Zugang durch hohe Eintrittspreise limitiert. Zwar gibt es auch luxuriös ausgestattete teure Karaoke-Bars, aber insgesamt ist Karaoke mit Kosten von 150 bis 600 Yen pro Person und Stunde ein billiger Spaß. Im dichten Gedränge der Stadt brauchen Karaoke-Lokale relativ zu der Anzahl der Kunden wenig Platz. An verkehrsgünstigen Orten gelegen, sind sie leicht und für jeden zugänglich. Seit Playback-Anlagen für die Begleitung von Sängern in den 1970er Jahren in den ersten Bars auftauchten, ist Karaoke in Japan zur beliebtesten Form der Unterhaltung geworden. Intellektuell anspruchslos und nachsichtig gegenüber mangelnder Begabung, ist Karaoke das Volksvergnügen, an dem jeder teilhaben kann, ohne nachzudenken. Bei dem technikbegeisterten Publikum haftete der künstlichen Aufbereitung mittelmäßiger Stimmen und ihrer Unterstützung durch ein nur virtuell vorhandenes Orchester niemals das Stigma des Unechten an. Karaoke ist nicht die Vorspiegelung musikalischen Könnens, sondern innovatives Instrument für die Entfaltung neuer Möglichkeiten der Selbstdarstellung. Durch die Integration von Technik und natürlichen Fähigkeiten ist Karaoke zu einem Amüsement eigenen Rechts geworden, ja der künstlich erzeugte Schein von Talent ist ein Merkmal der urbanen Mediengesellschaft.

14 Den Fuji im Blick

O Fuji Yama, deine Herrlichkeit
Wird man noch preisen in den fernsten Tagen
Bis zu der Dichter spätesten Geschlechtern
Wird Deines Ruhmes Glanz nicht untergehen

Akahito, 730 u.Z.
(Bethge 1918)

3000 Bergsteiger jährlich, und es werden mehr. Der Fuji Club und andere Freiwilligengruppen haben den Müll schon stark reduziert, aber das Ziel des müllfreien Bergs ist noch nicht erreicht.

Fuji Club 2013

Mit urbanen Ballungsräumen entsteht auch das Bedürfnis, das Gedränge der Großstadt gelegentlich hinter sich zu lassen, frische Luft zu atmen, den Betondschungel mit Wald und Wiesen zu vertauschen, mit der Natur in Berührung zu kommen – ein Bedürfnis, das in der Agrargesellschaft ebenso wenig ausgeprägt war wie die Trennung von Arbeit und Freizeit. In welchem Umfang und auf welche Weise es befriedigt werden kann, ist in internationalen Städterankings ein Indikator, mit dem «Erlebnis- und Freizeitwert», «natürliche Umwelt», «touristische Effekte» etc. gemessen werden. Hier liegt Tokio mit Städten wie Brüssel, Stockholm und Moskau ungefähr gleichauf, schneidet also nur mittelmäßig ab (Mori Kinen Zaidan 2012 : 343). Einerseits ist das auf die Größe der Stadt zurückzuführen, denn es dauert recht lange, bis man am Meer oder in den Bergen ist. Andererseits kann man hierin eine Spur erkennen, die in die Entwicklungsgeschichte der Stadt führt. Alle Städte, die nach diesem Index vor Tokio rangieren, sind westliche Städte, beinahe ausschließlich europäische – London, Paris, Berlin, Wien, Madrid: Städte nämlich, in denen die Arbeitsteiligkeit der Industriegesellschaft schon eine längere Geschichte hat und damit auch die Kommerzialisierung der freien Zeit. Aus dem Erholungsbedürfnis der arbeitenden Stadtbevölkerung und der Bereitschaft, die ästhetische Betrachtung der Natur zu vermarkten, wurde im Zuge der Industrialisierung die Basis für den Lebensunterhalt eines Teils der Landbevölkerung, die in der sich entwickelnden Freizeitindustrie neue Formen der Beschäftigung fand. Das ist eine Erscheinung der Moderne (Prahl 2002). Ferienorte, Naherholungsgebiete und Massentourismus gibt es erst in der Neuzeit.

Vermarktung des Erbes

Dass Städte agieren wie Firmen, die ihre Produkte vermarkten, ist ebenfalls ein Phänomen unserer Zeit (Cronin, Hetherington 2008). Mit Branding und Marketing, Slogans und effektvollen Internetauftritten werben sie um Kunden (Kolb 2006, Stevens 2013), wobei für diejenigen, die außer Glitter auch Information wollen, die Erreichbarkeit historischer Stätten, schöner Landschaften und anderer touristischer Attraktionen ein wichtiger Faktor ist. In jüngster Zeit haben Städte die von der UNESCO entwickelte Welterbekonvention als Gütesiegel entdeckt und für Werbezwecke vereinnahmt. Städte wie Brüssel, Amsterdam, Mailand, Paris, London, Wien, Madrid und Zürich können auf Dutzende von Welterbestätten im Umkreis von 100 km verweisen, Tokio aber lange Zeit auf keine einzige. Die 1999 in die UNESCO-Liste aufgenommenen Tempel und Schreine in Nikko in der Präfektur Tochigi sind 112 km von Tokio entfernt. Erst im Juni 2013 wurde der 3776 Meter hohe Fuji in die Welterbeliste der UNESCO aufgenommen, und zwar in die Liste des Kultur-, nicht des Naturerbes. Die Entscheidung der Kommission wurde damit begründet, dass der Berg «seit Jahrhunderten Dichter und Künstler inspiriert und Pilgergruppen anzieht». Das ist zutreffend und dafür verantwortlich, dass der Berg ein nationales Symbol ist. In Gedichten kommt er seit ältester Zeit vor. Große Künstler wie Hiroshige und Hokusai haben «den ewigen Gipfel» von allen Seiten und aus jedem Blickwinkel hundertfach porträ-

Abbildung 14 Weltkulturerbe Fuji auf dem 500-Yen-Schein (Foto FC)

tiert. Durch asketische Übungen an seinen Hängen haben Pilger ihm eine Bedeutung für die Beziehung zwischen dem Diesseits und dem Jenseits verliehen (Earhart 2011). Auf Münzen, Banknoten und Briefmarken wurde seine stilisierte konische Form zum Emblem des modernen Staats, und der Kommerz bedient sich seiner in endlosen Variationen für Produktnamen, Logos und Werbematerial.

Der Fuji liegt knapp 100 km südwestlich von Tokio, vom Sky Tree bis zum Gipfel sind es genau 106 km, aber der ist im Osten der Stadt. Von Takaosan im Westen sind es nur 55 km. In Edo und auch noch im Tokio der ersten Hälfte des vorigen Jahrhunderts war der sich allein aus der Ebene erhebende Vulkan von fast überall zu sehen, wovon heute noch viele Ortsnamen in Tokio zeugen, die *Fujimi*, «Fuji-Blick», als Element enthalten. Inzwischen ist Tokio jedoch so in die Höhe gewachsen, dass man den Berg zu ebener Erde fast nirgend sehen kann. Aus den Fenstern vieler Bürohochhäuser bietet er als Kulisse hinter dem Häusermeer jedoch einen spektakulären Anblick, insbesondere im Herbst und Winter, wenn er schneebedeckt und die Luft klar ist. Pilgergruppen zog der Berg an, wie es in der UNESCO-Begründung hieß. Das waren die Reisenden, die den Fuji in vormodernen Zeiten besuchten (wobei sie nicht unbedingt mit gesenktem Kopf im Büßerhemd daherkamen). Heute ist er mit den um ihn herum liegenden fünf Seen ein beliebtes Ausflugsziel der gestressten Tokioter. In dem vulkanischen Gebiet gibt es zahlreiche heiße Quellen, die von den Besuchern in Hotels und öffentlichen Bädern benutzt werden.

Im Süden grenzt das Gebiet um den Fuji an die ebenfalls vulkanische Izu-Halbinsel, die mit ihren Stränden, Quellen und Gebirgspfaden das populärste Erholungsgebiet der Tokioter darstellt. Die ganze Region um den Fuji und die Izu-Halbinsel, die insgesamt 1227 Quadratkilometer umfasst, ist als Nationalpark ausgewiesen. Atami im Nordosten der Halbinsel ist schon seit Jahrhunderten für seine Bäder bekannt, aber damit aus dem Ort ein Spa mit zig Heilquellen, Tropenbad, botanischem Garten, etlichen Museen – vom Museum für moderne Kunst bis zum Uhren-, Glas-, Music-Box- und Teddybärmuseum –, Nachtclubs, Bars und über 100 Hotels mit rund 18 000 Betten werden konnte, musste nicht nur die Infrastruktur mit Verkehrswegen entwickelt werden (mit dem Shinkansen ist Atami nur 50 Minuten von Tokio entfernt); es musste auch die Kundschaft geben, die davon Gebrauch machen kann. Beides ging im Zuge von Japans wirtschaftlichem Wiederaufstieg nach dem Zweiten Weltkrieg Hand in Hand. Mit der Entwicklung der urbanen Konsumgesellschaft entstand die Tourismus- und Freizeitindustrie, die einen stetig wachsenden Teil des erwirtschafteten Überschusses absorbierte, während es gleichzeitig immer mehr Menschen möglich wurde, sich an dieser Form des Konsums zu beteiligen. Mitte der 1950er Jahre arbeiteten die Tokioter durchschnittlich 2700 Stunden im Jahr. Inzwischen ist die Arbeit nicht nur stärker rationalisiert und deshalb produktiver, sondern u. a. durch die Steigerung der Erwerbsbeteiligung der Frauen auch besser verteilt. Dadurch hat sich die Jahresarbeitszeit pro Arbeitnehmer um fast 1000 Stunden verringert (Morioka 2011 : 2). Mehr Freizeit also. Zwar arbeiten Japaner durchschnittlich noch immer deutlich länger als die meisten EU-Bürger, je nachdem, welchen Index man befragt, 150 bis 300 Stunden im Jahr mehr als Deutsche zum Beispiel (OECD o. J.); aber gemessen an ihrer eigenen Jugend oder am Arbeitsleben ihrer Eltern, haben die Werktätigen heute sehr viel mehr Zeit zur eigenen Verfügung. Außer den tariflich garantierten arbeitsfreien Tagen gibt es jeden Monat mindestens einen Feiertag, oft in Verbindung mit einem Wochenende. Freizeit in diesem Maße gibt es noch nicht sehr lange. Die Fünftagewoche an öffentlichen Schulen wurde erst 2002 eingeführt, und zwei arbeitsfreie Tage pro Woche gibt es in vielen Branchen auch noch nicht viel länger. Für die kurz nach dem Zweiten Weltkrieg geborene Babyboom-Generation waren Ausflüge mit einer Übernachtung in einem Badeort ein Erlebnis, wie auch Spazierfahrten mit dem eigenen Auto.

Ins Umland

Viele Tokioter fahren an den freien Tagen auch heute noch mit dem Auto, um mit dem Auto zu fahren, was auf den dann unvermeidlich vollen Straßen nicht nur unter ökologischen Gesichtspunkten ein zweifelhaftes Vergnügen ist. Es ist auch generationsspezifisch. Die Älteren, für die «my car», das eigene Auto, noch eine bedeutende Errungenschaft und ein Statussymbol war, erfreuen sich an einem «drive» – der modernen Verwirklichung der konfuzianischen Weisheit «der Weg ist das Ziel» –, während das Interesse an Autos bei den Jüngeren stark zurückgegangen ist. Zugverbindungen ins Umland sind gut und werden viel genutzt. Von Shinjuku aus ist man in rund eineinhalb Stunden in Hakone, einem berühmten Badeort am Ufer des Ashi-Sees mit Heilquellen, Geysir, vielen Wanderwegen und einem berühmten

Schrein. Hakone war schon in der Edo-Zeit eine Station auf der Tokaido, die Edo mit Kyoto verband. Heute ist das Städtchen wirtschaftlich fast vollständig vom Tourismus abhängig. Ähnlich verhält es sich mit mehreren anderen Orten, die etwa gleich weit von Tokio entfernt sind. Nördlich von Tokio, in einem weiteren, 1400 Quadratkilometer großen Nationalpark, liegt Nikko, wo sich in ausgedehnten Zedernwäldern der prunkvolle Schrein Toshogu und das Mausoleum des Begründers der Tokugawa-Dynastie (1603–1867) Ieyasu befinden. Berge zwischen 200 und 2000 Metern, ein Hochland mit Sümpfen und einem See, Wasserfälle und heiße Quellen bieten eine ideale Basis für die Entwicklung von Freizeitangeboten, die es den Tokiotern erlauben, die in der Stadt erwirtschafteten Gewinne außerhalb derselben zu konsumieren. Der Weg nach Kamakura, südwestlich von Tokio am Meer, ist noch weniger weit. Die einstige Hauptstadt ist in das Nahverkehrsnetz der Kanto-Ebene eingebunden. Im 13. Jahrhundert (1185–1333 u. Z.) war Kamakura Sitz des ersten Shogunats. Von seiner früheren Bedeutung zeugen noch heute mehr als 150 Tempel und Schreine, eine der eindrucksvollsten Agglomerationen religiöser Kultstätten Japans. Dazu gehört auch der größte Bronzebuddha, der heute auf dem Gelände des Tempels Kotoku-in majestätisch im Lotussitz ungeschützt den Elementen ausgesetzt ist, bis 1498, als sie von einem Erdbeben zerstört wurde, aber in einer großen Halle stand. Kamakura ist vor allem für Kulturbeflissene von Interesse, aber an der Küste um die Stadt herum sind viele Wassersporteinrichtungen zum Schwimmen, Segeln, Fischen und Surfen. Auch in Zushi, südlich von Kamakura, an der Westküste der Miura-Halbinsel, ist ein schöner Strand – und deshalb auch eine US-Garnison. Kisarazu auf der Boso-Halbinsel, am östlichen Ufer der Bucht in Chiba, ist etwas weiter, aber von Tokio aus immer noch leicht erreichbar. Ein Wanderweg führt von da nach Nokogiri, einem Berg, in den Japans größte Buddhastatue eingemeißelt ist. In Karuizawa am Fuße des Vulkans Asama ist man mit dem Shinkansen in einer knappen Stunde. Hier spielt man im Sommer Tennis oder Golf und geht im Winter Ski fahren. Auch diese Stadt, in der viele begüterte Tokioter ein Ferienhaus haben, gehört heute faktisch zum Wirtschaftsraum der Metropole. Zahlreiche andere weniger berühmte Orten wollen ebenfalls am Reichtum der großen Stadt teilhaben, indem sie ihren genervten, gelangweilten, erholungsbedürftigen und neugierigen Bewohnern Unterhaltung, Entspannung, Sport oder Naturgenuss zum Konsum anbieten.

Ausstrahlung der Metropole

Indem die Tokioter ihren Aktionsradius in der Freizeit ins Umland ausdehnen, lassen sie die dortige Bevölkerung am Wohlstand der Metropole teilhaben und tragen in gewissem Maße zur Verringerung des Gefälles zwischen Stadt und Land bei. Die seit Langem stark subventionierte japanische Landwirtschaft geriet durch die partielle Liberalisierung von Agrarimporten zunehmend unter Druck, so dass viele Gemeinden ihre Wirtschaftsaktivitäten immer mehr auf Tourismus und Freizeitangebote verschoben. Solange die Tokioter Jahr für Jahr reicher wurden, ergab sich daraus eine komplementäre Entwicklung, von der das Umland profitierte. Der in der Hauptstadt erwirtschaftete Überschuss wurde auch in der Form von Zweit- und Ferienwohnungen in Gemeinden ins weitere Umfeld transferiert, eine Tendenz, die nicht zuletzt durch die Alterung der Bevölkerung bzw. Altersmigration aus der Stadt zurück aufs Land gefördert wurde. In Städten wie Karuizawa, Hakone und Atami haben private Anleger, teils mit Unterstützung der Kommunen, seit den 1980er Jahren viel Geld in die Entwicklung von Häusern, Wohnungen und Seniorenheimen investiert, um Rentner aus der Stadt aufs Land zu locken. Manche Gemeinden im Einzugsbereich Tokios wie z. B. Atami konnten ihren Bevölkerungsrückgang dadurch zwar nicht umkehren, aber bremsen oder zum Stillstand bringen (Godzik 2008). Von einer koordinierten Regionalentwicklungsplanung, die den wachsenden Disparitäten zwischen Metropole und ländlichen Regionen entgegenwirken könnte, sind diese vereinzelten Initiativen aber weit entfernt. Um die unipolare Konzentration auf Tokio zu verringern, ist schon oft darüber nachgedacht worden, die Hauptstadt oder wenigstens einige ihrer Funktionen zu verlagern (Flüchter 1997). Alle Initiativen in diese Richtung stießen jedoch auf den entschiedenen Widerstand Tokios und sind im Sande verlaufen.

Freizeitkonsum: Kasino-Kapitalismus

Viele Tokioter stützen durch ihren Freizeitkonsum die Wirtschaft ländlicher Gemeinden im Umland und manche dadurch, dass sie aufs Land ziehen und dort ihre Rente aufzehren. Die beherrschende Rolle Tokios in der Kanto-Ebene und darüber hinaus in ganz Ostjapan wird dadurch jedoch in keiner Weise geschmälert. Die Zeiten des scheinbar grenzenlosen Wachstums sind vorbei, was sich bereits deutlich im Rückgang der Tourismusindustrie niedergeschlagen hat. Die Verbesserung der Verkehrswege rückte viele Ausflugsziele näher an Tokio heran, zog aber einen Rückgang der Hotelübernachtungen in diesen Orten nach sich. Auch die Binnenmigration nach Tokio hält an, und während die benachbarten Präfekturen Kanagawa, Yamanashi, Gumma, Saitama und Chiba mit der Entwicklung neuer Freizeitangebote versuchen, am Wirtschaftsaufkommen der Hauptstadt zu partizipieren, ist die Präfektur Tokio selber auf diesem Gebiet auch nicht untätig. Vielmehr ist sie intensiv damit beschäftigt, die natürlichen Ressourcen, über die sie verfügt, zu diesem Zweck zu entwickeln. Zu Tokio gehören Inseln, Berge, Schluchten und Wälder, die im Laufe der Jahrzehnte immer mehr zu Naherholungsgebieten ausgebaut worden sind. Mit der Fähre erreicht man in weniger als zwei Stunden Oshima, die größte der vulkanischen Izu-Inseln, die zum selben tektonischen System gehören wie der Fuji. Die etwas über 8000 Bewohner der Insel (seit 1970 ein Rückgang von 20 Prozent) sind Bürger Tokios. So auch die Einwohner von Hachioji, der Gemeinde im äußersten Westen der Stadt – von Shinjuku aus 50 Minuten mit dem Zug –, wo der

600 Meter hohe Takao liegt, ein Hügel im Vergleich zu dem siebenmal so hohen Fuji, nicht einmal so hoch wie der Sky Tree, aber gut genug für einen Besuch beim Yakuoin-Tempel und eine Wanderung zum dicht bewaldeten Gipfel, vornehmlich wenn sich die Blätter färben, im November. Nicht weit davon, am Oberlauf des Tama, verläuft der Otama-Wanderweg, der zum Okutama-See führt. Wassersportmöglichkeiten bietet auch Tokyo Summerland, ein 100 Hektar großer Wasser- und Vergnügungspark, und wer in der Stadt am Meer sein will, geht zum Odaiba Marine Park.

Odaiba, auf gewonnenem Land errichtet, ist ein ursprünglich für Sozialwohnungen vorgesehenes riesiges Stadtentwicklungsprojekt in der Bucht von Tokio, das durch die Ansiedlung diverser Freizeiteinrichtungen für viele Tokioter zu einer Art postmodernem Themenpark eigenen Rechts geworden ist. Seit der Einweihung der Rainbow Bridge 1993 und der Eröffnung der Yurikamome-Linie (Tokios erstem computergesteuerten, unbemannten Nahverkehrszug) zwei Jahre später wuchs der Besucherstrom ständig an. 2004 hatte er bereits 40 Millionen erreicht (Murayama und Parker 2006). Die Kombination von Sportanlagen, Vergnügungsparks und Einkaufszentren zieht viele Tokioter an wie auch Touristen von auswärts. Weite öffentliche Räume, Parks mit Grillplätzen, ein künstlicher Strand vor dem Panorama der Rainbow Bridge und der Silhouette der großen Stadt, heiße Quellen mit Schwimmbad, Filmtheater, eine Konzerthalle und viel originelle Architektur (Worral, Salomon 2010) stellen einen Kontrast zur Enge der Innenstadt dar. Und um die Befriedigung der Konsumbedürfnisse der Besucher wetteifern mehrere Einkaufszentren. Decks Tokyo Beach zum Beispiel bietet ca. 80 Geschäften und zahlreichen Restaurants knapp 19 000 m^2 Verkaufsfläche und einen vom Spielesoftwarehersteller Sega betriebenen Vergnügungspark. Und das ist erst der Anfang. Geht es nach dem Willen von Mitsui Fudosan Co., Japans größtem Immobilienentwickler, der Firma Fujitsu Media Holdings und dem Bauunternehmen Kajima Co., wird in Odaiba ein Resortkomplex mit Hotel, Konferenzzentrum und Spielkasino gebaut. Bisher ist

Japan, wie im vorigen Kapitel erwähnt, frei von Kasinos, aber nach zwei Jahrzehnten wirtschaftlicher Stagnation fragen sich nicht nur Investoren und Bauunternehmer, sondern auch immer mehr Parlamentsabgeordnete, die die einschlägigen Gesetze ändern müssten, warum spielbegeisterte und andere Touristen ihr Geld nach Macau tragen sollen, statt es in Tokio auszugeben. Die Argumentation der drei genannten Firmen, Tokio mit ihrem Projekt zu einer noch reizvolleren Stadt zu machen, könnte bei ihnen Gehör finden, so dass die Stadt pünktlich zur Olympiade 2020 und zum erhofften Touristenstrom mit einem Kasino als zusätzlicher Attraktion aufwarten könnte.

Odaiba ist das vielleicht beste Beispiel dafür, dass die Metropole Tokio in der Konkurrenz mit den angrenzenden Präfekturen aktiv daran arbeitet, ihre eigene Anziehungskraft zu erhalten bzw. auszubauen. Da ihr Steueraufkommen und damit ihre Finanzautonomie viel größer sind als die anderer Präfekturen, die in viel stärkerem Maße auf staatliche Umverteilung angewiesen sind, wird der Sog der Stadt anhalten. Den Fuji hat sie weiter im Blick und wird ihn verstärkt vermarkten, aber im Zuge der Planung der Olympischen und Paralympischen Sommerspiele 2020 werden sich die zentrifugalen Kräfte noch verstärken, denn die Stadt hat «kompakte Spiele» versprochen, die sich zu 85 Prozent in einem Radius von acht Kilometern innerhalb Tokios abspielen werden. Tokio hat ein reizvolles Hinterland, aber die enormen Möglichkeiten, die die Stadt auch für die Freizeitgestaltung bietet, machen es den angrenzenden Präfekturen schwer, ihren Anteil am Freizeitkonsum der Tokioter zu vergrößern.

15 Coda: Die große Stadt

Die Stadt ist chaotisch, und man kann sich in ihr wohlfühlen. In diesem Zusammenhang vergleiche ich Tokio mit einem Wald, der sich zwischen den Polen Ordnung und Chaos bewegt. Er kann Initiator für ein neues räumliches Informationsmodell sein.

Sou Fujimoto, Architekt

Nekropolis

Eine endlose Stadt in stetem Wandel, auf die Vergangenheit verweisend und die Zukunft entwerfend, viel zu groß, um eine umfassende Bestandsaufnahme zu erlauben – wie kann ein Buch darüber zu Ende kommen? Eine Retrospektive, ein Blick auf die Nekropolis, könnte ein geeignetes Ende sein, denn nicht nur sind die Toten ein Teil der Stadt, auch wie die Lebenden mit ihnen umgehen, besagt etwas über sie. Auf Tokio beschränkt, würden wir die Gräber zum Beispiel der berühmten 47 herrenlosen Samurai auf dem Tempelfriedhof des Sengakuji in Shinagawa beiseitelassen, denn die entleibten sich vor mehr als 300 Jahren, als die Stadt noch jung war und «Edo» hieß. Aber es mangelt nicht an Begräbnisstätten, die mit dem modernen Namen der Stadt verbunden sind und auf denen Tokioter Persönlichkeiten gedacht wird, deren Spuren noch nicht verwischt sind.

Berühmt, um nicht zu sagen berüchtigt, ist der 1869, in dem Jahr, als die Stadt ihren Namen änderte, im zentralen Bezirk Chiyoda als Tokioter Schrein zum Herbeirufen der Totengeister (*Tokio Shokansha*) gegründete Yasukuni-Schrein, in dem aller gefallener Soldaten gedacht wird, gegenwärtig 2466532 an der Zahl. In den 1930er und frühen 1940er Jahren war der Schrein ein Hort des Ultranationalismus (Saaler 2005), und da in ihm auch Kriegspremier Hideki Tojo (1884–1948) und andere bei den Kriegsverbrecherprozessen von Tokio zum Tode verurteilte Offiziere in Ehren gehalten werden und sich zudem auf dem Gelände des Schreins ein wahrhaft martialisches Kriegsmuseum befindet, haftet ihm dieser Geruch noch immer an. Wenn nationalistische japanische Politiker den Schrein bei regelmäßig im Frühjahr und Herbst abgehaltenen Gedenkfeierlichkeiten besuchen, fühlen sich Japans ehemalige Kriegsgegner in China und den Koreas provoziert und protestieren, was wiederum die japanische Rechte auf den Plan ruft. Zur letzten Ruhestätte der Kriegstoten ist der Yasukuni-jinja, dessen Name «Schrein des friedlichen Landes» bedeutet, deshalb bisher nicht geworden, worüber viele Tokioter, die sich dort im April unter die blühenden Kirschbäume setzen, freilich wenig nachdenken.

Friedhöfe sind ganz allgemein beliebte Orte für das Kirschblütenfest, so auch und ganz besonders der wegen der teuren Bodenpreise im vierten Kapitel erwähnte Aoyama Bochi, ein großer städtischer Friedhof zwischen Aoyama-dori und Roppongi-dori, dessen Alleen mit Kirschbäumen gesäumt sind, weswegen er im April zum Schauplatz vieler beschwingter Frühlingspartys wird. Dort könnten wir ein paar Prominente besuchen. Toshimichi Okubo (1830–1878) zum Beispiel, ein führender Politiker der Meiji-Restauration, liegt da und General Maresuke Nogi (1849–1912), Mentor des jungen Meiji-Tenno, Gouverneur von Taiwan und Kommandeur im Russisch-Japanischen Krieg. Ersterer fiel auf dem Weg zum Hof einem Attentat zum Opfer; Letzterer starb von eigener Hand, um seinem Kaiser ins Grab zu folgen. Und weiter zu Shigeru Yoshida (1878–1967), dem zweimaligen Premierminister und Architekten von Japans Wiederaufbau und außenpolitischer Abhängigkeit von den USA, an den hier ein schlichter Grabstein erinnert. Zu den berühmten Persönlichkeiten, die das Schicksal auf diesem Friedhof im Zentrum der Stadt zusammengeführt hat, gehört auch Hachiko (1929–1935), der treue Hund von Professor Hidesaburo Ueno. Nach dessen plötzlichem Tod wartete der brave Hachiko noch jahrelang allabendlich am Bahnhof Shibuya auf seinen Herrn. Der Bronze-Hachiko dortselbst wurde zum berühmtesten Treffpunkt Tokios.

Abbildung 15 Der Grabstein von Hachiko auf dem Aoyama Bochi (Foto FC)

Viele andere Prominente haben einen Platz auf dem Aoyama Bochi, Takeo Arishima (1878–1923) etwa, Erzähler und Essayist und Mitbegründer der Literaturzeitschrift *Shirakaba.* In eine unglückliche Beziehung mit der Frau eines anderen verwickelt, erhängte er sich in Karuizawa. An seinem Grab könnten wir eine zweite Etappe des Gangs durch Tokios Nekropolis beginnen lassen und Grabmäler von Schriftstellern aufsuchen, die den Zeitpunkt ihres Ablebens selbst bestimmten; etwas makaber, gewiss, aber doch ein charakteristischer Aspekt dieser Stadt, die so oft die Bühne für den Freitod literarischer Talente abgegeben hat. Die nächste Station könnte auf ebendiesem Friedhof das Grab von Hidemitsu Tanaka (1913–1949) sein, der auch «Eiko» genannt wurde. Er ruderte 1932 in der japanischen Equipe bei den Olympischen Spielen in Los Angeles und reüssierte als Romancier. Auf dem Grab seines Mentors Osamu Dazai legte er bald nach dessen Tod Hand an sich. Dazai (1909–1948) selbst war zu

Lebzeiten ein sehr viel bekannterer und im Urteil der Nachwelt ein viel bedeutenderer Autor als Tanaka. Er führte ein bewegtes und exzentrisches Leben, dem er aus eigenem Entschluss ein Ende bereitete. Sechs Tage vor seinem neununddreißigsten Geburtstag ertränkte er sich gemeinsam mit seiner Geliebten im Tamagawa. Sein Grab ist nicht in Aoyama, sondern auf dem Begräbnisfeld des Zenrinji in Mitaka. Auf wieder einem anderen Friedhof, im Jiganji in Sugamo, finden wir die Grabstätte einer der illustresten literarischen Gestalten, Ryunosuke Akutagawa (1892–1927). Zigaretten, Kaffee und Sake, auch einige Blumen, zieren den Grabstein als kleine Gesten der Bewunderung, so viele Jahrzehnte nach seinem Tod. Akutagawa gilt als Wegbereiter der modernen japanischen Prosa und genoss schon zu Lebzeiten höchstes Ansehen. Weltberühmt wurde er als Autor der von Akira Kurosawa verfilmten Novelle *Rashomon*. Heute ist der wichtigste Literaturpreis für junge Autoren nach ihm benannt. Fünfunddreißigjährig konnte Akutagawa seinen Weltschmerz nicht mehr in schöpferische Energie verwandeln und nahm eine Überdosis Veronal. Eine Generation später entleibte sich mit nationalistisch-pathetischer Geste Yukio Mishima (1925–1970), der die Moderne verabscheute und den Untergang des traditionellen Japans mit dem göttlichen Tenno an der Spitze im Zweiten Weltkrieg nicht verwinden konnte. Mit vier Mitgliedern der *Tatenokai*, «Schildgesellschaft», einer von ihm gegründeten Miliz, drang er am 25. November 1970 unter einem Vorwand ins östliche Stabshauptquartier der Selbstverteidigungskräfte in Ichigaya ein. Um die Stirn ein Band mit der aufgehenden Sonne, rief er die Soldaten vom Balkon aus zum Staatsstreich auf und beging dann, als die grölten oder mit den Achseln zuckten, rituellen Selbstmord durch Harakiri. Sein Grab befindet sich auf dem Tama Reien, Tokios größtem städtischen Friedhof im Westen der Stadt, wo viele andere Prominente liegen, deren Namen in einer Liste geführt werden (plala o.J.). En passant kämen wir da auch bei Richard Sorge (1895–1944) vorbei, der als Korrespondent der *Frankfurter Zeitung* und sowjetischer Spion in China und Japan tätig war, bis er der japanischen Abwehr ins Netz ging. Am 7. November 1944 wurde er im Gefängnis in Sugamo gehenkt, ebendort, wo vier Jahre später Hideki Tojo hingerichtet wurde. Der Grabstein des Helden der Sowjetunion trägt eine Beschriftung in kyrillischen Lettern. Von dort könnten wir weiter nach Kamakura zum Grab von Yasunari Kawabata (1899–1972) fahren, der 1968 den Nobelpreis für Literatur bekam. In seiner Ansprache anlässlich der Verleihung streifte er das Thema Selbstmord, erwähnte Ryunosuke Akutagawa und zitierte den exzentrischen Zen-Mönch Ikkyu aus dem 15. Jahrhundert mit den Worten: «Ist unter jenen, die über die Dinge nachdenken, einer, der nicht an Selbstmord denkt?» Knapp eineinhalb Jahre nach dem Tod seines Freundes Mishima öffnete er den Gashahn.

Bibliopolis

Nun ist Tokio nicht allein deshalb eine gewichtige Literaturstadt, weil dort namhafte Schriftsteller ihrem Leben ein Ende machten. Sie diente und dient vielen Autoren als Schauplatz und als Gegenstand, und ihr Blick auf die Stadt enthüllt manches von ihrem Charakter. Wie der übersprudelnden Metropole Paris Honoré de Balzac in der *Comédie Humaine* ein Denkmal setzte, Fjodor Dostojewski Sankt Petersburg in seinen Romanen von *Schuld und Sühne* bis *Der Idiot* mehr als nur Kulisse sein ließ, Dublin unter der geistvollen Hand von James Joyce in *Ulysses* zur Metapher des Lebens wurde, die sozialen Nöte der modernen Großstadt in *Berlin Alexanderplatz* als literarisches Thema von Alfred Döblin salonfähig gemacht wurden und New York in John Dos Passos *Manhattan Transfer* die Anonymität des urbanen Lebens verkörperte, so spielt auch Tokio in bedeutenden literarischen Werken eine mehr oder weniger zentrale Rolle.

Kafu Nagais (1879–1959) großes Thema ist die Stadt, die er als Flaneur auf der Suche nach der Vergangenheit durchstreift. Nach knapp fünfjährigem Aufenthalten in den Vereinigten Staaten und Frankreich zurückgekehrt, reagiert er empfindlich auf die Dissonanzen der Modernisierung Tokios. In seinen Tagebüchern brandmarkt er die Stadt als heuchlerische Imitation des Westens und dafür, dass sie ihre eigene Identität aufgegeben hat. Novellen wie *Der Sumida* (1909) und *Romanze östlich des Sumidagawa* (1937; Übersetzung von Barbara Yoshida-Krafft) sind ästhetisierende und etwas nostalgische Reminiszenzen der unwiederbringlichen Reize des eleganten Lebens in der Stadt des frühen 20. Jahrhunderts, als die Erinnerung an Edo noch lebendig war.

Yasunari Kawabata (1899–1972), der einen Nachruf auf Kafu schrieb, hatte 1929, als jener schon berühmt war, seinen eigenen Ruhm mit dem Roman *Die rote Bande von Asakusa* begründet, in dem er die Demimonde von Tokios östlichem Stadtteil Asakusa porträtiert.

Oder, nach dem Trauma des Zweiten Weltkriegs, Kobo Abe (1924–1993), ein Schriftsteller mit Sinn fürs Surreale und Skurrile. Sein Roman *Der Schachtelmann* spielt im Tokio der frühen 1960er Jahre und handelt von einem, der in einem Pappkarton unter der Stadtautobahn lebt, während über seinem Kopf das Wirtschaftswunder mit Autos *made in Japan* in Fahrt kommt. Der Protagonist betrachtet die Welt, selbst ungesehen, durch einen Sehschlitz im Karton, der vorher einen Eisschrank beherbergte. Mit dem rasanten Tempo von Japans Wiederaufstieg nach dem Zweiten Weltkrieg konnten viele nicht mithalten. Der Schachtelmann vertritt die Schwachen und Unangepassten des kapitalistischen Gewaltmarschs, die am Wegesrand liegen blieben, unbemerkt oder aktiv ignoriert von einer Gesellschaft, die nur noch das Streben nach mehr Wohlstand kennt.

Kenzaburo Oe (geb. 1935), eloquenter Kritiker der Konsumkultur Tokios und Japans zweiter Literaturnobelpreisträger nach Kawabata, war der Meinung, Abe hätte den Preis mehr verdient als er. Wie Abe ist er ein vielseitiger und zeitkritischer Autor, der oft die Schutzzone der schönen Literatur verlässt und zum politischen Geschehen Stellung nimmt; den Mächtigen ein Dorn im Auge. Schon 1965 hatte er mit seiner Reportage über die Opfer des Atombombenangriffs auf Hiroshima Position gegen Kernkraft bezogen, und nach dem Reaktorunfall des Kraftwerks Fukushima Daiichi im März 2011 trat er in Tokio mehrfach auf Kundgebungen gegen Atomkraft auf, seit vielen Jahren die angesehenste Stimme der Neuen Linken.

Oes jüngerer Kollege Haruki Murakami (geb. 1949), der erfolgreichste zeitgenössische japanische Schriftsteller, betrieb, bevor er zu schreiben begann, in Kokubunji ein Jazzcafé. Lange beschränkte er sein Schaffen auf fiktionale Literatur, oftmals mit Tokio als Ort der Handlung. Erst nachdem im Januar 1995 seine Heimatstadt Kobe von einem Erdbeben zerstört und zwei Monate später Tokio von einem Terroranschlag in der U-Bahn erschüttert wurde, inkorporierte er auch die bedrohliche Wirklichkeit in sein Werk. *Nach dem Beben* (Übersetzung Ursula Gräfe) ist ein Band von Erzählungen, die sich auf verschlungene Weise mit den Folgen der Katastrophe in Kobe beschäftigen, und *Untergrundkrieg: Der Anschlag von Tokio* (deutsch ebenfalls von Ursula Gräfe) ist im Wesentlichen eine Dokumentation des Anschlags, bei dem Mitglieder der Aum-Shinrikyo-Sekte, wie im ersten Kapitel erwähnt, in fünf U-Bahnzügen Sarin freisetzten. Da er den Eindruck hatte, dass das Krisenmanagement der Stadt inadäquat war, und um zu verhindern, dass diese Episode von Tokios Stadtgeschichte ohne eingehendes Nachdenken über die gesellschaftlichen Umstände, die eine solche Sekte hatten entstehen lassen, zu den Akten gelegt wurde, ließ Murakami in seinem Buch Zeugen bzw. Opfer des Anschlags zu Wort kommen – normale U-Bahn-Passagiere, die sich an einem normalen Morgen unversehens inmitten eines wahr gewordenen Albtraums wiederfanden.

Meister des fiktionalen Albs ist freilich ein anderer Murakami der Tokioter Literaturszene, Ryu Murakami (geb. 1952), der im Ausland weniger berühmt ist als Haruki, sich in Japan aber ebensolcher Popularität erfreut. Psychothriller mit Bezug auf aktuelle gesellschaftliche (Fehl-)Entwicklungen sind seine Spezialität, z.B. *In der Misosuppe*, ein beunruhigendes Genrebild von Tokios Rotlichtviertel Kabuki-cho (Übersetzung Ursula Gräfe). Nebenbei unterhält der vielseitige Schriftsteller seine eigene Fernsehshow *Kanburia Kyuden* über Fragen der Betriebs- und Finanzwirtschaft, auch er ein Repräsentant der Widersprüche des Lebens in der großen Stadt.

Die zunehmende Neigung von Menschen, die sich der Reizüberflutung nicht gewachsen fühlen, sich diesen Widersprüchen zu entziehen, kam bereits in Kapitel 8 zur Sprache. *Densha otoko*, «Der Zugmann», Hitori Nakanos E-Mail-Roman hat ihrem Lebensgefühl beredt Ausdruck verliehen. Bei einem seiner seltenen Ausflüge nach Akihabara beschützt der Held wider Willen im Zug spontan eine junge Frau vor den Übergriffen eines Betrunkenen, weiß die sich daraus entwickelnde Affäre mit der Schönen aber ohne einen beständigen Strom von E-Mail-Tipps seines Otaku-support-Teams im Hintergrund nicht zu handhaben.

Kultstatus genießt «Ryo-san», der wild gewordene Schutzmann der seit 1976 laufenden und damit alle Rekorde brechenden Manga-Serie *Kochira Katsushika-ku Kameari Koen Mae Hashutsujo* («Hier Polizeistation Kameari-Park in Katsushika») von Osamu Akimoto – nach Verkaufsauflage (ca. 140 Millionen bis 2013) gemessen, sicher der größte Stern an Tokios literarischem Firmament. Rund um den Bahnhof Kameari im östlichen Stadtteil Katsushika zeigen einige Bronzestandbilder den Helden Ryotsu Kankichi in Lebensgröße, ein Tokioter, den jeder kennt.

Noch viele Autoren und vor allem Autorinnen, in deren Leben und Werk Tokio eine Rolle spielt, könnten hier genannt werden. Lange marginalisiert, haben sich viele Schriftstellerinnen in der Literaturszene letzthin einen Namen gemacht. Natsuno Kirino etwa gelang der Durchbruch mit der Darstellung von Gewalt in Tokios Vorstädten und anderer sozialer Missstände. Mit ihrem Erstlingsroman *Tokyo Love* (Übersetzung Sabine Mangold) über Sex, Einsamkeit und Gewalt erreichte Hitomi Kanehara ein millionenstarkes Publikum. Gemeinsam mit ihr wurde noch als Studentin der Waseda-Universität Risa Wataya für ihre Novelle *Hinter deiner Tür aus Papier* (Übersetzung Sabine Mangold) mit dem Akutagawa-Preis ausgezeichnet. Die Werke dieser Frauen repräsentieren Veränderungen nicht nur in der literarischen Szene Tokios, sondern auch im Verhältnis der Geschlechter und im urbanen Leben. Sie und viele ihrer Kolleginnen sind die Speerspitze der Erneuerung einer gealterten Stadt – wenn es zu einer solchen denn kommen sollte. Beim Flanieren durch die Bibliopolis darf dennoch ein Vertreter der alten Garde auf keinen Fall vergessen werden, der schon im achten Kapitel vorkam, denn er hat tiefere Spuren hinterlassen als viele.

Shintaro Ishihara wurde mit seinem Roman *Jahreszeit der Sonne*, der das Bild einer dekadenten und moralisch haltlosen Jugend zeichnet, 1955 schlagartig berühmt und dafür mit dem Akutagawa-Preis ausgezeichnet. Wie sein Freund Yukio Mishima, der ihn in Intellektuellenkreise einführte, stand Ishihara politisch rechts außen. Anders als Mishima, der vor allem einem ästhetischen Nationalismus frönte, versuchte er jedoch, seine Ansichten umzusetzen. Sein zusammen mit einigen Reden von Sony-Chef Akio Morita veröffentlichtes nationalistisches Pamphlet *Das Japan, das Nein sagen kann* (1988), in dem er die Servilität seines Landes gegenüber den USA attackierte, denen Japan dank seiner alten Kultur und seines homogenen Volks überlegen sei, erregte international Aufsehen. Seit 1968 war Ishihara für die LDP im Parlament, gab aber 1995, unmittelbar nach dem U-Bahn-Anschlag der Aum-Sekte, überraschend seinen Sitz auf. Er soll sich für die Sekte eingesetzt haben, was ihn zwar nicht mit dem Anschlag in Verbindung brachte, aber von einer peinlichen Fehleinschätzung zeugte. Der ehemalige LDP-Abgeordnete Koichi Hamada, allgemein bekannt als *Yakuza-agari*, «aufgestiegener Gangster», hat unwidersprochen behauptet, dass Ishihara die Sekte finanziell und politisch unterstützt und ihr zum Status als anerkannte religiöse Körperschaft verholfen habe (Hamada 1995).

Vier Jahre später feierte Ishihara jedoch sein politisches Comeback – als Gouverneur von Tokio. Mit überheblichen Äußerungen erregte er wiederholt Anstoß und provozierte selbst zurückhaltende Schriftstellerkollegen wie Haruki Murakami zu

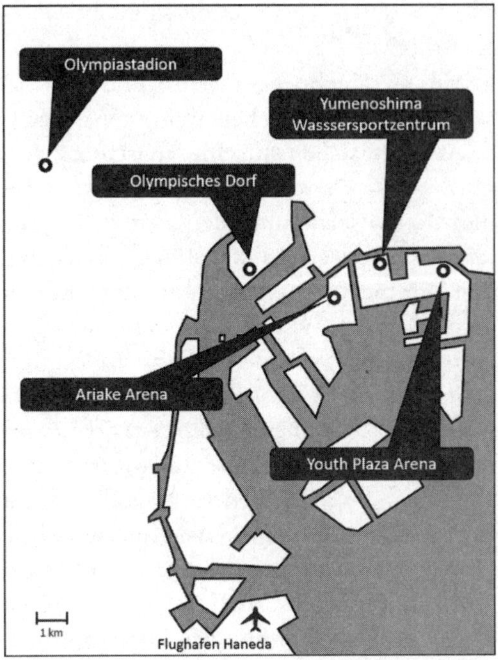

Abbildung 16 Die geplante «kompakte» Olympiade: Olympisches Dorf und Sportstätten im Umkreis von 8 km in Tokio

Kritik: «Ishihara ist ein sehr gefährlicher Mann. Er ist ein Demagoge. Er hasst China», sagte er in einem Interview der *South China Morning Post* am 2. Juli 2006.

Trotz seiner Arroganz und dezidierten Xenophobie wollte dieser «gefährliche Mann» Tokio zur Arena der größten internationalen Begegnung machen, die sich der Völkerverständigung verschrieben hat. Seine Bewerbung um die Olympischen Sommerspiele 2016 – Slogan: «Weil's Japan ist, können wir's!» – war aber erfolglos. Erst beim zweiten Anlauf bekam die Stadt (gegen zwei schwache Konkurrenten) den Zuschlag – was uns zu einem anderen möglichen Ende des Buchs bringt, das nicht zurück-, sondern vorausschaut.

Olympia-Polis

Tokios Geschichte geht weiter, und manche hoffen, dass sie sich wiederholt, ein bisschen wenigstens, auch wenn das mehr als zweifelhaft ist. Seit entschieden ist, dass die Stadt 2020 zum zweiten Mal die Olympischen Spiele ausrichten wird, erinnern sich die Älteren leicht nostalgisch an die Aufbruchsstimmung der Jahre, die dem ersten Mal, 1964, vorausgingen, als alle Bäume in den Himmel wuchsen und kein Ziel unerreichbar war. Dennoch, an objektiven Kriterien gemessen, hat sich Tokio seit damals nur zum Besseren verändert. Bei nüchterner Überlegung sollte sich kein Tokioter in die 1960er Jahre zurückwünschen. Die Lektüre von Kobo Abes oben erwähntem *Schachtelmann* würde genügen, um das einzusehen, denn dieser Roman kehrt die Probleme hervor, über die man gern hinwegsehen wollte, als Tokio stolzer Gastgeber der ersten je in Asien ausgetragenen Olympiade wurde. Heute ist alles sauberer, schöner und effizienter: weniger Smog (Okata, Murayama 2010), bessere Straßen und Züge (Freedman 2010), größere Wohnungen, kürzere Arbeits- und Pendelzeiten, höhere Gehälter, bessere Restaurants. Das alles kam in den vorausgegangenen Kapiteln zur Sprache und lässt sich nicht bestreiten; aber die vitale Atmosphäre, die damals die Stadt beseelte, ist verflogen, und nach ihr sehnen sich manche zurück. Die Vergangenheit zu verklären, ist in Krisenzeiten nichts Ungewöhnliches. Und Krisenzeiten sind es für Japan zweifellos. In Tokio macht sich das noch nicht so stark bemerkbar wie andernorts, was zum Teil daran liegt, dass die negativen Seiten des Bevölkerungswandels hier weniger ausgeprägt sind als in peripheren Regionen; aber ein leises Gefühl der Ungewissheit, wenn nicht des drohenden Niedergangs ist auch in Tokio zu verspüren. Die Freudentränen, mit denen die Nachricht aufgenommen wurde, dass Tokio die Mitbewerber um die Olympiade 2020 ausgestochen hatte, waren ein beredtes Zeugnis. Ein Weltereignis würde den Abwärtstrend stoppen, den viele in Japan empfinden, seit China die Schlagzeilen beherrscht, die Konkurrenz der asiatischen Nachbarn immer härter geworden ist und niemand mehr die Augen davor verschließen kann, dass Japan alt ist und schrumpft, seine Bevölkerung jedenfalls, und dass es deshalb immer schwieriger wird, Wirtschaftswachstum zu erzielen.

	1964 (Olympiade Tokio)	**2014**
Bevölkerung	9718000	12754000
Geburtenrate	2,03	1,08
Bevölkerungsanteil über 65	6,2%	25%
Hundertjährige Tokioter	20	4.600
Bevölkerungswachstum	3,58%	0,45%
Ausländeranteil	0,9%	2,99%
Arbeitslosenquote	1,1%	4,5%
Abhängigkeitskoeffizient 1 Rentner : x Arbeiter	x = 11	x = 2
Mannarbeitsstunden pro Jahr	2400	1760
BIP (nominal)	29,5 Billionen Yen	475,6 Billionen Yen
BIP-Wachstum	17,6%	1,0%
1 US-Dollar	360 Yen	100 Yen
Reiskonsum pro Kopf pro Jahr	117 kg	60 kg
Wolkenkratzer über 180 m	0	50
km Stadtautobahn	32	325
U-Bahnhöfe	83	285

Tabelle 11 Tokio als Olympia-Polis I und Olympia-Polis II (Daten nach Statistikbüro der Stadt Tokio; nenji.tokei.com; nippon.com; http://www.stat.go.jp/; Japan Institute for Labour Policy and Training 2010; eigene Berechnungen)

1960 hatte die Bevölkerung Tokios die Zehn-Millionen-Marke noch nicht erreicht, die durchschnittliche Lebenserwartung lag etwas unter 70; es gab wenige Rentner. 2012 wurden die inzwischen knapp 13 Millionen Tokioter mehr als zehn Jahre älter, und es gab viele Rentner: 1964 lag der Bevölkerungsanteil 65 und älter bei 6,2 Prozent, 2012 bei 24,2 Prozent (Tokio Statistisches Jahrbuch 2010). Die Stadt wurde zusehends zur Pensionopolis.

1960 betrug das Bevölkerungswachstum jährlich 3,58 Prozent, 2010 nur noch 0,46 Prozent mit weiter fallender Tendenz. Schon diese wenigen Zahlen müssen jeden davon überzeugen, dass sich die Geschichte nicht wiederholen kann. Tokios Wirtschaft der 1960er Jahre war eine Bauwirtschaft. Im April 1964 wurde Japan als erstes asiatisches Land OECD-Mitglied, beendete die staatliche Devisenbewirtschaftung und war unmittelbar vor der Olympiade Gastgeber des Jahrestreffens von IWF und Weltbank. Alles wuchs: Mit jedem Zentner Zement, jedem Stahlträger entstand etwas Neues, neue Straßen, Brücken, Tunnels, U-Bahnen, Wolkenkratzer usw. Die Wirtschaft der 2010er Dekade ist hingegen überwiegend eine Reparaturwirtschaft. Viel Stahlbeton wird verbraucht, aber es entsteht nicht mehr so viel Neues, da Straßen und Brücken mit den Tokiotern alt und baufällig geworden sind. Statt neue Kindergärten zu bauen, werden bestehende in Altersheime umgewandelt. Täglich sterben im Durchschnitt 289 Tokioter, werden aber 290 geboren (Heisei 23 nen Tokyo jinkodotai tokei nenpo), und der Wanderungssaldo aus anderen Präfekturen ist positiv, so dass die Stadt noch immer wächst – bis 2020. Als Olympia-Polis II wird Tokio mit einer Bevölkerung von 13,35 Millionen den Höhepunkt erreichen. Die Megapolis ist dann auch eine Gerontopolis, denn der Bevölkerungsanteil über 65 wird doppelt so groß sein wie der unter 15. Verglichen mit der Olympia-Polis I, wird der Anteil der Jugendlichen um 30 Prozent geschrumpft sein. Keine der Sportstätten war 1964 barrierefrei; 2020 wird das eine unverzichtbare Anforderung sein, auf die sich die Architekten einstellen müssen. Damals zelebrierte man in Japan gern die Homogenität der Nation: Alle waren Mittelschicht, hatten ähnliche Bedürfnisse, pflegten einen ähnlichen Lebensstil und lebten in der Gewissheit, dass es Jahr für Jahr bergauf ging. Außenseiter – Alte, Gebrechliche, Minderheiten und Ausländer – waren nicht eingeplant.

In der Zwischenzeit hat eine objektive Pluralisierung der Gesellschaft stattgefunden (Schad-Seifert 2007), die auch subjektiv zum Ausdruck gebracht wird. Die Alten zumal, die es in viel größerer Zahl gibt, machen ihre Bedürfnisse und ihre Rechte geltend; und im Zuge der immer wieder zum Politikziel ausgerufenen Internationalisierung ist es schwieriger geworden, Nichtjapaner zu diskriminieren. Im sechsten Kapitel sahen wir, dass Tokio dessen ungeachtet bisher nicht zu einer internationalen Weltstadt geworden ist. Die erste Welle der weiteren Öffnung zur Welt erhielt durch die Spiele 1964 einen starken Impuls. Der Ausländeranteil war damals noch niedriger und hat sich seither verdreifacht (Chiavacci 2011), aber die 2,99 Prozent Ausländer in der Stadtbevölkerung 60 Jahre später machen aus Tokio noch lange keine Kosmopolis, und die Aussichten, dass sich das ändert, sind nicht groß. Die Zuwanderung stagniert, und die Zahlen der Oberschüler und Studenten, die im Ausland studieren oder die Absicht haben, das zu tun, sind stark rückläufig. Trotz aller Bemühungen um Internationalisierung und Beteuerungen, dass Tokio ein globaler Treffpunkt von Talenten und innovativen Geistern werden müsse, ist die Befürchtung begründet, dass Japan in Tokios Olympiajahr II «als eine alte Wirtschaftsmacht, isoliert vom Rest der globalisierten Welt, Mühe haben wird, den Anschluss nicht zu verlieren» (Saito 2013 : 4).

Dabei hat sich die Lebensqualität in Tokio seit der ersten Olympiade beständig verbessert. 1964 brach die Stadt unter der Last der Luftverschmutzung beinahe zusammen. 2010 war das viel besser, und Tokio hatte einen Zehnjahresplan, um eine Million Bäume zu pflanzen und 1000 Hektar zusätzliche Grünflächen zu schaffen (Tokyo Vision 2020). Tokio ist auf dem Weg zu urbaner Nachhaltigkeit schon ein ganzes Stück vorangekommen. Die Umweltbelastung im Ballungsraum zu konzentrieren, statt sie in kleineren Siedlungen über weitere Flächen zu verteilen, ist ökologisch sinnvoll, weil Schadstoffemission in der großen Stadt besser kontrolliert werden kann und umweltbelastende Infrastruktureinrichtungen intensiver genutzt werden. Nach den politischen Leitlinien für die Stadtentwicklung bis 2020 soll Tokio Vorreiter einer neuen Energiepolitik werden, die Wirtschaftswachstum mit Umweltschutz versöhnt (Tokyo Vision 2020).

Zum Teil lagert Tokio seine Umweltprobleme jedoch aus, denn seine Stromversorgung ist zu 80 Prozent von anderen Präfekturen abhängig. Energie ist das große Thema der Stadterneuerung. Tokio ist die Lokomotive Japans in jeder Hinsicht und hat seit den 1980er Jahren auch in Bezug auf Umweltpolitik eine Vorreiterrolle gespielt. Wenn die Stadt das auch weiterhin tut, könnte Tokio als Olympia-Polis II Japans Wende zu erneuerbaren Energieträgern und den Abschied von der Atomenergie beschleunigen, indem sie «der sich in großem Tempo urbanisierenden und immer mehr in Bedrängnis geratenden Welt vielfältige Modelle nachhaltiger intelligenter Stadttechnologie bietet» (DeWitt 2013). Das würde voraussetzen, dass Tokio sich gegen die Atomlobby und ihre politischen Helfer durchsetzen kann – zum Zeitpunkt des Schreibens dieser Zeilen hat die Stadt gerade einen neuen Gouverneur bekommen, der Atomkraft befürwortet, aber um die Frage einer nachhaltigen Energiepolitik wird auch bei den Planungen für Olympia 2020 hart gerungen werden. Ob die Kräfte die Oberhand behalten werden, die sich dafür einsetzen, dass Tokio bis dahin nicht nur durch stilvolle Architektur, sondern auch durch eine umweltfreundliche Infrastruktur überzeugt, muss sich zeigen.

Kataklysmapolis

Bei der Bewerbung um Olympia 2020 hat Tokio viel Aufhebens von der hohen Sicherheit des Lebens gemacht, auf die die Stadt, wie wir in Kapitel 2 sahen, zu Recht stolz ist. «Tokio bietet Gewissheit in ungewissen Zeiten» (Agence France-Presse 2013), verkündet Tsunekazu Takeda, der die Bewerbung der Stadt um die Spiele 2020 leitete. Allein betrifft Sicherheit nicht nur die sozialen Strukturen, dank deren man in Tokio weniger als in den meisten anderen Großstädten um seine Brieftasche oder auch sein Leben bangen muss. Die Erdbeben- und Flutkatastrophe vom 11. März 2011 und der Reaktorunfall, den sie auslöste, sind unvergessen (Coulmas, Stalpers 2011). Vor dem Olympischen Komitee in Buenos Aires betonte Premierminister Shinzo Abe, die Situation im Kraftwerk Fukushima Daiichi sei «unter Kontrolle» – nur damit ihm sachkundige Fachleute von der Betreiberfirma Tepco, kaum war er abgereist, öffentlich widersprachen. Die Empörung darüber, dass Abe mit seiner dreisten Irreführung der Öffentlichkeit dazu beigetragen hatte, die Olympiade für Tokio zu gewinnen, war groß; gleichzeitig wurde die Nachricht von Atomkraftgegnern in Tokio aber auch mit Befriedigung aufgenommen. Dank der Olympiavorbereitungen werde die internationale Aufmerksamkeit für Fragen der nuklearen Sicherheit so groß sein, dass die Probleme in Fukushima nicht unter den Teppich gekehrt werden können, wurde argumentiert. Zweifellos wird dieser Frage bei dem Tauziehen um Energiepolitik, Stromversorgung und Nachhaltigkeit in der Stadtentwicklungsplanung für die Olympiastadt II besondere Beachtung geschenkt werden, wobei die in Kapitel 7 besprochenen Umweltgegebenheiten, die Lage am Meer und in der Nähe geologischer Bruchzonen, niemals unbeachtet bleiben können.

«Seismische Retromontage» für «eine Stadt, die im Falle eines größeren Erdbebens nicht kollabiert», ist deshalb ein wesentliches Element des *2020-Vision*-Programms der Tokioter Stadtverwaltung. Untergangsszenarien sind in der Vergangenheit immer wieder entworfen worden; seit dem Großen Ostjapanischen Erdbeben 2011 sind sie in den Medien allgegenwärtig, wobei die Möglichkeit eines Megabebens direkt unter Tokio oder in der Bucht sowohl die wissenschaftliche Forschung als auch die Phantasie der Meinungsmacher am meisten beschäftigt.

Aber die Sorge um den Untergang wird an Spezialisten delegiert. Während sie den Ruin antizipieren oder kalkulierbar zu machen versuchen, geht das Leben in der großen Stadt seinen Gang, und im Alltag ist ein Ende nicht in Sicht. Eine Stadt hat kein Ende, es sei denn, sie heißt Atlantis – die Stadt, die seit Platon sie im Timaios-Dialog erwähnte, vergeblich gesucht wird – oder Helike – eine Stadt am Golf von Korinth, die als Folge einer Naturkatastrophe, in der Erdbeben, Tsunami und Bodenverflüssigung zusammenkamen, im Jahre 373 v. u. Z. in einer Nacht versank – oder Pompeji – die Stadt am Fuße des Vesuvs, unter dessen Asche sie nach seinem Ausbruch 79 u. Z. eineinhalb Jahrtausende begraben lag. Erdbeben, Tsunami, Bodenverflüssigung, Vulkanausbruch – das sind die Gefahren, über die in der Katastrophenschutzabteilung Tokios ständig nachgedacht wird. Wegen der Möglichkeit weitreichender Zerstörung durch Naturkatastrophen wird Tokio von der schweizerischen Rückversicherung Swiss Re (2013) als die Stadt mit dem größten Risiko in der ganzen Welt eingeschätzt. Das Geschäft von Versicherern ist es, Risiken bezifferbar zu machen, und in diesem Sinne müssen wir Tokios Spitzenplatz in diesem internationalen Städteranking zur Kenntnis nehmen. Für das Leben der meisten Tokioter hat es indes kaum konkrete Konsequenzen. Die Reize ihrer Stadt überwiegen die Ängste; mit der manchmal bedrohlichen Natur muss man leben.

Neben denen der Natur sind da freilich noch die Bedrohungen von Menschenhand, die den Untergang beschleunigen – Godzilla zum Beispiel, ein Monstrum, das auf der Leinwand das Licht der Welt erblickte. Ein riesiges, dinosaurierähnliches Reptil wird durch Atombombentests im Pazifik aufgeschreckt, steigt aus dem Meer und legt Tokio mit seiner titanischen Körperkraft und seinem radioaktiven Feueratem in Schutt und Asche. Zehntausende werden ausgelöscht, die Bevölkerung ist dem Amoklauf hilflos ausgesetzt. Hochspannungsfallen, Panzer, Kanonen, Jagdbomber, keine Waffe kann Godzilla aufhalten. Der Film von Ishiro Honda erschien im Herbst 1954. Im März des Jahres war die Besatzung des Fischerboots *Daigo Fukuryumaru*, wie in Kapitel 7 erwähnt, vom Niederschlag der auf den Bikini-Inseln gezündeten Wasserstoffbombe schwer verstrahlt worden. Godzilla wird schließlich wider Erwarten besiegt. Der geniale Wissenschaftler Daisuke Serizawa hat eine Wunderwaffe erfunden, bei deren Einsatz er sich allerdings im Bewusstsein, etwas noch Gefährlicheres entwickelt zu haben als die gefährlichste Massenvernichtungswaffe, umbringt. Am Ende des Films sagt der Paläontologe Dr Kyohei Yamane, der mit der Erforschung des prähistorisch anmutenden Ungeheuers betraut war, nachdenklich: «Ich kann mir nicht vorstellen, dass Godzilla der einzige Überlebende seiner Art war. Wenn wir weiterhin Atombombentests durchführen, wird vielleicht irgendwo auf der Welt wieder ein Godzilla auftauchen.» Auf der Leinwand ist das in 28 Nachfolgefilmen des Klassikers geschehen, aber seit dem 11. 3. 2011 ist die Frage wieder verstärkt ins öffentliche Bewusstsein gedrungen, ob technologische Errungenschaften in Verbindung mit Naturgewalten nicht zu einer echten Bedrohung der urbanen Zivilisation führen können.

Bei allem Chaos und trotz der enormen Größe ist Tokio eine sehr ordentliche Stadt, in der man sich deshalb sicher fühlen kann. Noch niemals in der Weltgeschichte war eine urbane Zivilisation so hoch entwickelt, eine Stadtbevölkerung so verwöhnt und den Risiken des Überlebens so fern entrückt. Allein, das Monstrum, das aus dem Nichts kommt und die Ordnung umstürzt, lauert im Verborgenen. Ereignisse, die sich in weiter Ferne abspielen und sich der Kontrolle der Städter entziehen, können unversehens ihren langen Schatten auf die Stadt werfen, in deren Straßen wir Godzilla außer als Bronzeplastik in der Nähe des Hibiya-Parks kaum begegnen werden, unter denen die Erde aber ständig bebt.

Nachweise

Abe, Kazuhiko. 2012. Higashinihon daishinsai ga Tokyowan ni ataeta eikyou [Auswirkungen des Großen Ostjapanischen Erdbebens auf die Bucht von Tokio]. Nihon kaihatsu kousou kenkyuusho: *UED Report*, 44–54.

Alexander, Christopher et al. 1977. *A pattern language: towns, buildings, construction*, New York, Oxford University Press.

Allison, Anne. 1994. *Nightwork: Sexuality, Pleasure, and Corporate Masculinity in a Tokyo Hostess Club.* Chicago: The University of Chicago Press.

Arai, Yoshio, Hiroyuki Nakamura, Hideto Sato, Takashi Nakazawa, Tadahiko Musha, Kazuhiro Sugizaki. 2004. Multimedia and Internet Business Clusters in Central Tokyo. *Urban Geography* 25, 483–500.

Asahi Shinbun. 2012. Oiru Tokyo, taisaku kyuumu [Alterndes Tokio, Maßnahmen dringend erforderlich]. 33. 11.

Backhaus, Peter. 2004. *Linguistic Landscapes. A Comparative Study of Urban Multilingualism in Tokyo.* Clevedon: Multilingual Matters.

Barthes, Roland. 1970. *L'empire des signes.* Paris: Editions du Seuil [*Das Reich der Zeichen*, 1981, Suhrkamp.].

Barthes, Roland. 1973. *Système della mode.* Paris: Seuil.

Bauman, Zygmunt. 2007. *Liquid Times. Living in an Age of Uncertainty.* London: Polity Press.

Bestor, Theodore. 2004. Tsukiji: *The Fish Market at the Center of the World.* Berkeley: University of California Press.

Bethge, Hans. 1918. *Japanischer Frühling.* Leipzig: Insel-Bücherei.

Buenida, Hernando Gomez (Hrsg.). 1989. *Urban Crime: Global Trends and Policies.* Tokyo: The United Nations University.

Castel, Robert. 2007. *La discrimination négative: citoyens ou indigènes?* Paris: Seuil.

Castells, Manuel. 2004. Space of flows, space of places: Materials for the theory of urbanism in the Information Age. In: S. Graham (Hrsg.). *The Cybercities Reader.* London: Routledge, 441–456.

Chevrier, Francis. 2011. *Notre gastronomie es tune culture: Le repas gastronomique des Français au patrimoine de l'humanié.* Paris: Bourin éditeur.

Chiavacci, David. 2011. *Japans neue Immigrationspolitik: Ostasiatisches Umfeld, ideelle Diversität und institutionelle Fragmentierung.* Wiesbaden: VS Verlag für Sozialwissenschaften.

Clammer, John. 1997. *Contemporary Urban Japan.* Oxford: Blackwell.

Coulmas, Florian. 2005. *Die Kultur Japans.* München: C.H.Beck.

Coulmas, Florian. 2007. *Die Gesellschaft Japans. Arbeit, Familie und demographische Krise.* München: C.H.Beck.

Coulmas, Florian und Ralph Lützeler. 2011. Population implosion: Coping with the unknown. In: Florian Coulmas, Ralph Lützeler (Hrsg.). *Imploding Populations in Japan and Germany*. Leiden, Boston: Brill, 1-32.

Coulmas, Florian und Judith Stalpers. 2011. *Fukushima. Vom Erdbeben zur atomaren Katastrophe.* München: C.H.Beck.

Creighton, Millie. 1998. Pre-industrial dreaming in post-industrial Japan: department stores and the commoditization of community traditions. *Japan Forum* 10, 127-149.

Cronin, Anne M. und Kevin Hetherington. 2008. *Consuming the Entrepreneurial City: Image, Memory, Spectacle*. London, New York: Routledge.

Dehaene, Michiel und Lieven De Cauter (Hrsg.). 2008. *Heterotopia and the City: Public Space in a Postcivil Society.* Milto Park, Abington: Routledge.

Derruder, Ben und Frank Witlox. 2010. World cities and global commodity chains: An introduction. *Global Networks* 10, 1-11.

Doi, Takeo. 1971. *Amae no kouzou*. Tokio: Koubundou [*Amae – Freiheit in Geborgenheit. Zur Struktur japanischer Psyche*. Frankfurt a.M.: Suhrkamp 1982].

Douglas, Mike. 1993. The «New» Tokyo Story. Restructuring space and the struggle for place in a World City. In: Kuniko Fujita und Richard C. Hill (Hrsg.). *Japanese Cities in the World Economy.* Philadelphia: Tempel University Press, 83-119.

Earhart, H. Byron. 2011. *Mount Fuji: Icon of Japan.* San Diego: University of South California Press.

Florida, Richard. 2002. *The Rise of the Creative Class: And How It's Transforming Work, Leisure, Community, and Everyday Life.* New York: Basic Books.

Flüchter, Winfried. 1997. Tokyo quo vadis? Chancen und Grenzen (?) metropolitanen Wachstums. In: Peter Pörtner u.a. (Hrsg.). *Beiträge zum 8. Deutschsprachigen Japanologentag München 1996.* Japan-Zentrum der Ludwigs-Maximilians-Universität München (CD-ROM).

Francks, Penelope. 2009. *The Japanese Consumer. An Alternative Economic History of Modern Japan.* London: Cambridge University Press.

Freedman, Alisa. 2010. *Tokyo in Transit. Japanese Culture on the Rails and Road.* Palo Alto: Stanford University Press.

Friedmann, J. und G. Wolff, 1982. World City Formation: An Agenda for Research and Action. *International Journal of Urban and Regional Research* 6 (3): 309-44.

Fujimoto, Sou. 2013. *Recent Project.* Amsterdam: Idea Books.

Goh, Janice Phaik Lin. 2009. Deterritorialized Women in the Global City: An Analysis of Sex Trafficking in Dubai, Tokyo and New York. *Intersections* 10, 2:271-324.

Godzik, Maren. 2008. Ruheständler als Lebenselixier? Ruhestandswanderung und lokale Neubelebungsstrategien am Beispiel von Atami und Ishigaki. *Japanstudien* 20, 129-162.

GPCI 2012. *Global Power City Index Yearbook 2012.* Tokio: The Mori Memorial Foundation, Institute for Urban Strategies.

Grinshpun, Helena. 2012. The city and the chain: Conceptualizing globalization and consumption in Japan. *Japan Review* 24, 169-195.

Hamnet, Chris. 1994. Social Polarisation in Global Cities: Theory and Evidence. *Urban Studies,* 31, Nr. 3, 401–424.

Heinle, Erwin und Fritz Leonhardt. 1997. *Türme aller Zeiten, aller Kulturen.* Stuttgart: Deutsche Verlags-Anstalt.

Hamada, Koichi. 1995. *Hamako no hijoujitai sengen* [Hamakos Notstandserklärung]. Tokio: Shufu to seikatsusha.

Heinze, Ulrich. 2013. *Japanische Blickwelten. Manga, Medien und Museen im Zeichen künstlicher Realität.* Bielefeld: transkript Verlag.

Hidenobu, Jinnai 1995. *Tokyo: A Spatial Anthropology.* Los Angeles: University of California Press.

Hill, Peter B. E. 2003. *The Japanese Mafia: Yakuza, Law, and the State.* Oxford: Oxford University Press

Honjo, Masahiko. 1998. The growth of Tokyo as a world city. In: Fu-Chen Lo und Yue Man Yeung (Hrsg.). *Globalization and the World of Large Cities.* New York: United Nations University Press, 109–131.

Hotta, Kenji. 2002. Tokyo Bay Reformation. In: Jiyu Chen, Doeke Eisma, Kenji Hotta und H. Jesse Walker (Hrsg.). *Engineered Coasts.* Dordrecht, Boston, London: Kluwer, 85–102.

Iida, Yumiko. 2002. *Rethinking Identity in Modern Japan: Nationalism as Aesthetics.* London: Routledge.

Imperial Hotel. 2011. *120 Years at the Imperial Hotel.* Tokyo: Imperial Hotel.

Ishida, Hiroshi und David Slater (Hrsg.). 2009. *Social Class in Contemporary Japan.* London: Routledge.

Itou, Junichirou. 2003. *Shakaiteki hikikomori wo meguru chiiki seisin hoken katsudou no guide-line* [Richtlinien für Maßnahmen betreffend die psychische Gesundheit bei Sozialphobie]. Tokio: Ministerium für Gesundheit, Arbeit und Wohlfahrt.

Kadowaki, Atsushi. 2003. Changes in values and life orientation among Japanese youth. In: G. Foljanty-Jost (Hrsg.). 2003. *Juvenile Delinquency in Japan. Reconsidering the ‹Crisis›.* Leiden, Boston: Brill, 75–89.

Kanzaki, Noritake. 2000. Ryoriya no sake, izakaya no sake [Sake in Restaurants und in Kneipen]. In: Tadao Umesao und Shuji Yoshida (Hrsg.). *Sake to nihon bunmei* (Sake und die japanische Kultur). Tokio: Kobundo, 145–160.

Kashiwazaki, Chikako. 2011. Internationalism and Transnationalism: Responses to Immigration in Japan. In: G. Vogt und G. S. Roberts (Hrsg.). *Migration and Integration – Japan in Comparative Perspective.* München: Iudicium, 41–57.

Kawano, Satsuki. 2010. *Nature's Embrace. Japan's Aging Urbanites and New Death Rites.* Honolulu: University of Hawai'i Press.

Kelletat, Dieter H. 1995. Atlas of Coastal Geomorphology and Zonality. *Journal of Coastal Research, Special Issue 13.*

Kinsey, Dinan. 2004. *Owed justice: Thai women trafficked into debt bondage in Japan.* New York: Human Rights Watch.

Kitou, Hiroshi. 2007. *Jinkou de miru nihonshi* [Geschichte Japans aus Sicht der Bevölkerung]. Tokio: PHP.

Kohlbacher, Florian und Cornelius Herstatt (Hrsg.). 2011. *The Silver Market Phenomenon. Marketing and Innovation in the Ageing Society*. Berlin, Heidelberg: Springer.

Kolb, Bonita M. 2006. *Tourism Marketing for Cities and Towns: Using Branding and Events to Attract Tourists*. Oxford: Butterworth-Heinemann.

Larke, Roy und Michael Causton. 2008. *Japan, a Modern Retail Superpower*. Basingstoke: Pelgrave Macmillan.

Lenz, Ilse. 2010. Von der Mittelschichtgesellschaft zur Differenzgesellschaft? In: N. Burzan und Peter A. Berger (Hrsg.). *Dynamiken (in) der gesellschaftlichen Mitte*. Wiesbaden: Verlag für Sozialwissenschaften, 79–106.

LE CORBUSIER. 1924. Urbanisme. Collection de «l'Espirit Nouveau». Paris: Les Éditions G. Crès & Cie.

Lipovetsky, Gilles. 1987. *L'empire de l'éphémère. La mode e son destin dans les sociétés modernes*. Paris: Gallimard.

Lipovetsky, Gilles und Jean Serroy. 2013. *L'esthétisation du monde. Vivre a l'age du capitalisme artiste*. Paris: Gallimard.

Lützeler, Ralph. 2008. *Ungleichheit in der* global city *Tōkyō. Aktuelle sozialräumliche Entwicklungen im Spannungsfeld von Globalisierung und lokalen Sonderbedingungen*. München: Iudicium.

Maruyama, Hiroshi. 1983. Meiji shakaishugishatachi no kouenkan [Der Begriff des öffentlichen Parks bei den Sozialisten der Meiji-Zeit]. *Zouen zasshi* 46 (5), 48–53.

Mathias, Regine. 2010. Die Entstehung einer modernen städtischen Gesellschaft und Kultur, 1900/1905–1932. In: Josef Kreiner (Hrsg.). *Kleine Geschichte Japans*. Stuttgart: Reclam, 332–380.

Meyer-Ohle, Hendrik. 2005. Unternehmertum im japanischen Einzelhandel seit den 90er Jahren: Unternehmer, Umweltfaktoren und Transformationsprozesse. In: Cornelia Storz und Bernhard Langeman (Hrsg.). *Konvergenz oder Divergenz. Wandel der Unternehmensstrukturen in Japan und Deutschland*. Marburg: Metropolis, 271–298.

Michelin Red Guide 2012 Tokyo, Yokohama, Shonan: Restaurants & Hotels.

Mitchell, Donald O., Merlinda D. Ingco, Ronald C. Duncan. 1997. *The World of Food Outlook*. New York: Cambridge University Press.

Miura, Atsushi. 2012. *Tokyo ha kogai kara kiete iku* [Tokio schwindet von den Vorstädten aus]. Tokio: Kobunsha.

Mori Kinen Zaidan. 2010. *Tokyo-no hiroba-o tanoshiku suru* [Tokios Plätze attraktiver machen]. Tokio: Zaidan hojin Mori Kinen Zaidan.

Mori Kinen Zaidan. 2012a. *2030 nen no Tokyo, part 2, choukoureishakai deetabukku* [Tokio 2030. Datenbuch überalterte Gesellschaft, Teil 2]. Tokio: Zaidan hojin Mori Kinen Zaidan.

Morioka, Koji. 2011. Rodojikan no nijukozo to nikyoku bunka [Doppelte Struktur und Polarisierung der Arbeitszeit]. *Hosei daigaku Ohara shakai mondai kenkyusho zasshi* [Ohara-Zeitschrift für gesellschaftliche Probleme, Hosei-Universität]. 627 : 1–18.

Murayama, Meiko und Gavin Parker. 2006. Sustainable leisure and tourism space development in post-industrial cities: the case of Odaiba, Tokyo, Japan. In: Melanie K. Smith (Hrsg.). *Tourism, Culture and Regeneration.* Wallingford: CAB International, 69–85.

Parrenas, Rhacel Salazar. 2011. *Illicit Flirtations: Labor, Migration, and Sex Trafficking in Tokyo.* Stanford, CA: Stanford University Press.

Nagai, Kafu. 1987 [1909]. Sumidagawa. In: *Sumidagawa, Shinkyou yawa hokaippen* [Geschichten von Shinkyo]. Tokio: Iwanami Bunko.

Naikakufu. 2005. *Koreishakai hakusho* [Weißbuch Alternde Gesellschaft]. Tokio: Naikakufu [Kabinettsamt].

Nomura Soken. 2005. Komuinsuno kokusaihikakuni kansuru chosa [Internationale Vergleichsstudie über die Anzahl der öffentlichen Angestellten]. Tokio: Nomura Sogokenkyusho.

Ogiue, Chiki und Yasuyuki Iida. 2013. *Yoru no keizaigaku* [Ökonomik der Nacht]. Tokio: Fusosha.

Oguchi, Tatsuya. 2010. *Deta de wakaru kaku ku no honto no kachi. Tokyo 23 ku rankingu aohan* [Der wirkliche Wert der Stadtteile nach Daten. Ein Ranking der 23 Bezirke Tokios]. Tokio: Diamond Co.

Oizumi, Eiji. 2007. Transformations in Housing Construction and Finance. In: Yosuke Hirayama, Richard Ronald (Hrsg.). *Housing and Social Transition in Japan.* London: Routledge, 47–72.

Okata, Junichiro and Akito Murayama. 2010. Tokyo's urban growth, urban form and sustainability. In: Andre Sorenson und Junichiro Murayama (Hrsg.). *Megacities: Urban Form, Governance, and Sustainability.* Heidelberg, New York: Springer, 15–41.

Osterhammel, Jürgen. 2009. *Die Verwandlung der Welt: Eine Geschichte des 19. Jahrhunderts.* München: C.H.Beck.

Otake, Tomoko. 2011. Unseen fight to save Tokyo from floods. *The Japan Times*, 16. Oktober.

Packard, George. 2007. *Protest in Tokyo: The Security Treaty Crisis of 1960.* Princeton: Princeton University Press.

Panzer, Peter. 2002. *Die Iwakura-Mission. Das Logbuch des Kume Kunitake über den Besuch der japanischen Sondergesandtschaft in Deutschland, Österreich und der Schweiz im Jahre 1873.* München: Iudicium.

Prahl, Hans-Werner. 2002. *Soziologie der Freizeit.* Paderborn. UTB Schöningh.

Refarensu no mori. 2003. *Edo Tokyo rekishi mondo* [Geschichte Edos und Tokios: Fragen und Antworten]. Tokio: Tōkyōto kobunshokan.

Ritzer, George. 2004. *The McDonaldization of Society, Revised New Century Edition.* London: Sage.

Robertson, Jennifer E. 1998 *Takarazuka. Sexual Politics and Popular Culture in Japan.* Berkeley: University of California Press.

Ronald, Richard. 2007. The Japanese home in transition. In: Yosuke Hirayama, Richard Ronald (Hrsg.). *Housing and Social Transition in Japan.* London: Routledge, 165–192.

Saaler, Sven. 2005. *Politics, Memory and Public Opinion.* München: Iudicium.

Saito, Jun. 2013. The Olympic Games to be held in a super aged society. *Japan Center for Economic Research*, 3. Oktober.

Saito, Seiji. 1984. Edo jidai no toshi jinko [Die städtische Bevölkerung in der Edo-Zeit]. *Chiiki Kaihatsu* Nr. 9, 48–63.

Saito, Tamaki.1998. *Shakaiteki hikikomori—Owaranai Shishunki* (Englische Übersetzung von Jeffrey Angles: *Social Withdrawal: Adolescence without End*). Minneapolis: University of Minnesota Press, 2012.

Sand, Jordan. 2006. The Ambivalence of the New Breed. Nostalgic Consumerism in 1980s and 1990s Japan. In: Sheldon M. Garon und Patricia L. Maclachlan (Hrsg.). *The Ambivalent Consumer: Questioning consumption in East Asia and the West*. Ithaca, New York: Cornell University Press, 85–107.

Sassen, Saskia. 2001. *The Global City; New York, Tokyo, London*. Zweite Auflage. Princeton: Princeton University Press.

Sassen, Saskia. 2007. The Impact of the New Technologies and Globalization on Cities. In: Richard T. LeGates und Frederic Stout (Hrsg.). *The City Readers*, Fourth edition. London: Routledge, 197–205.

Schad-Seifert, Annette. 2007. Japans Abschied von der Mittelschichtgesellschaft. In: Peter Backhaus (Hrsg.). *Japanstudien. Jahrbuch des Deutschen Instituts für Japanstudien 19*. München: Iudicium, 105–127.

Shirahase, Sawako. 2013. *Social Inequality in Japan*. London: Routledge.

Simmel, Georg. 1903. Die Großstädte und das Geistesleben. In: Th. Petermann (Hrsg.). *Die Großstadt. Vorträge und Aufsätze zur Städteausstellung*. Dresden: Jahrbuch der Gehe-Stiftung 9, 185–206.

Smith, Michael Peter. 2001. *Transnational Urbanism: Locating Globalization*. Oxford: Blackwell.

Sone, Hiromi. 1999. Prostitution and Public Authority in Early Modern Japan. In: Hitomi Tonomura, Anne Walthall, Haruko Wakita (Hrsg.). *Women and Class in Japanese History*. Ann Arbor: Center for Japanese Studies the University of Michigan, 169–185.

Stalpers, Judith. 2013. *Het opportunism van keizer Hirohito*. Historisch Niewsblad 4, 60–67.

Tamari, Tomoko. 2006. Rise of the department store and the aestheticization of everyday life in early 20th century Japan. *International Journal of Japanese Sociology* 15, 99–118.

Thorbecke, Erik und Chutatong Charumilind. 2002. Economic inequality and its socio-economic impact. *World Development* 30, 1477–1495.

Tobin, Joseph. 1992. Introduction: Domesticating the West. In: Joseph Tobin (Hrsg.). *Re-made in Japan: Everyday Life and Consumer Taste in a Changing Society*. New Haven: Yale University Press, 1–41.

Tōkyōto sangyōrōdōkyoku. 2010. *Heisei 22 nendo Tōkyōto shōtengai jittai chōsa hōkokusho* [Bericht des Tokioter Magistrats zur Situation der Ladenstraßen 2010].

Tsurumi, E. Patricial. 1984. Colonial Education in Korea and Taiwan. In: R. H. Meyers und M. R. Peattie (Hrsg.). *The Japanese Colonial Empire, 1895–1945*. Princeton: Princeton University Press, 275–311.

Tsuzuki, Kyoichi. 1999. *Tokyo style.* Tokio: Chikuma Bunko.

Ueno, Chizuko. 1998. Seibu Department Store and Image Marketing: Japanese Consumerism in the Post-war Period. In: K. Macpherson (Hrsg.). *Asian Department Stores.* Richmond: Curzon, 177–205.

Ueno, Chizuko. 2007. *Ohitorisama no rougo* [Im Alter allein]. Tokio: Houken.

Usui, Chikako. 2008. Ageing society and the transformation of work in the post-Fordist economy. In: F. Coulmas, H. Conrad, A. Schad-Seifert, G. Vogt (Hrsg.). *The Demographic Challenge: A Handbook About Japan.* Leiden: Brill, 163–178.

Vertovec, Steven. 2007. Super-diversity and its implications. *Ethnic and Racial Studies* 29(6): 1024–1054.

Weber, Max. 1922. *Wirtschaft und Gesellschaft.* Tübingen: J. C. B. Mohr.

Wegener, Michael. 1994. Tokyo's land market and its impact on housing and urban life. In: Philip Shapira, Ian Masser, David W. Edginton (Hrsg.). *Planning for Cities and Regions in Japan.* Liverpool: Liverpool University Press, 92–112.

Weiss, Meredith I. und Edward Aspinall (Hrsg.), 2012. *Student Activism in Asia: Between Protest and Powerlessness.* Minneapolis: University of Minnesota Press.

Worral, Julian und Erez Golani Salomon. 2010. *21st Century Tokyo. A Guide to Contemporary Architecture.* Tokio: Kodansha International.

Yamada, Masahiro. 1999. *Parasaito shinguru no jidai* [Generation ‹parasitäre Singles›]. Tokio: Chikuma Shinsho.

Yamaguchi, Keiko. 2008. The spatial spread of poverty in the megapolis and the state of segregation, 1975–2000. In: Masami Iwata und Akihiko Nishizawa (Hrsg.). *Poverty and Social Welfare in Japan.* Melbourne: Trans Pacific Press, 136–156.

Internetquellen

Agence France-Presse. 2013. http://www.globalpost.com/dispatch/news/afp/130808/olympics-tokyo-provides-certainty-age-uncertainty-takeda (8. August)

ATKearney 2012 Global Cities Index (https://www.atkearney.com/gbpc/global-cities-index/full-report/-/asset_publisher/yAl1OgZpc1DO/content/2012-global-cities-index/10192) und der Global Power City Index http://www.mori-m-foundation.or.jp/english/research/project/6/pdf/GPCI 2011_English.pdf

Berlin-Institut für Bevölkerung und Entwicklung. 2013. Online-Handbuch Demographie. http://www.berlin-institut.org/online-handbuchdemografie/bevoelkerungsdynamik/auswirkungen/uebergewicht.html

Brooks, Graham, Thomas Ellis, Chris Lewis. 2007. Pachinko: Declining Popularity or Continuing Japanese Social Problem. *The Asia-Pacific Journal: Japan Focus.* http://www.japanfocus.org/-C-Lewis/2425

Caceres, Martin. 2004. Health Crisis: HIV/AIDS in Developing World Cities. Urban Update, Juni 2004, Nr. 6, http://www.wilsoncenter.org/sites/default/files/UrbanUpdate_No6.pdf

Chiba Institute of Technology. 2012. Toky Sky Tree Town Campus. http://www.it-chiba.ac.jp/skytree/index_en.html

Citizens' Committee for Children. 2012. Concentrated Poverty in New York City. http://www.cccnewyork.org/publications/CCC_Concentrated_Poverty_2012-04.pdf

Dentsu. o.J. «The Dentsu Way», http://www.dentsu.com/crossswitch/index2.html

destatis.de. https://www.destatis.de/EN/FactsFigures/CountriesRegions/International Statistics/Topic/Tables/BasicData_HouseholdExpFood.html

DeWitt, Andrew. 2013. The end of Japan's nuclear power mirage? Tokyo's green Olympics in 2020. *The Asia-Pacific Journal: Japan Focus*, 11, Nr. 3, 9. September (http://www.japanfocus.org/-Andrew-DeWit/3994)

EIU (The Economist Intelligence Unit). 2013. Worldwide Cost of Living Index. https://www.eiu.com/public/topical_report.aspx?campaignid=Wcol 2013

Gaulène, Mathieu. 2013. Karaoke in Japan is a veritable industry. *The Review of Creative Industries and Media.* http://www.inaglobal.fr/en/music/article/karaoke-japan-veritable-industry

Gesundheitsministerium. 2012. Übersichtsbericht niedergelassene Ärzte. http://www.mhlw.go.jp/toukei/saikin/hw/ishi/10/dl/toukeihyo.pdf

Heisei 23 nen Tokyo jinkodotai tokei nenpo [Bevölkerungsbericht Tokio 2011]. http://www.metro.tokyo.jp/INET/CHOUSA/2012/10/60mau300.htm

IPCC. 2007. Dai yon hyouka houkokusho tougohoukokusho [Vierter Bewertungsbericht (des japanischen Wetteramts)] http://www.data.kishou.go.jp/climate/cpdinfo/ipcc/ar4/

Industry Review. 2012. http://www.hkexnews.hk/listedco/listconews/sehk/2012/0724/06889_1397572/E115.pdf

Japan Institute for Labour Policy and Training. 2010. *Japanese Working Life Profile 2010/2011.* http://www.jil.go.jp/english/workinglifeprofile/2010-2011/all.pdf

Japanische Regierung. 2011. Hygienebericht. http://www.e-stat.go.jp/SG1/estat/List.do?lid=000001102012

Japan Statistics 2010. Statistics Bureau, Ministry of Internal Affairs and Communications. www.stat.go.jp/english/

Johnson, David T. 2010. Japan's Crime Control Policy: Achievements, lessons, challenges. International Symposium on Crime Reduction: Anti-Crime Collaboration between Citizens, Communities, Governments, and Police. Police Policy Research Center, National Police Agency of Japan. Tokyo, October 5–6, 2010. http://www.npa.go.jp/english/seisaku/International_Symposium_on_Crime_Reduction%28Police_Policy_Research_Center%29.pdf

Keishicho [Metropolitan Police Department] o.J. http://www.keishicho.metro.tokyo.jp/

Kitamura, Akiko. 2012. Koreisha no shakaiteki koritsu to shien no katachi [Soziale Isolation der Alten und Formen der Unterstützung]. *LifeDesign Report*, Winter 2012.1, 35–37. http://group.dai-ichi-life.co.jp/dlri/ldi/watching/wt1112.pdf

Kolman, René. o.J. *New Land by the Sea: Economically and Socially, Land Reclamation Pays.* http://www.iadc-dredging.com/ul/cms/fck-uploaded/documents/PDF%20Articles/article-new-land-by-the-sea.pdf

Lebensmittelzeitung. 2010. http://www.lebensmittelzeitung.net/

Maps oft he World o.J. http://www.mapsofworld.com/world-top-ten/countries-spending-most-on-console-and-computer-game.html

METI. o.J. http://www.meti.go.jp/statistics/tyo/syoudou/result/h24_2.html

Mitsubishi Soken. 2014. http://platinum.mri.co.jp/

Mori Kinen Zaidan. 2012. Sekai toshi sogoryoku ranking 2012 [Ranking der Weltstädte 2012]. Tokio: Zaidan hojin Mori Kinen Zaidan. http://www.mori-m-foundation.or.jp/research/project/6/pdf/GPCI2011.pdf

NationMaster. http://www.nationmaster.com/graph/edu_edu_att_ter-education-educational-attainment-tertiary

Newman, Peter. 2000. Sustainable Transportation and Global Cities. Institute for Sustainability and Technology Policy, Murdoch University. http://www.istp.murdoch.edu.au/ISTP/casestudies/Case_Studies_Asia/sustrans/sustrans.html

Nicholls, Robert et al. 2007. *Ranking of the World's Cities Most Exposed to Coastal Flooding Today and in the Future.* OECD Environment Working Paper No. 1 (ENV/WKP(2007) https://support.rms.com/Publications/OECD_Cities_Coastal_Flooding.pdf

Nihon kazoku kyokai kazoku keikaku senta [Japanisches Zentrum für Familienentwicklung]. 2003. *Dairokkai danjo no seikatsu to ishiki ni kansuru chousa* [Sechste Umfrage über das Zusammenleben und Wahrnehmung von Männern und Frauen] http://www.koshu-eisei.net/upfile_free/20130118kitamura.pdf

Numbeo.com. o.J. http://www.numbeo.com/cost-of-living/city_result.jsp?-country= Japan&city=Tokyo

OECD. 2012. *OECD Better Life Index*. http://www.oecdbetterlifeindex.org/countries/japan/

OECD o.J. Average annual hours actually worked per worker. http://stats.oecd.org/Index.aspx?DataSetCode=ANHRS

Omega Centre. o.J. *The Oedo Line*. Tokio: Centre for Mega Projects in Transport and Development. (Der Bericht wird regelmäßig auf den neuesten Stand gebracht.) http://www.omegacentre.bartlett.ucl.ac.uk/studies/cases/pdf/JAPAN_OEDO_PROFILE_190111

plala. o.J. http://www6.plala.or.jp/guti/cemetery/list_a.html

Polizeiliche Kriminalstatistik Berlin 2010. http://www.berlin.de/imperia/md/content/seninn/abteilungiii/kriminalitaetsstatistiken2/2010/pks_berlin_2010.pdf?start&ts=1302775272&file=pks_berlin_2010.pdf

PriceWaterhouseCooper http://www.ukmediacentre.pwc.com/content/detail.aspx?releaseid=3421

PRWeb. 2013. http://www.prweb.com/releases/2013/2/prweb10397789.htm

Schmidtpott, Katja. 2005. *Nachbarschaftskulturen in Tokyo zwischen 1890 und 1970*. Dissertation, Ruhr-Universität Bochum. http://www-brs.ub.ruhr-uni-bochum.de/netahtml/HSS/Diss/SchmidtpottKatja/diss.pdf

Simmel, Georg. 1905. Philosophie der Mode. *Moderne Zeitfragen, Nr. 11, hrsg. von Hans Landsberg, Berlin o.J. (1905), 5–41.* (Online: http://www.modetheorie.de/fileadmin/Texte/s/Simmel-Philosophie_Mode_1905.pdf)

Soumusho, Toukeikyoku [Innenministerium, Statistikamt]. 2012. http://www.e-stat.go.jp/SG1/estat/List.do?bid=000001036793&cycode=0

Statistics Japan. 2010. Prefecture comparisons, people living alone. http://stats-japan.com/t/kiji/11902

Statistisches Bundesamt. 2012. Indikatoren, Internationales. https://www.destatis.de/EN/FactsFigures/CountriesRegions/InternationalStatistics/Topic/Definitions/HouseholdExpFood.html

Stevens, Andrew. 2013. Tokyo promotes cool image after winning 2020 Olympics. *CityMayors City Branding 18.* http://www.citymayors.com/marketing/tokyo-brand.html

Swiss Re. 2013. *Mind the risk. A global ranking of cities under threat from natural disasters*. http://media.swissre.com/documents/Swiss_Re_Mind_the_risk.pdf

The World Bank. 2002. Cities on the Move. A World Bank Urban Transport Strategy Review. Washington, DC: The World Bank. http://siteresources.worldbank.org/INTURBANTRANSPORT/Resources/cities_on_the_move.pdf

Todofuken tokei. 2009. http://todo-ran.com/tm/kiji/11572

Toivonen, Tuukka, Vinai Norasakkunkit, Yukiko Uchida. 2011. Unable to conform, unwilling to rebel? Youth, culture, and motivation in globalizing Japan. *Frontiers in Psychology* 2: 207. http://www.ncbi.nlm.nih.gov/pmc/articles/PMC3171786/

Tokio Statistisches Jahrbuch 2010. http://www.toukei.metro.tokyo.jp/tnenkan/2010/tn10q3e002.htm.

Tokyo 2020. http://tokyo2020.jp/en/vision/

Tokyofashion.com. o. J. http://tokyofashion.com/tokyo-fashion-trends/

Tokyotono tokei jinkko deta kensa gaido. o. J. http://www.toukei.metro.tokyo.jp/jsuikei/js-index3.htm

Tokyo Vision 2020. http://www.metro.tokyo.jp/ENGLISH/PLAN/

Tōkyōto. 2012. Heisei 22 nen kokuseichōsa jinkō oyobi setaisu kekka gaiyō [Zusammenfassung der Ergebnisse der Volkszählung 2010, Bevölkerung und Haushalte]. http://www.metro.tokyo.jp/INET/CHOUSA/2011/02/60l2p200.htm

Tōkyōto kensetsukyoku. 2012. *Toukyooto kensetsukyoku gaiyō 2012* [Bauamt Tokio, Synopse 2012] http://www.kensetsu.metro.tokyo.jp/

Tōkyōto kouwankyoku [Hafenbüro Tokio]. 2001. *Tokyowan no gomi umetatejiban no anteika chousa ni tuite* [Gutachten zur Stabilisierung der Mülldeponien in der Bucht von Tokyo]. Tokio. http://www.kouwan.metro.tokyo.jp/business/kisojoho/users/chosa/gomi.pdf

Tōkyōto kansatsuimuin. 2010. Tōkyōto 23 ku ni okeru kodokushi no jittai [Gerichtsmedizinische Abteilung Tokio, Lagebericht: Einsamer Tod in den 23 Stadtteilen] http://www.fukushihoken.metro.tokyo.jp/kansatsu/kouza.files/19- kodokushinojittai.pdf

Tōkyōto no toukei [Statistik Tokio] http://www.toukei.metro.tokyo.jp/gakkou/2011/gk11qg10000.htm#%

Tokyo Metropolitan Government. 2012. Basic Concept of Public Transport Planning in Tokyo. http://www.asianhumannet.org/db/datas/10_transport/planning_en.pdf

UNODC. 2012. UNODC crime and criminal justice statistics. http://www.unodc.org/unodc/en/data-and-analysis/crimedata.html

Van Noorden, Richard. 2010. Looking at the best cities for science. *Nature, Bd. 467(7318), 906–8* http://www.nature.com/news/specials/cities/best-cities.html#feat

WAM NET. 2012. Youkaigo (youshien) ninteishasuu [Anzahl der als pflege- bzw. unterstützungsbedürftig anerkannten Personen] http://www.wam.go.jp/wamappl/00youkaigo.nsf/aAuthorizedArea?openagent&NM=Area2&DATE=2012%2F12

Weltkarte der Zementherstellung. http://www.mapsofworld.com/minerals/world-cement-production.html

Wirtschaftszensus der Regierung. http://www.e-stat.go.jp/SG1/estat/List.do?bid=000001034778&cycode=0).

World Cities Culture Forum. http://www.worldcitiescultureforum.com/

World Population Review (2012) http://worldpopulationreview.com/population-of-tokyo/
Worldwide Cost of Living survey. http://www.worldwidecostofliving.com
Wu, Chin-Tao. 2004. Tokyo's high-art emporia. New Left Review 27. http://newleftreview.org/II/27/chin-tao-wu-tokyo-s-high-art-emporia
Zenkoku karaoke jigyosha kyokai. 2013. *Karaoke hakusho 2013* (Weißbuch Karaoke 2013). http://www.karaoke.or.jp/05hakusyo/p1.php

Verzeichnis der Abbildungen, Grafiken und Tabellen

Abb. 1:	Der «Wolkenüberragende Turm» von 1890 und der Sky Tree von 2012	S. 25
Abb. 2	Pipo-kun. Signet der Tokioter Polizei	S. 30
Abb. 3	Menü des Imperial Hotel anlässlich des Besuchs der Graf Zeppelin auf ihrer Weltfahrt, 1929	S. 90
Abb. 4	Der Nullpunkt von Japans alten Handelsstraßen	S. 94
Abb. 5	Landgewinnung in der Bucht von Tokio nach Jahren	S. 103
Abb. 6	Website der Stadt Tokio mit Hinweisen zur Behandlung von Sozialphobie	S. 117
Abb. 7	Harajuku Style	S. 151
Abb. 8	Gothik mit Verzierung	S. 153
Abb. 9	Mode für alle	S. 155
Abb. 10	Die kreative Klasse	S. 157
Abb. 11	250-Yen-Ramen bei Manrai in Setagaya	S. 170
Abb. 12	Der Mann als Frau	S. 182
Abb. 13	Die Frau als Mann	S. 183
Abb. 14	Weltkulturerbe Fuji auf dem 500-Yen-Schein	S. 196
Abb. 15	Der Grabstein von Hachiko auf dem Aoyama Bochi	S. 206
Abb. 16	Die geplante «kompakte» Olympiade	S. 213

Tab. 1	Morde per 100 000 Einwohner	S. 28
Tab. 2	Verbrechen je 100 000 Einwohner in fünf Großstädten, 2007	S. 33
Tab. 3	Bevölkerung von Tokios 23 Stadtteilen, 2012	S. 42
Tab. 4	Bevölkerung der 23 Bezirke vor und nach dem 2. Weltkrieg	S. 72
Tab. 5	Hochwasserschäden in Tokio 1910–2005	S. 99
Tab. 6	Tokios Senioren	S. 127
Tab. 7	Durchschnittseinkommen in ausgewählten Weltstädten	S. 167
Tab. 8	Kilokalorien pro Kopf pro Tag	S. 168
Tab. 9	Ausgaben für Lebensmittel pro Kopf und Anteil Übergewichtiger	S. 169
Tab. 10	Ausländeranteil in fünf Großstädten	S. 173
Tab. 11	Tokio als Olympia-Polis I und Olympia-Polis II	S. 215

Grafik 1	Die Bodenpreisentwicklung in Wohngebieten des Stadtteils Minato, 1975–2011	S. 59
Grafik 2	Bevölkerungsentwicklung Tokios 1920–2011	S. 61
Grafik 3	Häufigkeit von Regenfällen über 50 mm/h in Tokio	S. 100
Grafik 4	Einsamer Tod in Tokio	S. 125
Grafik 5	Zunahme und Vorausberechnung der Tokioter Bevölkerung über 65	S. 128
Grafik 6, 7, 8	Bevölkerungsentwicklung Tokios von 1990 bis 2030	S. 130/131
Grafik 9	Was die Tokioter zu Mittag essen	S. 172
Grafik 10	Ein breites Angebot: Auswahl aus Tokioter Restaurantführern	S. 175

Register

Alterung 8, 60, 61, 64, 86, 124, 126, 142, 144, 161, 200
Arakawa 19, 42, 72, 92, 97, 189
Architektur 11, 13, 202, 218
Armut 21, 44, 77
Ausländer 23, 24, 83, 85, 86, 112, 173, 177, 188, 216, 217
Auto 44, 45, 52, 59, 60, 134, 140, 150, 159, 198, 209
Autobahn *s.* Stadtautobahn

Bahnhof 19, 36, 45, 47, 48, 52, 54, 60, 65, 84, 137, 139, 205, 211, 215
Bahnlinien 46, 50, 51
Berlin 28, 34, 43, 79, 111, 156, 162, 167, 169, 173, 174, 194, 208
Bevölkerungsdichte 34, 35, 43, 55, 123
Bevölkerungsentwicklung 61, 131, 132
Bodenpreise 24, 56-59, 63, 64 96, 124, 205,
Botschaften 70, 71, 75, 80, 81, 85,
Brücke 19, 92, 104-106

Diplomaten 78, 81-83, 85, 86, 177
Diplomatie 79, 80, 89

Edo 18, 55, 66-68, 92, 94, 95, 134, 189, 196, 199, 204, 209
Einkommen 19, 23, 56, 57, 61, 62, 82, 84, 126, 129, 142, 167-169, 184, 191
Erdbeben 11-13, 15, 24, 37, 38, 43, 69, 93, 97, 100-102, 199, 218-220
Esskultur 164, 166, 173, 174, 178
ethnisch 21, 22-24, 85, 86, 112,
ethnische Küche 172-175
Expat 82, 85, 86, 177

Fluss 92, 95, 97, 101,
Freizeit 41, 192, 194, 198, 200,
Friedhof 205-207
Fuji 14, 105, 194-196-200, 203

Gastronomie (*s. auch* Restaurants) 165, 166, 168
Globalisierung 9, 113, 146, 174, 188
Glücksspiel 189, 190
Großstadt 7, 13, 17, 22, 23, 29, 33-35, 38, 40, 41, 43-45, 52, 53, 58, 64, 78, 85, 115, 118, 119, 121-123, 125, 127, 133, 150, 164, 176, 194, 208, 218,
Großstädter 13, 45, 115, 117
Großstadtleben 8, 9, 34, 37, 119

Hachiko 205, 206
Hafen 14, 91, 92, 104, 105
Handel 9, 20, 23, 66, 81, 120, 141, 149, 164
Hauptstadt 18, 23, 24, 66-69, 71, 73-75, 77, 83, 89, 92, 108, 111, 112, 184, 199-201
Hibiya-Park 71, 76, 77, 221,
Hotels 49, 71, 77, 89, 90, 91, 94, 145, 180, 184, 189, 197, 201, 202

Kaiserpalast 69-71, 76, 90, 114
Katastrophe 76, 89, 201
Katastrophenschutz 8, 52, 97, 100-102
Kaufhäuser 49, 65, 141, 142, 145
Konsum 41, 58, 133-136, 143, 147, 148, 152, 160, 189, 200
Konsumgesellschaft 65, 93, 133, 135, 136, 153, 155, 156, 159, 197
Konsumkapitalismus 8, 93, 134-136, 140, 141, 161, 176, 186, 190

kosmopolitisch 66, 68, 85, 111, 112, 177
kreative Klasse 157, 159, 160
künstliche Inseln 95, 102, 105

Landgewinnung 93, 95, 96, 103
Lebensmittel 75, 139, 140, 165, 166, 168, 169, 178,
Lebensstil 55, 58, 60, 63-65, 78, 81, 892, 131, 132, 140, 216
London 16, 21, 44-46, 78, 83, 111, 118, 134, 150, 162, 167, 174, 195
Luftverschmutzung 7, 45, 48, 217

Meer 60, 91, 92-98, 101, 104-107, 110, 194, 199, 202, 219, 220
Mieten 56, 58, 59, 61-65, 83, 85, 124, 167,
Minderheiten 84, 216,
Mode 35, 75, 120, 134, 150-156, 158-163
Moderne 18, 34, 70, 113, 141, 195, 207
Museen 8, 65, 71, 93, 119, 142, 163, 197, 205

Natur 7, 8, 12, 97, 98, 104, 106, 107, 132, 178, 194, 195, 200, 219-221
New York 16, 21, 28, 44-46, 78, 83, 111, 150, 166, 173, 208
Nihonbashi 56, 92-95

Odaiba 102, 105, 202, 203
öffentlicher Nahverkehr 44, 45, 48 (*s. auch* U-Bahn)
Olympiade 87, 203, 213, 2014-219
Olympiastadt 214-216, 218

Pachinko 139, 190
Paris 17, 21, 34, 36, 46, 79, 89, 111, 118, 150, 162, 167, 177, 194, 208
Park 15, 30, 49, 70-72, 76, 77, 202,, 211
Polizei 27-31, 33, 35, 38, 74, 188
Präfektur Tokio 14, 43, 54, 92, 181, 201

Regierungsviertel 58, 71, 73-75, 77,
Restaurants 14, 16, 20, 52, 64, 65, 84, 85, 121, 142, 143, 146, 147, 164-166, 169-178, 187, 192, 202, 214
Risiken 8, 31, 34, 35, 102, 104, 105, 113, 220, 221
Ryo-san 211

Schrein 36, 140, 199, 204, 205
Schulen 8, 38, 81, 82, 84, 87, 88, 108-10, 114, 120, 162, 163, 198
Segregation 21, 22, 24, 43, 55, 61, 85
Selbstmord 207-209
Senioren 30, 36, 125-128, 161, 191, 200
Sex 7, 183-188, 211
Shibuya 23, 42, 56, 72, 121, 132, 142, 150, 162, 179, 205
Shinjuku 12, 42, 48, 49, 84, 132, 143, 165, 185
Shitamachi 19, 23, 55, 56
Shotengai 139, 140, 146, 147
Sicherheit (öffentliche) 28, 33-35, 38-40, 46, 75, 105, 218
Sky Tree 11-18, 20, 24, 26, 50, 196, 202
Stadtautobahn 52, 105, 127, 209, 215
Stadterneuerung 18, 24, 218
Stadtplanung 7, 51
Stadtteile (23 Bezirke) 23, 29, 41, 42, 43, 49, 54-56, 62, 72, 84, 125, 131
Sterben 37, 60, 126, 216
Sumida 11, 19, 20, 23,42, 55, 72,

Taito 42, 72, 189
Tempel 13, 60, 140, 195, 199
Theater 20,55, 114, 142, 180-184
Tocho (Sitz der Präfekturregierung) 14, 54
Tourismus 79, 89, 91, 190, 195, 197, 199-201
Tokyo Tower 17

U-Bahn 28, 45, 46, 48, 51, 69, 101, 137, 180, 210, 212, 216
Umwelt 8, 32, 38, 44, 45, 53, 96, 105, 107, 128, 159, 178, 194, 217-219
Ungleichheit 39, 44, 63
Universität 37, 74, 87, 88, 108, 109, 112, 118-120, 137, 211
Unterhaltung 90, 157, 158, 180, 185-187, 192, 193, 200

Verbrechen 7, 28-33, 37, 38, 187, 189
Vergnügungsviertel 41, 49, 55, 84, 186-188

Weltstadt 16, 22, 78, 79, 167, 174, 187, 217
Wohnen 23, 24, 41, 56, 58, 62-64, 81, 126, 177, 202,
Wolkenkratzer 12, 14, 15, 17, 163, 215, 216

Yakuza 7, 31-33, 187, 188, 212
Yamanote 48, 55, 56, 59, 95
Yasukuni 204, 205

SAITAMA
CHIBA
YAMANASHI
KANAGAWA
OKUTAMA
OME
MIZUHO
HINODE
HAMURA
MUSASHI-MURAYAMA
HIGASHI-MURAYAMA
KIYOSE
HIGASHI-KURUME
HIGASHI-YAMATO
FUSSA
HINOHARA
AKIRUNO
TACHIKAWA
KODAIRA
NISHI-TOKYO
AKISHIMA
KOKUBUNJI
KOGANEI
MUSASHINO
MITAKA
KUNITACHI
FUCHU
HACHIOJI
HINO
CHOFU
TAMA
INAGI
KOMAE
MACHIDA
ITABASHI
ADACHI
KITA
NERIMA
KATSUSHIKA
ARAKAWA
TOSHIMA
NAKANO
BUNKYO
TAITO
SUMIDA
SUGINAMI
SHINJUKU
CHIYODA
EDOGAWA
SHIBUYA
CHUO
MINATO
KOTO
SETAGAYA
MEGURO
SHINAGAWA
OTA
Tokios 23 innerstädtische Bezirke
Komunen der Präfektur Tokio
10km

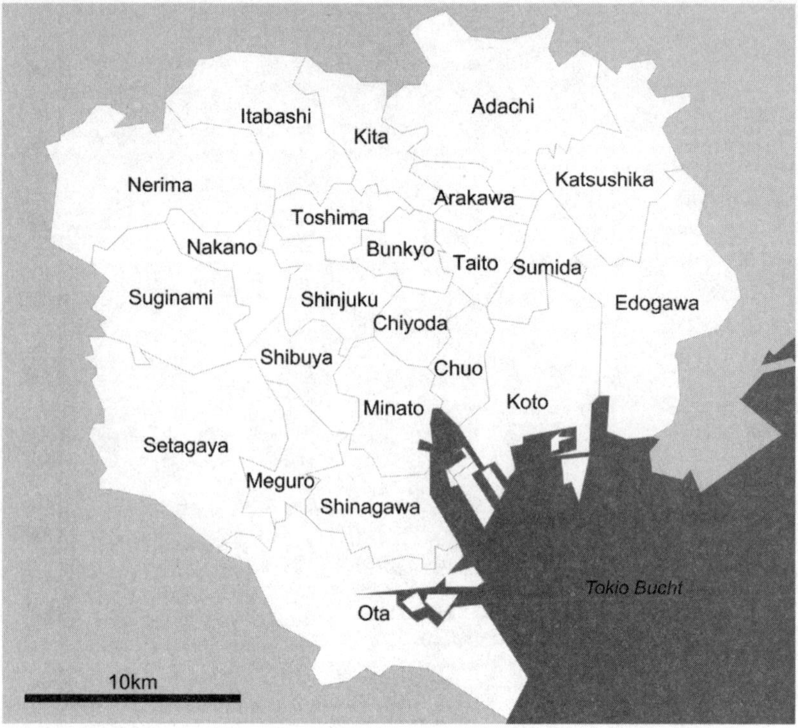

Tokios 23 innerstädtische Bezirke